TEXTES LITTERAIRES

Collection dirigée par Keith Cameron

LXXII

VERS ISPAHAN

Le caravansérail Tasa de Kachan (p.131)

Pierre LOTI

VERS ISPAHAN

Texte présenté
par
K. A. Kelly
et annoté
par
K. C. Cameron

University of Exeter
1989

Computer assistance : Cathy Booth
Secretarial assistance : V. Cooper, J. Curry, R. Luffman, S. Moore

© K. A. Kelly & K. C. Cameron 1989
ISSN 0309 - 6998
ISBN 0 85989 302 2

First published 1989 by
The University of Exeter

Exeter University Publications
Reed Hall
Streatham Drive
Exeter EX4 4QR
England

Printed in Great Britain by BPCC Wheatons Ltd, Exeter

339270

INTRODUCTION

Loti était déjà un auteur à succès lorsqu'il s'embarqua en 1899 pour la série de voyages qui devaient mener à la publication de *Vers Ispahan* en 1904 (1). Il avait été élu à l'Académie en 1891, alors qu'il n'avait que 41 ans — fait remarquable pour un homme qui servait comme officier dans la marine de guerre. Calmann-Lévy avait déjà publié plus d'une vingtaine de volumes de ses œuvres, et il écrivait alors selon un rythme bien établi: romans et récits de voyages en alternance, avec un succès égal auprès du public. Le récit de voyage était un genre qui convenait parfaitement à Loti. Lorsqu'il quitta la marine en 1910 il avait derrière lui rien moins que 42 ans, 3 mois et 13 jours de service. Il avait continué à servir jusqu'à sa 60ᵉ année et en plus il avait accompli près de 20 ans de service en mer — ce qui ne serait guère possible de nos jours. En outre, sa carrière navale coïncida avec la grande période d'expansion coloniale française — peu d'écrivains, pas même Conrad, ont eu, autant que Loti, la chance de découvrir le monde. La deuxième moitié de sa production littéraire fut consacrée principalement à des récits de voyages d'une sorte ou d'une autre, plutôt qu'à des romans. On peut sans médire affirmer que Loti n'était pas un romancier sérieux — c'est-à-dire qu'il n'avait pas d'idées profondes ou originales quant à la conception du roman, à la manière de Flaubert, de Zola ou de Proust. Il n'était pas un intellectuel, et il n'était même pas très cultivé: le peu de références littéraires dans ses livres en est la preuve. Par nature il était plutôt un homme d'action qu'un homme de lettres. Son énorme popularité de son vivant provenait en grande partie du fait que ses écrits correspondaient à un goût prononcé de l'époque pour l'exotisme. Aujourd'hui l'on a tendance à considérer ses romans comme des aventures fantastiques — bien que peu de romans soient plus romantiques, fantastiques ou romanesques que la vie de Loti elle-même. Sa vie amoureuse consiste en une série de folies extravagantes qui dépasseraient l'imagination de lecteurs de fictions romantiques: l'on y trouve des filles de harem, des filles de pêcheurs, des paysannes basques et même des princesses des Balkans. L'on aurait de la peine à trouver vraisemblable un officier de marine qui porte du maquillage, s'engage comme acrobate à temps partiel dans un cirque, et qui va à terre 'transformé en matelot ... pour être plus à l'aise' (2), au lieu de porter l'uniforme réglementaire (sans parler de ses nombreux autres déguisements turcs ou arabes). Et pourtant Loti a fait toutes ces choses.

La carrière navale de Loti qui lui avait fourni la chance inestimable de vivre une vie d'aventures eut une fin prématurée en mars 1898 lorsqu'il fut mis à la retraite, comme un bon nombre d'officiers de sa génération. La décision fut abrogée un an plus tard, après mainte protestation, et Loti fut détaché temporairement auprès

---

(1) Loti s'embarqua pour l'Inde en novembre 1899 en passant par Ceylan. Son itinéraire en Perse commença le 17 avril pour finir le 6 juin. Il rentra en France en juillet 1900.

(2) *Journal intime*, t. I, Calmann-Lévy, 1926, (27 mai 1879) p. 79.

du Ministère des Affaires Etrangères. En particulier, on lui confia la mission de se rendre aux Indes pour remettre une décoration au Maharajah de Travancore. Le hasard faisait bien les choses, car Loti avait depuis quelque temps formé l'intention de visiter l'Inde et l'Iran. A l'origine il avait voulu visiter également l'Afghanistan, mais il décida à contre-cœur que c'était trop dangereux. L'Inde l'intéressait particulièrement parce que, ayant perdu la foi chrétienne de ses ancêtres huguenots, il avait récemment montré quelque intérêt pour les religions indiennes. En mars–avril 1894 il avait essayé de retrouver sa foi en se rendant en Terre Sainte, mais il avait dû admettre que c'était là une tentative futile de 'reculer au fond de ces passés que les hommes oublient' (3).

Les récits de ses voyages au Moyen Orient, *Au Maroc* (1890) et la trilogie *Le Désert*, *Jérusalem* et *La Galilée* qui parurent en 1895, avaient trouvé beaucoup de lecteurs. Maintenant son style caractéristique était bien établi: des descriptions impressionnistes, avec, essentiellement, des réactions subjectives aux choses vues, avec très peu d'attention portée aux conditions historiques, politiques ou économiques. Par-dessus tout, les récits de voyage de Loti dans les pays islamiques sont conditionnés fortement par la sympathie qu'il exprime ouvertement envers la culture islamique. Les sentiments pro-islamiques et turcophiles de Loti sont liés à son pessimisme et à son sens de désillusion envers la civilisation occidentale. Son pessimisme, qui rappelle l'ennui des romantiques, trouve son expression dans les textes rassemblés par son fils Samuel Viaud en 1916 sous le titre de *Journal intime* pour Calmann-Lévy (4). Dans *Le Roman d'un enfant*, Calmann-Lévy, 1890, Loti évoque la 'tristesse' des après-midi des dimanches de son enfance solitaire, qui lui avait laissé un sentiment profond de 'la brièveté des étés de la vie, de leur fuite rapide, et de l'impossible éternité des soleils ... ' (5).

Sons sens de désillusion envers la civilisation occidentale se révèle le plus ouvertement dans la préface d'*Au Maroc* (1890) où il exhorte les Arabes à résister à toute tentative de leur imposer la technologie ou la démocratie à l'européenne. Il exprime sa gratitude envers le Sultan du Maroc, de ne vouloir ni parlement, ni presse, ni chemins de fer, ni routes. — 'A quoi bon se donner tant de peine pour changer, pour comprendre et embrasser tant de choses nouvelles, puisqu'il

---

(3) *La Galilée*, Calmann-Lévy, 1895, pp. 208–209.

(4) *Journal intime*: 'Ma vie, à moi, s'use à lutter contre la fragilité des choses, à retenir tout ce qui s'en va, à me cramponner au passé mort' (juin 1881) p. 254. 'Par instants, l'envie me prend de tout oublier et de tout recommencer'. Il songe à 'une vie de paysan tranquille et simple, — simple surtout, et primitive ... Mais non, il est trop tard, mon mal est trop profond et mon passé trop lourd ... ' (juillet 1881) p. 261.
    Voir aussi G. Ekström, *Evasions et désespérances de Pierre Loti*, Gumperts Förlag, Göteborg, 1953, qui parle de Loti comme 'marqué pour toute sa vie par cette sombre fatalité qui rappelle le romantisme germanique' p. 71.

(5) *Le Roman d'un enfant*, Calmann-Lévy, 1890, p. 28.

faut mourir, puisque forcément un jour il faut râler quelque part, au soleil ou à l'ombre, à une heure que Dieu seul connaît?' (6). L'habitude de Loti de se faire photographier en costume arabe n'est pas sans risque de ridicule, et la transformation de sa maison à Rochefort en mosquée donne à penser qu'il était une sorte de des Esseintes en chair et en os. Si Loti embrasse la culture islamique c'est surtout parce qu'elle lui offre un moyen d'échapper au monde moderne — ce qui n'empêche pas son admiration pour les sociétés islamiques d'être sincère.

Il n'a aucune prétention d'être un écrivain objectif à ce sujet, et il admet même avoir 'coupé' certains passages de ses récits sur le Maroc, afin d'éviter de présenter le pays sous une lumière défavorable:

> Les détails intimes que des circonstances particulières m'ont révélés, sur le gouvernment, les harems et la cour, je me suis bien gardé de les donner (tout en les approuvant dans mon for intérieur), par crainte qu'il n'y eût là matière à clabauderies pour quelques imbéciles (7).

La préface d'*Au Maroc* contient aussi l'affirmation la plus claire des sentiments de sympathie de Loti envers l'Islam, qui ne manque pas d'influencer ses écrits:

> Et encore, dans ces pures descriptions auxquelles j'ai voulu me borner, suis-je très suspect de partialité pour ce pays d'Islam, moi qui, par je ne sais quel phénomène d'atavisme lointain ou de pré-existence, me suis toujours senti l'âme à moitié arabe: le son des petites flûtes d'Afrique, des tam-tams et des castagnettes de fer, réveille en moi comme des souvenirs insondables, me charme davantage que les plus savantes harmonies; le moindre dessin d'arabesque, effacé par le temps au-dessus de quelque porte antique, — et même seulement la simple chaux blanche, la vieille chaux blanche jetée en suaire sur quelque muraille en ruine, — me plonge dans des rêveries de passé mystérieux, fait vibrer en moi je ne sais quel fibre enfouie; — et la nuit, sous ma tente, j'ai parfois prêté l'oreille, absolument captivé, frémissant dans mes dessous les plus profonds, quand, par hasard, d'une tente voisine m'arrivent deux ou trois notes, grêles et plaintives comme des bruits de gouttes d'eau, que quelqu'un de nos chameliers, en demi-sommeil, tirait de sa petite guitare sourde ... (8).

Cela ne veut pas dire que Loti effacera toute référence aux aspects plus sombres

---

(6) *Au Maroc*, Calmann-Lévy, 1890, p. 12.
(7) *Ibidem*, p. 11.
(8) *Ibidem*.

des sociétés arabes. Dans *Au Maroc*, nous voyons que les Arabes continuent à garder des esclaves noirs, et Loti se laisse émouvoir par le spectacle d'une jeune fille noire attendant tristement dans un coin qu'on vienne l'acheter. Il décrit la misère dans laquelle vivent les Juifs dans leur ghetto, disant qu'ils sont 'dédaignés par les Arabes encore plus que par les Chrétiens'. Il remarque que la légation française de Tangers est cernée par une foule de mendiants, d'estropiés, d'aveugles — et que certains de ces aveugles ont eu des yeux crevés pour vol. Il donne au lecteur une description détaillée du 'supplice du sel' que subissent 'trois brigands très redoutés dans le pays': le barbier du Sultan fait de profondes entailles dans leurs mains avec son rasoir, les remplit de sel, puis les entoure d'un sparadrap, ce qui provoque à coup sûr une mort atroce. Pourtant, Loti intervient pour arrêter les réactions prévisibles du lecteur:

> Je prie instamment les personnes à théories humanitaires toutes faites au coin de leur feu de ne point crier à la cruauté marocaine. D'abord je leur fais remarquer qu'ici, au Moghreb, nous sommes encore en plein Moyen Age, et Dieu sait si notre Moyen Age européen avait l'imagination inventive en fait de supplices. Ensuite les marocains, de même que tous les peuples restés primitifs, sont loin d'avoir notre degré de sensibilité nerveuse, et, comme d'ailleurs ils dédaignent absolument la mort, notre simple guillotine serait à leurs yeux un châtiment tout à fait anodin qui n'arrêterait personne (9).

Au Maroc, Loti apprend à cacher son identité européenne en portant le cafetan: ce qui lui permet de se glisser incognito dans des endroits où la présence d'un infidèle causerait un scandale: il y avait à errer dans des villes'saintes du Maroc (tout comme dans celles encore plus isolées de l'Iran) un élément de risque à cause de 'l'égarement de quelques fanatiques'. Loti allait dorénavant tirer le meilleur parti de son déguisement pendant ses voyages — cependant il n'ignorait pas la possible signification psychologique de sa stratégie, puisqu'il avoue avoir éprouvé 'une fantaisie du déguisement'. Cinq ans plus tard dans *Le Désert* il redécouvre 'l'amusement très enfantin de revêtir nos costumes d'Arabes'(10). Il constatera cependant avec quelque regret qu'il lui fut impossible de perdre complètement son identité d'européen et de devenir un vrai Bédouin.

Au cours des récits de ses voyages dans 'le Désert Sinaïque', on voit émerger une autre motivation pour les voyages de Loti dans ces contrées inhospitalières. Au milieu des déserts et des montagnes, Loti pouvait échapper non seulement au tracas de la vie et à la laideur des paysages industriels modernes, il pouvait parfois vivre dans la réalité quelque chose comme le rêve de Baudelaire de s'échapper du

---

(9) *Ibidem*, p. 109.
(10) *Le Désert*, Calmann-Lévy, 1895, p. 6.

domaine de l'organique et du végétal, exprimé dans 'Rêve parisien'. *Le Désert* préfigure un thème majeur de *Vers Ispahan* où Loti découvre qu'il pouvait régresser temporairement dans un monde de silence et de stérilité, tel qu'il existait avant la création de la vie. D'abord, le désert l'attire pour des raisons assez banales: 'Son immensité prime tout, agrandit tout, et, en sa présence, la mesquinerie des êtres s'oublie'. Mais bientôt il se rend compte qu'il apprécie ce paysage parce qu'il lui offre 'la stérilité et la mort', au contraire de l'océan si riche de vie sur lequel il avait voyagé si longtemps: 'on est comme grisé de silence et de non-vie'. Ici, il peut

> cheminer en rêvant ... voir les solitudes passer après les solitudes; tendre l'oreille au silence, et ne rien entendre.

Il voit les montagnes telles qu'elles étaient 'au commencement du monde ... vierges de tout arrangement humain'. Le désert le fascine évidemment comme symbole de la mort:

> Et tout cela est vide, silencieux et mort. C'est la splendeur des régions invariables, d'où sont absents ces leurres éphémères, les forêts, les verdures ou les herbages; c'est la splendeur de la matière presque éternelle, affranchie de tout l'instable de la vie; la splendeur géologique d'avant les créations ... on a presque l'illusion de participer soi-même aux impassibilités et aux durées sidérales(11).

Il exprime des réactions semblables devant le Golfe d'Akabah: 'On croirait assister à quelque grand spectacle silencieux des premiers âges géologiques'(12). Ces paysages sont aussi loin que possible de la nature panthéiste des romantiques, et ils attirent Loti précisément à cause de leur atmosphère de 'silence et de non-vie'. On dirait que l'écrivain y trouve expression de son goût pour le primitif qu'il recherche comme antidote aux mœurs 'civilisées' du monde moderne. Le désir de régresser est un thème majeur des écrits de voyages de Loti, comme on le voit dans *Vers Ispahan*. Bien que Loti se déplace (comme toujours) avec serviteurs, guides et lettres de réquisition, le récit souligne les épreuves physiques considérables que Loti savait endurer à la manière d'un pèlerin. Par moments, il est vrai, les descriptions donnent au lecteur l'occasion de 'voyager romantiquement' — ce qui était, selon Lesley Blanch, le talent spécial de Loti. L'on voit bien la Perse aux montagnes couvertes de neige à l'horizon, et aux paysages fleuris qui rappellent les Pyrénées ou 'nos landes de France'. Ironiquement, où qu'il aille, Loti ne pouvait s'empêcher de se rappeler la

---

(11) *Ibidem*, pp. 25–27.
(12) *Ibidem*, p. 112.

France. 'On se croirait dans nos campagnes françaises, mais jadis, au vieux temps' (p. 64). Les plateaux fertiles et aromatiques qu'il traverse parfois lui font croire qu'il a trouvé la 'Terre promise' ou 'les Champs Elysées' — l'on voit que malgré son costume et ses pensées islamiques, ce voyageur n'a pas perdu son optique française et biblique (Loti nous dira dans *Un Pèlerin d'Angkor* que pendant sa jeunesse la Bible avait été son 'livre quotidien'(13). Mais c'est des paysages les plus rudes, les plus inhospitaliers à la vie même, qu'il semble tirer sa plus grande inspiration et au contact desquels il semble trouver une sorte de satisfaction masochiste.

Quand Loti pénètre dans la 'Chaîne Persique' il commence par décrire d'une manière assez objective la chaleur intense et les traits géologiques évidents: 'Il doit y avoir d'immenses richesses métallurgiques encore inexploitées et inconnues, dans ces montagnes' (p. 15). Mais il est plus profondément affecté par l'odeur — une odeur de 'soufre', de 'fournaise' et d'"enfer'. Cette impression s'intensifie la nuit suivante:

Comme la nuit dernière, il sent le soufre et la fournaise, ce colossal rempart de l'Iran: on a l'impression qu'il est saturé de sels toxiques, de substances hostiles à la vie; il prend des colorations de chose empoisonnée, et il affecte des formes à faire peur. (p.17)

Suit une heure de calme relatif comme ils suivent une rivière endormie:

Sinistre rivière, qui ne connaît ni les arbres, ni les roseaux, ni les fleurs, mais qui se traîne là, clandestine et comme maudite, si encaissée que jamais le soleil ne doit y descendre. (p. 18)

Parfois il se rend compte de la nature absurde et masochiste de son entreprise:

Un homme dans son bon sens, ayant nos idées européennes sur les routes et les voyages, et à qui l'on montrerait cette petite troupe de chevaux et de mules entreprenant de s'accrocher, de grimper quand même au flanc vertical d'une telle montagne, croirait assister à quelque fantastique chevauchée vers le Brocken, pour le Sabbat. (p. 19)

Lorsqu'il se retrouve au pied d'une autre montagne il goûte un plaisir spartiate en contemplant

---

(13) *Un Pèlerin d'Angkor*, Calmann-Lévy, 1912, p. 5.

un monde hostile, magnifiquement effroyable, où n'apparaît plus aucune plante ... Une rivière traverse en bouillonnant cette région d'horreur; ses eaux laiteuses, saturées de sels, tachées de vert métallique, semblent rouler de l'écume de savon et de l'oxyde de cuivre. On a le sentiment de pénétrer ici dans les arcanes du monde minéral, de surprendre les mystérieuses combinaisons qui précèdent et préparent la vie organique. (p. 21)

Le 23 avril après une nuit passée à Myan-Kotal, à 1700 m. d'altitude, il parle de ses sentiments de 'stupeur et de vertige':

les aéronautes, qui s'éveillent un matin après une ascension nocturne, doivent éprouver de ces surprises trop magnifiques et presque terrifiantes.

Il regarde les montagnes à ses pieds

[qui] imitent une houle colossale soulevée sur un océan de pierre, et cela simule si bien le mouvement que l'on est presque dérouté par tant d'immobilité et de silence. — Mais il y a des cent et des cent mille ans que cette tempête est finie, s'est figée, et ne fait plus de bruit. — D'ailleurs, rien de vivant ne s'indique nulle part; aucune trace humaine, aucune apparence de forêt ni de verdure; les rochers sont seuls et souverains; nous planons sur de la mort, mais de la mort lumineuse et splendide .... (p. 32)

Par moments, durant son périple en Iran, Loti succombera brièvement au sentiment de solitude et à l'angoisse d'être ainsi isolé dans un milieu aussi étrange — à Chiraz par exemple, où il admet connaître 'l'effroi' et le 'dépaysement suprême':

Vraiment on se sent perdu dans cette Chiraz, qui est perchée plus haut que les cimes de nos Pyrénées. (p. 39)

Cependant, le récit montre clairement que Loti ressent une curieuse affinité spirituelle pour ces paysages stériles, qui représentent le point ultime de régression du monde civilisé. Cette attraction que Loti ressent pour le silence et la stérilité est certainement liée à ses efforts constants pour échapper aux responsabilités morales et sociales. On pourrait interpréter cette fascination qu'il montre pour ce qu'il considère comme le triomphe de l'inorganique de la même manière que Sartre analysait la préférence de Baudelaire pour le minéral par rapport au végétal — c'est à dire comme preuve du désir d'échapper à toute responsabilité morale(14).

Ces paysages déserts et inhospitaliers peuvent facilement être interprétés comme des symboles de morbité chez Loti. Cet aspect de sa personnalité paraît non seulement dans ses écrits mais aussi dans ses actions — par exemple le soin méticuleux porté à la préparation de ses propres funérailles, ou ses rêves et visions de sa mort(15). On peut facilement présenter ces aspects comme signes d'une psychologie typique de 'fin de siècle', et également on peut y voir une extension des tendances masochistes de Loti(16). Loti voyage non pas comme un touriste mais comme un pèlerin, souffrant tout au long de son chemin, en quête d'une sorte de purification physique et spirituelle. Pourquoi préfère-t-il voyager dans des conditions aussi pénibles? Selon Mauriac il aurait toujours aimé la souffrance(17). Certes, Loti avait toujours cultivé l'activité physique comme remède à ses tendances dépressives — c'est ainsi qu'il expliquait son goût passionné pour la gymnastique:

> Je cherche à tromper ma lassitude de toute chose par l'exercice et la saine fatigue du corps(18).

En Inde, qu'il venait de quitter, Loti n'avant pas trouvé la consolation spirituelle qu'il cherchait — il n'avait retiré qu'un réconfort partiel des 'doctrines védiques', et dans les dernières pages de *l'Inde sans les Anglais* on le voit d'humeur songeuse. En quittant l'Inde il était préoccupé par des pensées de 'renoncement', contemplant la nature transitoire et vaine de toutes choses humaines(19). Cette mentalité se réflète sur les paysages qu'il décrit dans *Vers Isphan*.

Dans la vie, Loti montrait de fortes tendances exhibitionnistes. Il est indéniable pourtant que son voyage en Iran fut effectivement une affaire laborieuse, bien qu'il ne fût pas le premier voyageur européen à suivre ce chemin. Le récit souligne

---

(14) *Baudelaire*, Gallimard, 1947, pp. 136, 147–8.

(15) Voir R. Millward *L'Œuvre de Pierre Loti et l'Esprit fin de siècle*, Nizet, 1955, pp. 180–188.

(16) *Ibidem*, pp. 58–61.

(17) 'Loti', *La Revue Hebdomadaire*, Paris, 1923, pp. 387–390.

(18) *Journal intime*, t. I, décembre 1879, p. 112. Loti ajoute qu'il n'avait pas ouvert un livre depuis des années ...

(19) *L'Inde sans les Anglais*, Calmann-Lévy, 1904. La religion védique l'avait attiré particulièrement, 'car elle est avant tout l'asile du renoncement et de la mort ...', p. 454.

les rigueurs du voyage: le terrain difficile, l'extrême fatigue, l'inconfort des caravansérails. Il décrit exactement combien d'heures il marchait chaque jour, de combien de mètres il s'était élevé. Chaque jour — sauf un, le 30 avril — est enregistré, comme s'il tenait un livre de bord. Il cherche à maintenir une impression de danger — par exemple par des allusions à son révolver, qu'il garde constamment à portée de main et qu'il doit brandir à l'occasion. Il admet que cette impression de danger fait partie du plaisir qu'il tirait de son voyage. En quittant la ville de Koum pour aborder la dernière étape de son voyage, qui va le ramener vers la 'civilisation', Loti exprime sa déception: 'Tout le pays prend du reste un air de sécurité, et se banalise'. (p. 136)

Chez Loti, le goût pour les paysages désolés et pour les cultures primitives s'accompagne d'une série de propos critiques au sujet de la civilisation occidentale. Comme Lawrence d'Arabie(20), chez qui les éléments masochistes et morbides étaient encore plus prononcés, Loti voit le primitif comme préférable au civilisé. De nombreuses critiques de Loti portent sur les inévitables conséquences de la civilisation: un sujet déjà traité dans *Au Maroc*:

> Et même le dernier des chameliers arabes ...me paraît avoir eu la part
> beaucoup plus belle qu'un ouvrier de la grande usine européenne, chauffeur
> ou diplomate, qui finit son martyre de travail et de convoitises sur un lit
> en blasphémant(21).

Ce thème est repris dans *l'Inde sans les Anglais* lorsqu'il décrit les indigènes se baignant dans la Gange:

> Et par contraste, chez nous, gens d'Occident qui sommes à l'âge du fer et
> de la fumée, le réveil de nos fourmilières sordides! Sous nos nuages épais
> et froids, la populace, empoisonnée d'alcool et de blasphème, s'empressant
> vers l'usine meurtrière!(22)

Comme le titre le suggère, Loti avait essayé d'éviter tout contact avec l'influence anglaise (et donc occidentale) en Inde — ce qui ne l'empêche pas de donner une

---

(20) T. E. Lawrence, *The Seven Pillars of Wisdom*, Reprint Society, 1939, Vol. I., p. 30. 'In my case, the effort for these years to live in the dress of Arabs, and to imitate their mental foundation, quitted me of my English self, and let me look at the West and its conventions with new eyes: they destroyed it all for me'.

(21) *Au Maroc, op. cit.*, p. 357.

(22) *Ibidem*, p. 417.

impression très favorable de la vieille colonie française de Pondichéry. Dans *Vers Ispahan* il se souvient de l'Inde et la décrit comme corrompue par les influences occidentales, au contraire de l'Iran qui était resté dans 'une immobilité heureuse':

> Oh! le repos de cela! Et le contraste, après l'Inde que nous venons de quitter, après la pauvre Inde profanée et pillée, en grande exploitation manufacturière, où déjà sévit l'affreuse contagion des usines et des ferrailles, où déjà le peuple des villes s'empresse et souffre, au coup de fouet de ces agités messieurs d'Occident, qui portent casque de liège et "complet couleur kaki" (p. 24).

Le jour suivant, Kazeroun lui donne des réflexions similaires:

> Il est encore sur terre des lieux ignorant la vapeur, les usines, les fumées, les empressements, la ferraille. (p. 28)

Et lorsqu'il contemple Chiraz:

> Et je comparais avec les abords noircis de nos grandes villes, nos gares, nos usines, nos coups de sifflet et nos bruits de ferraille; nos ouvriers, blêmes sous le poudrage de charbon, avec des pauvres yeux de convoitise et de souffrance ... (p. 40)

Sa vision des conséquences néfastes du colonialisme n'aurait pas été déplacée dans un tract anti-impérialiste — bien que ses perspectives soient plutôt anti-modernistes qu'anti-colonialistes. Il est tout aussi véhément pour condamner toute tendance à copier les styles européens dans l'art ou la décoration — par exemple dans le palais de Téhéran lorsqu'il rend visite au fils du Shah, qui a des goûts francophiles, ou lorsqu'il est reçu par le Grand Vizir.

Cependant, comme son voyage iranien tire à sa fin, Loti se rend compte qu'il serait insensé de croire que de nombreux bastions pouvaient résister au 'fléau du progrès'. Il s'était déjà attristé devant le spectacle de tant de bâtiments tombant en ruines (il se souviendra d'Ispahan comme d'une ville en ruines ... 'cet Ispahan de ruines et de mort') — par exemple, la vieille école de théologie à Ispahan:

On a du reste le sentiment que tout cela s'en va sans espoir, s'en va comme
la Perse ancienne et charmante, est à jamais irréparable. (p. 110)

Mais il trouve encore plus regrettable le changement moral qu'il discerne à mesure
qu'il quitte les régions inaccessibles pour descendre vers la Mer Caspienne, où les
influences occidentales commencent à se faire sentir. Le changement moral est
encore plus attristant que les 'plaines maussades', les 'tristes hameaux' sous la pluie
battante et où l'air paraît maintenant — après les montagnes — 'd'une lourdeur
pénible et maussade'. Le 2 juin, il remarque que ses deux serviteurs sont ivres; le
lendemain, c'est pire:

Ivres, tous mes Iraniens. Ivres, tous mes nouveaux domestiques enrôlés à
Téhéran. Ivres encore plus que la veille, mes deux cochers ... (p. 148)

Plus tard, des disputes d'ivrognes éclatent entre ses serviteurs, et il doit battre son
cocher 'pour des tromperies par trop éhontées'. (p. 151) Comme il quitte le pays,
il ne peut que se retourner mélancoliquement vers 'la Perse qui apparaît encore, la
haute et la vraie, celle des altitudes et des déserts'. (p. 153)

Il est évident que ce point de vue donne aux récits de voyages de Loti leur ton
dominant. C'est dans cette perspective également que l'on doit voir ses sentiments
pro-islamiques. Sa sympathie pour l'Islam n'avait aucune base doctrinaire mais
trouvait ses origines dans son admiration pour l'homogénéité et la continuité des
sociétés musulmanes. Il appréciait particulièrement le conservatisme culturel qui
accompagnait ce que l'on appellerait aujourd'hui le fondamentalisme musulman.
Ses écrits ne montrent aucune connaissance particulière de l'histoire, de l'art ou de
la culture de l'Islam. Il insiste plutôt sur ce qu'il appelle, dans *Au Maroc*, 'le vieux
suaire de l'Islam' qu'il aime pour la protection qu'il offre contre le 'progrès' occidental. *Vers Ispahan* tient une place spéciale dans l'œuvre de Loti, car l'élaboration de
cet ouvrage lui permet de pénétrer beaucoup plus profondément qu'il ne l'avait fait
auparavant au cœur du sanctuaire de l'Islam. Ce qu'il voit en Iran le choque parfois.
Ni son déguisement ni ses lettres de réquisition ne pouvaient lui épargner l'hostilité
féroce des fidèles à Chiraz. Il décrit la frénésie collective engendrée par le muezzin
à Koumichah lorsque 'toutes les mains droites frappent à grands coups les poitrines
sanglantes', et où 'près de moi, un jeune garçon, pour s'être frappé trop fort, vomit
une bave rouge dont je suis éclaboussé' (p. 88). Il lui était difficile aussi de s'adapter
à une société où les femmes étaient cachées si complètement sous le voile obligatoire
qu'on pourrait les prendre pour 'des fantômes'. Inutile de préciser que Loti ne fait
aucune critique du rôle inférieur de la femme dans les sociétés islamiques ...

Si l'on garde en mémoire le fait que l'Iran est devenu depuis quelques années la principale source de l'intégrisme musulman, les descriptions qu'en fait Loti prennent un intérêt particulier. L'idée que Loti exprime si fortement, selon laquelle l'influence culturelle et technologique du monde occidental représente une menace pour les valeurs islamiques, était au centre de la révolution iranienne de 1979. Loti avait pu observer de près les forces qui devaient plus tard provoquer non seulement une révolution en Iran, mais aussi secouer l'ensemble du Moyen Orient. Il était sur le point de quitter Chiraz, quand il constate que

> le carême est commencé et l'exaltation religieuse ira croissant, jusqu'au jour du grand délire final, où l'on se meurtrira la poitrine et où l'on s'entaillera le crâne. Depuis que le babisme, clandestin et persécuté, envahit la Perse, il y a recrudescence de fanatisme chez ceux qui sont restés musulmans chiites, et surtout chez ceux qui feignent de l'être encore. (p. 60)

Il remarque les mêmes éléments dangereux dans la ville sainte de Koum:

> tout ce monde a l'air inhospitalier et farouche; le même fanatisme se lit dans les regards trop ardents ou dans les regards morts. (p. 135)

Dans quelques passages de *Vers Ispahan*, comme s'il se souvenait qu'il était, dans une certaine mesure, un représentant du gouvernement français, Loti parle sur un ton différent. Il remarque avec plaisir l'attitude francophile rencontrée lors de sa visite au Grand Vizir à Téhéran:

> Mais le réel intérêt de cette réception est dans la sympathie qui m'est témoignée et qui s'adresse évidemment à mon pays bien plus qu'à moi-même; tous mes aimables hôtes parlent encore le français, qui, malgré les efforts de peuples rivaux, demeure la langue d'Occident la plus répandue chez eux. Et ils se plaisent à me rappeler que la France fut la première nation d'Europe entrée en relations avec l'Iran, celle qui, bien des années avant les autres, envoya des ambassadeurs aux Majestés persanes. (p. 146)

A Kasbine, des étrangers l'abordent

pour avoir une occasion de causer en notre langue, qu'ils ont apprise à
l'école. Ils parlent avec lenteur, l'accent doux et chanté; et je vois quel
prestige, à leurs yeux, notre pays conserve encore. (p. 147)

En même temps il déplore le fait que les pains de sucre qui venaient autrefois
de France sont maintenant importés d'Allemagne ou de Russie. (Il avait fait des
remarques similaires au Maroc.) *Vers Ispahan* contient aussi des exemples de
l'anglophobie de Loti. Il avait dédié *L'Inde sans les Anglais* 'au président Krüger,
aux héros du Transvaal', mais ici les sentiments anti-britanniques sont attribués
aux Iraniens avec lesquels il converse. A Chiraz, ses hôtes à dîner chez Hadji-Abbas
s'alarment des

dernières menées anglaises autour de Kouëit: — "S'il faut, disent-ils, que
notre pays soit asservi un jour, au moins que ce ne soit pas par ceux-là!"
(p. 45)

Au cours d'une conversation avec le vizir, on fait référence au déclin de l'influence
française dans le Golfe Persique, et l'hostilité envers la Grande-Bretagne s'exprime
encore plus fortement.

Est-il vrai, me demande-t-il, que les Anglais aient sournoisement envoyé
des pesteux en Arabie pour y propager la contagion? — Là, je ne sais quoi
répondre; c'était la rumeur courante à Mascate lorsque j'y suis passé, mais
l'accusation est bien excessive. (pp. 59-60)

Lorsqu'il rencontre Zelleh-Sultan, le frère du Shah, il le trouve également soupçon-
neux à l'égard des Britanniques. De nombreuses œuvres de Loti contiennent des
remarques de cette sorte. Il faut se rappeler que Loti était officier de Marine; dans ce
milieu des sentiments anti-britanniques étaient assez répandus, ayant leurs racines
dans des siècles de rivalité militaire et coloniale.

Vers Ispahan contient aussi des passages qui suivent les règles du genre de récit
de voyage: descriptions de temples, de mosquées, de temples en ruines. Heureusement Loti évite de nous donner des descriptions trop longues des bâtiments, et il
s'attache plutôt à évoquer l'atmosphère et le caractère particulier de ce qu'il voit.
Il communique au lecteur un sentiment de respect — voire même de révérence
— lorsqu'il contemple les ruines de Persépolis, et il ne peut que s'incliner devant

les mystères du destin, et s'interroger, comme Chateaubriand, devant le caractère
éphémère des créations des hommes:

— et la paix suprême, la paix des mondes à jamais abandonnés, plane sur
ces prairies d'avril, — qui ont connu, dans les temps, des somptuosités
sardanapalesques, puis des incendies, des massacres, le déploiement des
grandes armées, le tourbillon des grandes batailles. (pp. 66–67)

Je ne sais pas si beaucoup d'hommes ont comme moi depuis l'enfance
pressenti toute leur vie. Rien ne m'est arrivé que je n'aie obscurément
prévu dès mes premières années(23).

Ainsi dans *Un Pèlerin d'Angkor* Loti nous dit que ses jouets et ses livres d'enfant
lui avaient donné 'la prescience très nette d'une vie de voyages et d'aventures'.

Et, comme la Bible était en ce temps-là mon livre quotidien, j'entendais
murmurer dans ma tête des versets d'*Ecclésiaste* sur la vanité des choses(24).

On peut dire que tous les voyages de Loti aboutissent à ces réflexions sur la vanité
des choses et sur la brièveté de la vie. Comme le dit Ekström:

La fugacité de toute chose, la brièveté de toute joie, l'absence de durée de
tout ce qui est terrestre lui fut une douleur quasi physique, une blessure
sur son existence entière(25).

En 1901 Loti fit son voyage au Cambodge, mais dut reconnaiître une certaine
déception devant les ruines d'Angkor:

Il est trop tard sans doute dans ma vie, et j'ai déjà vu trop de ces débris
du grand passé, trop de palais, trop de ruines(26).

---

(23) *Un Pèlerin d'Angkor, op. cit.*, p. 1.
(24) *Ibidem*, p.5
(25) G. Ekström, *op.cit.*, p.101.
(26) *Un Pèlerin d'Angkor, op. cit.* p. 56.

Dans la conclusion qu'il ajoute à son livre en octobre 1910 après un intervalle de dix ans, Loti parle de tous ses voyage comme de 'pèleringages' qui n'avaient pas abouti à la foi mais qui lui avaient montré l'impossibilité du matérialisme et du déterminisme.

Pourtant si *Vers Ispahan* doit être considéré comme une étape dans les perspectives de l'évolution de Loti, le texte a une valeur intrinsèque et peut être jugé comme l'un des plus réussi de ses écrits. Ayant connu un succes considérable en France (59 éditions chez Calmann-Lévy) *Vers Ispahan* était aussi l'un des textes français les plus vendus en Iran jusqu'à la révolution de 1979. Le grand mérite de Loti c'est d'avoir gardé le ton d'une aventure vécue tout en ajoutant des réfléxions personnelles qui encadrent les détails mémorables de son récit. Si Loti était dans la vie réelle un personnage égocentrique et mélodramatique il se révèle dans *Vers Ispahan* comme un narrateur modeste en même temps que témoin digne de foi. Le succès commercial du livre s'explique sans doute par le goût de ses contemporains pour l'exotisme et les livres destinés à satisfaire un désir d'évasion. Mais on peut dire que la structure du journal de voyage donne à ce récit une discipline qui fait contraste avec l'émotivité excessive des romans de Loti. En mars 1885 Loti avait cherché à expliquer les procédés qui l'avaient mené à écrire des livres: il était

poussé par je ne sais quel besoin que j'avais de sténographier mes impressions. Je croyais lutter aussi contre la fragilité des choses et de moi-même en fixant ma vie par des mots, à mesure qu'elle passait. L'opinion du public était secondaire pour moi(27).

Aujourd'hui, Loti a perdu le prestige dont il jouissait autrefois auprès du public. *Vers Ispahan* nous offre pourtant des témoignages de son talent indéniable.

LE TEXTE

Vers Ispahan a été publié d'abord dans *La Revue des deux mondes* entre le 15 décembre 1903 et le 15 février 1904 (28), chaque partie du texte correspondant à une livraison du périodique. Ce texte a été repris par Calmann-Lévy, Paris, en 1904, comme texte de base pour la première édition en tant que livre (317 pages). Le texte est sensiblement le même à l'exception de quelques coquilles qui ont été corrigées et de certaines notes qui ont été incorporées dans le texte; nous avons également respecté l'emploi assez inusité de tirets. C'est cette édition de 1904 que nous avons suivie.

---

(27) *Journal intime* t. II, 3 mars 1885, p. 254.
(28) *Revue des deux mondes*, Tome XVIII, 1903, pp. 721-762; Tome XIX, 1904, pp. 5-39, pp. 241-274, pp. 481-517, pp. 742-771.

BIBLIOGRAPHIE

Ouvrages de Pierre Loti consultés :

Au Maroc, Calmann-Lévy, 1890.
Le Roman d'un Enfant, Calmann-Lévy, 1890.
Le Désert, Calmann-Lévy, 1895.
Jérusalem, Calmann-Lévy, 1895.
La Galilée, Calmann-Lévy, 1895.
L'Inde sans les Anglais, Calmann-Lévy, 1904.
Le Château de la Belle-au-Bois Dormant, Calmann-Lévy, 1909.
Un Pèlerin d'Angkor, Calmann-Lévy, 1912.
Journal Intime, Calmann-Lévy, 1926.

Autres ouvrages consultés :

ALLEMAGNE, Henri d', *Du Khorassan au Pays des Backtiaris. Trois mois de voyage en Perse*, Paris, Hachette, 4 vols, 1911.

BLANCH, Lesley, *Pierre Loti : Portrait of an Escapist*, London, Collins, 1983.

BLOCH, Jean-R., "Les itinéraires parallèles : Gobineau et Loti en Perse", *Europe*, Octobre 1923, pp. 99–115.

CHARDIN, Jean, *Voyage de Paris à Ispahan*, Paris, La Découverte, 1983.

CURZON, George N., *Persia and the Persian Question (1892)*, London, Frank Cass, 1966.

DIEULAFOY, Jane, *La Perse, La Chaldée et la Susiane*, Paris, Hachette, 1887.

EKSTRÖM, G., *Evasions et désespérances de Pierre Loti*, Göteborg, Gumperts Förlag, 1953.

FARRÈRE, Claude, *Loti*, Paris, Flammarion, 1930.

FLOTTES, Pierre, *Le Drame Intérieur de Pierre Loti*, Paris, Le Courier littéraire, 1937.

FURON, R., *La Perse*, Paris, Payot, 1938.

HARGREAVES, Alan G., *The Colonial Experience in French Fiction*, London, Macmillan, 1981.

JONES, Geoffrey, *Banking and Empire in Iran*, C.U.P., 1986.

KHAREGAT, Rustan, *A Tourist's Guide to Iran*, Bombay, The Coxton Press, 1935.

LAWRENCE, T. E., *The Seven Pillars of Wisdom*, London, Reprint Society, 1939.

LERNER, Michael G., *Pierre Loti*, New York, Twayne, 1974.

MILLWARD, K. G., *L'Œuvre de Pierre Loti et l'Esprit Fin de Siècle*, Paris, Nizet, 1955.

Persia, Naval Intelligence, 1945.

QUELLA-VILLÉGER, Alain, *Pierre Loti l'incompris*, Paris, Presses de la Renaissance, 1986.

SARTRE, J.-P., *Baudelaire*, Paris, Gallimard, 1947.

SERBAN, N., *Pierre Loti : sa vie et son œuvre*, Paris, Les Presses Françaises, 1924.

SYKES, P. M., *Ten Thousand Miles in Persia*, London, J. Murray, 1902.

WAKE, Clive, *The Novels of Pierre Loti*, The Hague, Mouton, 1974.

WILSON, Sir Arthur, *Handbook for Travellers in Asia Minor, Transcaucasia, Persia, etc.*, London, J. Murray, 1895.

1. Daliki (p.15)

2. Des nomades sur le plateau de Kazeroun (p.25)

3. Kotal-i-Pir-i-Zan (p.31)

4. Le tombeau de Saadi (p.54)

PLANCHE I

6. Vue d'ensemble des ruines de Persépolis (p.64)

8. Vue de Koumichah (p.86)

PLANCHE II

5. Tang-i-Allah-ou-Akbar (p.62)

7. Yezdi-Khast (p.83)

10. Vue de Kachan, prise du caravansérail (p.131)

12. Le pont de Menjil entre Téhéran et Enzeli (cf. p.151)

PLANCHE III

9. La Place Impériale, Ispahan (p.100)

11. La mosquée de Koum (p.133)

Pierre Loti

VERS ISPAHAN

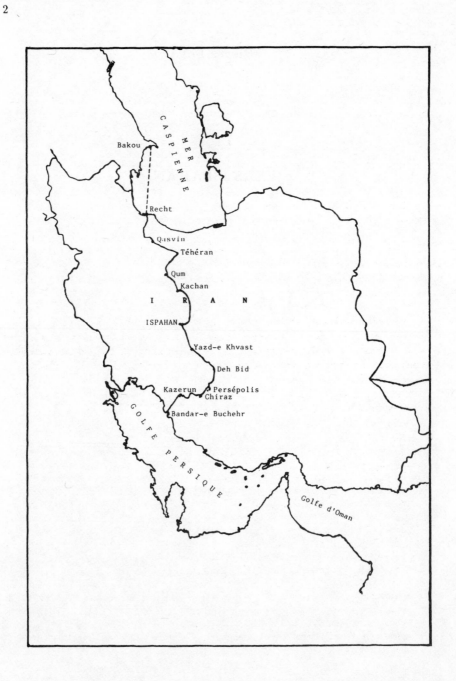

VERS ISPAHAN

PREMIERE PARTIE

PRELUDE

Qui veut venir avec moi voir à Ispahan la saison des roses, prenne son parti de cheminer lentement à mes côtés, par étapes, ainsi qu'au moyen âge (1).

Qui veut venir avec moi voir à Ispahan la saison des roses, consente au danger des chevauchées par les sentiers mauvais où les bêtes tombent, et à la promiscuité des caravansérails où l'on dort entassés dans une niche de terre battue, parmi les mouches et la vermine.

Qui veut venir avec moi voir apparaître, dans sa triste oasis, au milieu de ses champs de pavots blancs et de ses jardins de roses roses, la vieille ville de ruines et de mystère, avec tous ses dômes bleus, tous ses minarets bleus d'un inaltérable émail; qui veut venir avec moi voir Ispahan sous le beau ciel de mai, se prépare à de longues marches, au brûlant soleil, dans le vent âpre et froid des altitudes extrêmes, à travers ces plateaux d'Asie, les plus élevés et les plus vastes du monde, qui furent le berceau des humanités, mais sont devenus aujourd'hui des déserts.

Nous passerons devant des fantômes de palais, tout en un silex couleur de souris, dont le grain est plus durable et plus fin que celui des marbres. Là, jadis,

---

(1) Loti suit d'autres voyageurs français en Perse. Parmi ceux-ci il faudrait citer: Jean Chardin au XVIIe siècle; une voisine de Loti à Hendaye et avec qui il avait dû parler de son itinéraire, Madame Jane Dieulafoy, qui publia un récit très détaillé de son parcours dès 1887, *La Perse, La Chaldée et la Susiane*, Paris, Hachette; et ne pas oublier Gobineau qui avait voyagé en Asie dans les années 1850. Jean-R. Bloch, 'Les itinéraires parallèles : Gobineau et Loti en Perse', *Europe*, Oct. 1923, pp.99-115, a fait une étude comparée du récit de voyage de Loti et de celui de Gobineau, au cours de laquelle il a fait des observations intéressantes: "Lecteur de faible complexion, Loti n'a pas connu l'itinéraire laissé par Gobineau... (p.99). [Loti] est allé vers Ispahan, partie pour satisfaire un nomadisme naturel, partie pour écrire *Vers Ispahan*. Si je ne craignais qu'on se méprît sur le respect que m'inspire ce grand artiste, je dirais que l'admiration rentrait dans son bagage... (p.113). Le tableau de Loti a la perfection plastique d'un Rubens et d'un Delacroix. Celui de Gobineau se présente froid et net..." (*Ibidem*.).

habitaient les maîtres de la Terre, et, aux abords, veillent depuis plus de deux mille ans des colosses à grandes ailes, qui ont la forme d'un taureau, le visage d'un homme et la tiare d'un roi. Nous passerons, mais, alentour, il n'y aura rien, que le silence infini des foins en fleur et des orges vertes.

Qui veut venir avec moi voir la saison des roses à Ispahan (2), s'attende à d'interminables plaines, aussi haut montées que les sommets des Alpes, tapissées d'herbes rases et d'étranges fleurettes pâles, où à peine de loin en loin surgira quelque village en terre d'un gris tourterelle, avec sa petite mosquée croulante, au dôme plus adorablement bleu qu'une turquoise; qui veut me suivre, se résigne à beaucoup de jours passés dans les solitudes, dans la monotonie et les mirages...

---

(2) La transcription des mots iraniens varie d'un auteur à l'autre et d'époque en époque, ainsi de nos jours on parle surtout d'*Isfahan* plutôt que de *Ispahan*, de *Fars* plutôt que de *Pars*. Nous avons essayé de maintenir l'orthographe de Loti même quand elle diffère de la transcription actuelle.

Il est intéressant de noter ici ce qu'un chercheur récent a remarqué au sujet de ce Prélude de *Vers Ispahan*:

'Il va sans dire que ce n'est là que l'aspect poétique d'un ensemble d'éléments isolés, choisis dans une société donnée pour émouvoir des lecteurs ou exprimer des sentiments. Mais cela résume le contenu de tout un ouvrage qui [suprendrait] un lecteur n'ayant pas connaissance des étranges idées de Loti sur le monde et les choses... On trouve dans ce livre le meilleur et le pire de Loti. Ses descriptions trop littéraires, ses tirades déclamatoires, son goût de la peinture, sa passion pour les âmes primitives, sa complaisance pour une vie féerique, tout cela reflète les *Mille et Une Nuits*. Sa contemplation apocalyptique de l'histoire, sa haine du modernisme auquel il oppose des rêveries sur le calme des pays islamiques, ses joies profondes face à l'immensité du désert, à la clarté du ciel bleu et profond, à la majesté des chaînes de montagnes, l'idée de la chute de toutes choses dans l'abîme et la mort, un nihilisme dérivé de son mysticisme, de son inquiétude, et pour unir le tout, un lyrisme de parade, voilà qui témoigne de son romantisme attardé. ... En étudiant de près *Vers Ispahan* on apprend à connaître Loti beaucoup mieux (avec ses aspirations et ses sensations), beaucoup mieux certes que les contrées qu'il décrit. Après la série de romans d'amour et ses romans bretons, *Vers Ispahan* reste un des meilleurs récits de Loti' (G.Abbas Tavassoli, *La Société iranienne et le monde oriental vus à travers l'œuvre d'un écrivain anglais James Morier et d'un écrivain français Pierre Loti*, Paris, Librairie d'Amérique et d'Orient, [Thèse de doctorat ès lettres, Paris, 1966], 1966), p.213.

EN ROUTE

Mardi, 17 avril

En désordre par terre, notre déballage de nomades s'étale, mouillé d'embruns et piteux à voir, au crépuscule. Beaucoup de vent sous des nuages en voûte sombre; les lointains des plaines de sable, où il faudra s'enfoncer tout à l'heure à la grâce de Dieu, se détachent en clair sur l'horizon; le désert est moins obscur que le ciel.

Une grande barque à voile, que nous avions frétée à Bender-Bouchir (3) vient de nous jeter ici, au seuil des solitudes, sur la rive brûlante de ce Golfe Persique, où l'air empli de fièvre est à peine respirable pour les hommes de nos climats. Et c'est le point où se forment d'habitude les caravanes qui doivent remonter vers Chiraz et la Perse centrale.

Nous étions partis de l'Inde, il y a environ trois semaines, sur un navire qui nous a lentement amenés, le long de la côte, en se traînant sur les eaux lourdes et chaudes. Et depuis plusieurs jours nous avons commencé de voir, à l'horizon du Nord, une sorte de muraille mondiale, tantôt bleue, tantôt rose, qui semblait nous suivre, et qui est là, ce soir encore, dressée près de nous: le rebord de cette Perse, but de notre voyage, qui gît à deux ou trois mille mètres d'altitude, sur les immenses plateaux d'Asie.

Le premier accueil nous a été rude sur la terre persane: comme nous arrivions de Bombay, où sévit la peste, il a fallu faire six jours de quarantaine, mon serviteur français et moi, seuls sur un îlot de marécage, où une barque nous apportait chaque soir de quoi ne pas mourir de faim. Dans une chaleur d'étuve, au milieu de tourmentes de sable chaud que nous envoyait l'Arabie voisine, au milieu d'orages aux aspects apocalyptiques, nous avons là souffert longuement, accablés dans le jour par le soleil, couverts de taons et de mauvaises mouches; la nuit, en proie à d'innomables vermines dont l'herbe était infestée.

Admis enfin à Bender-Bouchir, ville de tristesse et de mort s'il en fut, groupe

---

(3) Loti va suivre la route principale qui menait de Bouchir sur le golfe persique à Téhéran, en tout une distance d'environ 1.200 kilomètres. Il a suivi effectivement la route décrite par Sir Arthur Wilson dans son *Handbook for Travellers in Asia Minor, Transcaucasia, Persia, etc.*, Londres, J. Murray, 1895, pp.333-341, et que suivaient la plupart des voyageurs en Perse. Bouchir, port de quelque 15.000 habitants à l'époque, avait été mis en valeur par Nadir Chah dans les années 1740. Les Anglais y avaient établi un comptoir dès 1763. D'après R.Furon, *La Perse*, Paris, Payot, 1938, p.36, Bouchir est "un des endroits les plus désagréables et les plus malsains de toute la Perse. La végétation se borne à quelques dattiers, il n'y a pas d'eau potable; le climat est torride et humide en été".

de masures croulantes sous un ciel maudit, nous avons fait en hâte nos apprêts, acheté des objets de campement, et loué des chevaux, des mules, des muletiers, qui ont dû partir ce matin pour nous rejoindre en contournant une baie, tandis que nous coupions par mer en ligne droite, afin d'éviter une marche sous le soleil mortel.

Donc, nous voici déposés à l'entrée de ce désert, en face d'un semblant de village en ruines, où des gens vêtus de haillons s'asseyent sur des pans de murailles, pour fumer en nous observant.

Longs pourparlers avec nos bateliers demi-nus, – qui nous ont apportés à terre sur leurs épaules ruisselantes, car la barque a dû rester à cent mètres de la rive, à cause des bancs de sable. Longs pourparlers avec le chef du lieu, qui a reçu du gouverneur de Bouchir l'ordre de me donner des cavaliers d'escorte (4), et ensuite avec mon "tcharvadar" (mon chef de caravane), dont les chevaux et les mules devraient être là, mais n'arrivent pas.

De tous côtés, c'est l'étendue agitée par le vent, l'étendue du désert ou de la mer. Et nous sommes sans abri, nos bagages épars. Et le jour achève de s'éteindre, sur notre désarroi.

Quelques gouttes de pluie. Mais, dans ce pays, on n'y prend pas garde; on sait qu'il ne pleuvra pas, qu'il ne peut pas pleuvoir. Les gens qui s'étaient assis à fumer dans les ruines viennent de faire leur prière du Moghreb (5), et la nuit tombe, sinistre.

Nous attendons nos bêtes, qui continuent de ne pas venir. Dans l'obscurité, de temps à autre, des clochettes s'approchent en carillon, chaque fois nous donnant espoir. Mais non, c'est quelque caravane étrangère qui passe; par vingt ou trente, les mules défilent près de nous; pour les empêcher de piétiner nos bagages et nous-mêmes, nos gens crient, – et tout de suite elles disparaissent, vers le ténébreux lointain. (Nous sommes ici à l'entrée de la route de Bouchir à Ispahan, l'une des grandes routes de la Perse, et ce petit port en ruines est un passage très fréquenté.)

Enfin elles arrivent, les nôtres, avec force clochettes aussi.

Nuit de plus en plus épaisse, sous un ciel bas et tourmenté.

Tout est par terre, jeté pêle-mêle; les bêtes font des sauts, des ruades, – et l'heure s'avance, nous devrions être en route. Dans les cauchemars du sommeil,

---

(4) Tout voyageur en Perse à cette époque courait le risque de rencontrer des brigands (des *rah-zan*) ou même de se faire assassiner.
(5) La prière du coucher du soleil.

on a passé quelquefois par de tels embarras insolubles, on a connu de ces fouillis indébrouillables, au milieu de ténèbres croissantes. Vraiment cela semble impossible que tant de choses quelconques, armes, couvertures, vaisselle, achetées en hâte à Bouchir et non emballées, gisant à même le sable, puissent, avec la nuit qu'il fait, s'arranger bientôt sur ces mules à sonnettes et s'enfoncer, à la file derrière nous, dans le noir désert.

Cependant on commence la besogne, en s'interrompant de temps à autre pour dire des prières. Enfermer les objets dans de grands sacs de caravane en laine bariolée; ficeler, corder, soupeser; équilibrer la charge de chaque bête,... cela se fait à la lueur de deux petites lanternes, lamentables au milieu de la tourmente obscure. Pas une étoile; pas une trouée là-haut, par où le moindre rayon tombe. Les rafales, avec un bruit gémissant, soulèvent le sable en tourbillons. Et tout le temps, à la cantonade, des sonneries de grelots et de clochettes: caravanes inconnues qui passent.

Maintenant le chef du village vient me présenter les trois soldats qui, avec mes domestiques et mes muletiers, constitueront ma garde cette nuit. Toujours les deux mêmes petites lanternes, que l'on a posées par terre et qui attirent les sauterelles, me les éclairent vaguement par en dessous, ces nouveaux venus: hauts bonnets noirs sur de fins visages; longs cheveux et longues moustaches, grandes robes serrées à la taille, et mancherons qui pendent comme des ailes...

Enfin la lune, amie des nomades, vient débrouiller le chaos noir. Dans une déchirure soudaine, au ras de l'horizon, elle surgit énorme et rouge, du même coup révélant des eaux encore proches, sur lesquelles son reflet s'allonge en nappe sanglante (un coin du golfe Persique), et des montagnes, là-bas, qu'elle découpe en silhouette (cette grande chaîne qu'il nous faudra commencer de gravir demain). Sa lueur bienfaisante s'épand sur le désert, mettant fin à ces impossibilités de cauchemar, nous délivrant de la confusion inextricable; nous indiquant les uns aux autres, personnages dessinés en noirâtre sur des sables clairs; et surtout nous isolant, nous, groupes destinés à une même caravane, des autres groupes indifférents ou pillards qui stationnaient çà et là, et dont la présence nous inquiétait alentour...

Neuf heures et demie. Le vent s'apaise; les nuages partout se déchirent, montrant les étoiles. Tout est empaqueté, chargé. Mes trois soldats sont en selle, tenant leurs longs fusils droits. On amène nos chevaux, nous montons aussi. Avec un ensemble joyeux de sonneries, ma caravane s'ébranle, en petite cohorte confuse, et pointe enfin dans une direction déterminée, à travers la plaine sans bornes.

Plaine de vase grise, qui tout de suite commence après les sables, plaine de vase séchée au soleil et criblée d'empreintes; des traînées d'un gris plus pâle, faites à la longue par des piétinements innombrables, sont les sentes qui nous guident et vont se perdre en avant dans l'infini.

Elle est en marche, ma caravane! et c'est pour six heures de route, ce qui nous fera arriver à l'étape vers trois ou quatre heures du matin.

Malgré cette partance décourageante, qui semblait ne devoir aboutir jamais, elle est en marche, ma caravane, assez rapide, assez légère et aisée, à travers l'espace imprécis dont rien ne jalonne l'étendue...

Jamais encore, je n'avais cheminé dans le désert en pleine nuit. Au Maroc, en Syrie, en Arabie on campait toujours avant l'heure du Moghreb (6). Mais ici, le soleil est tellement meurtrier qui ni les hommes ni les bêtes ne résisteraient à un trajet de plein jour: ces routes ne connaissent que la vie nocturne.

La lune monte dans le ciel, où de gros nuages, qui persistent encore, la font de temps à autre mystérieuse.

Escorte d'inconnus, silhouettes très persanes; pour moi, visages nouveaux, costumes et harnais vus pour la première fois.

Avec un carillon d'harmonie monotone, nous progressons dans le désert: grosses cloches aux notes graves, suspendues sous le ventre des mules; petites clochettes ou grelots, formant guirlande à leur cou. Et j'entends aussi des gens de ma suite qui chantent en voix haute de muezzin, tout doucement, comme s'ils rêvaient.

C'est devenu déjà une seule et même chose, ma caravane, un seul et même tout, qui parfois s'allonge à la file, s'espace démesurément sous la lune, dans l'infini gris; mais qui d'instinct se resserre, se groupe à nouveau en une mêlée compacte, où les jambes se frôlent. Et on prend confiance dans cette cohésion instinctive, on en vient peu à peu à laisser les bêtes cheminer comme elles l'entendent.

Le ciel de plus en plus se dégage; avec la rapidité propre à de tels climats, ces nuées, là-haut, qui semblaient si lourdes achèvent de s'évaporer sans pluie. Et la pleine lune maintenant resplendit, superbe et seule dans le vide; toute la chaude atmosphère est imprégnée de rayons, toute l'étendue visible est inondée de clarté blanche.

Il arrive bien de temps à autre qu'une mule fantaisiste s'éloigne sournoisement, pointe, on ne sait pourquoi, dans une direction oblique; mais elle est très facile

---

(6) Voir par exemple, Pierre Loti, *Au Maroc* (1890), *Le désert* (1895), *Jérusalem* (1895), *La Galilée* (1895/6) etc....

à distinguer, se détachant en noir, avec sa charge qui lui fait un gros dos bossu, au milieu de ces lointains lisses et clairs, où ne tranche ni un rocher ni une touffe d'herbe; un de nos hommes court après et la ramène, en poussant ce long beuglement à bouche close, qui est ici le cri de rappel des muletiers.

Et la petite musique de nos cloches de route continue de nous bercer avec sa monotonie douce; le perpétuel carillon dans le perpétuel silence, nous endort. Des gens sommeillent tout à fait, allongés, couchés inertes sur le cou de leur mule, qu'ils enlacent machinalement des deux bras, corps abandonnés qu'un rien désarçonnerait, et longues jambes nues qui pendent. D'autres, restés droits, persistent à chanter, dans le carillon des cloches suspendues, mais peut-être dorment aussi.

Il y a maintenant des zones de sable rose, tracées avec une régularité bizarre; sur le sol de vase séchée, elles font comme des zébrures, l'étendue du désert ressemble à une nappe de moire. Et, à l'horizon devant nous, mais si loin encore, toujours cette chaîne de montagnes en muraille droite (7), qui limite l'étouffante région d'en bas, qui est le rebord des grands plateaux d'Asie, le rebord de la vraie Perse, de la Perse de Chiraz et d'Ispahan: là-haut, à deux ou trois mille mètres au-dessus de ces plaines mortelles, est le but de notre voyage, le pays désiré, mais difficilement accessible, où finiront nos peines.

Minuit. Une quasi-fraîcheur tout à coup, délicieuse après la fournaise du jour, nous rend plus légers; sur l'immensité, moirée de rose et de gris, nous allons comme hypnotisés.

Une heure, deux heures du matin... De même qu'en mer, les nuits de quart par très beau temps, alors que tout est facile et qu'il suffit de laisser le navire glisser, on perd ici la notion des durées; tantôt les minutes paraissent longues comme des heures, tantôt les heures brèves comme des minutes. Du reste, pas plus que sur une mer calme, rien de saillant sur le désert pour indiquer le chemin parcouru...

Je dors sans doute, car ceci ne peut être qu'un rêve!... A mes côtés, une jeune fille, que la lune me montre adorablement jolie, avec un voile et des bandeaux à la vierge, chemine tout près sur un ânon, qui, pour se maintenir là, remue ses petites jambes en un trottinement silencieux...

Mais non, elle est bien réelle, la si jolie voyageuse, et je suis éveillé!... Alors, dans une première minute d'effarement, l'idée me passe que mon cheval, profitant de mon demi-sommeil, a dû m'égarer, se joindre à quelque caravane étrangère...

Cependant je reconnais, à deux pas, les longues moustaches d'un de mes soldats

---

(7) Il s'agit des Monts Zagros.

d'escorte; et ce cavalier devant moi est bien mon tcharvadar, qui se retourne en selle pour me sourire, de son air le plus tranquille... D'autres femmes, sur d'autres petits ânes, de droite et de gauche, sont là qui font route parmi nous: tout simplement un groupe de Persans et de Persanes, revenant de Bender-Bouchir, a demandé, pour plus de sécurité, la permission de voyager cette nuit en notre compagnie.

Trois heures du matin. Sur l'étendue claire, une tache noire, en avant de nous, se dessine et grandit: ce sont les arbres, les palmiers, les verdures de l'oasis; c'est l'étape, et nous arrivons.

Devant un village, devant des huttes endormies, je mets pied à terre d'un mouvement machinal; je dors debout, harassé de bonne et saine fatigue. C'est sous une sorte de hangar, recouvert de chaume et tout pénétré de rayons de lune, que mes serviteurs persans dressent en hâte les petits lits de campagne, pour mon serviteur français et pour moi-même, après avoir refermé sur nous un portail à claire-voie, grossier, mais solide. Je vois cela vaguement, je me couche, et perds conscience de toutes choses.

Mercredi, 18 avril.

Eveillé avant le jour, par des voix d'hommes et de femmes, qui chuchotent tout près et tout bas; avec mon interprète, ils parlementent discrètement pour demander la permission d'ouvrir le portail et de sortir.

Le village, paraît-il, est enclos de murs et de palissades, presque fortifié, contre les rôdeurs de nuit et contre les fauves. Or, nous étions couchés à l'entrée même, à l'unique entrée, sous le hangar de la porte. Et ces gens, qui nous réveillent à regret, sont des bergers, des bergères: il est l'heure de mener les troupeaux dans les champs, car l'aube est proche.

Aussitôt la permission donnée et le portail ouvert, un vrai torrent de chèvres et de chevreaux noirs, nous frôlant dans le passage étroit, commence de couler entre nous, le long de nos lits; on entend leurs bêlements contenus et, sur le sol, le bruit léger de leurs myriades de petits sabots; ils sentent bon l'étable, l'herbe, les aromates du désert. Et c'est si long, cette sortie, il y en a tant et tant, que je me demande à la fin si je suis halluciné, si je rêve: j'étends le bras pour vérifier si c'est réel, pour toucher au passage les dos, les toisons rudes. Le peuple des ânes et des ânons vient ensuite, nous frôlant de même; j'en ai cependant la perception moins nette, car voici que je sombre à nouveau dans l'inconscience du sommeil...

Eveillé encore, peut-être une heure après, mais cette fois par une sensation cuisante aux tempes; c'est l'aveuglant soleil, qui a remplacé la lune; à peine levé, il brûle. Nos mains, nos visages, sont déjà noirs de mouches. Et un attroupement de petits bébés, bruns et nus, s'est formé autour de nos lits; leurs jeunes yeux vifs, très ouverts, nous regardent avec stupeur.

Vite, il faut se lever, chercher un abri, n'importe où se mettre à l'ombre.

Je loue jusqu'au soir une maison, que l'on se hâte de vider pour nous. Murs croulants, en terre battue qui s'émiette sous l'haleine du désert; troncs de palmier pour solives, feuilles de palmier pour toiture, et porte à claire-voie en nervures de palme.

Des enfants viennent à plusieurs reprises nous y voir, des très petits de cinq ou six ans, tout nus et adorablement jolis; ils nous font des saluts, nous tiennent des discours, et se retirent. Ce sont ceux de la maison, paraît-il, qui se considèrent comme un peu chez eux. Des poules s'obstinent de même à entrer, et nous finissons par le permettre. Au moment de la sieste méridienne, des chèvres entrent aussi pour se mettre à l'ombre, et nous les laissons faire.

Des percées dans le mur servent de fenêtres, par où souffle un vent comme l'haleine d'un brasier. Elles donnent d'un côté sur l'éblouissant désert; de l'autre, sur des blés où la moisson est commencée, et sur la muraille Persique, là-bas, qui durant la nuit a sensiblement monté dans le ciel. Après la longue marche nocturne, on voudrait dormir, dans ce silence de midi et cette universelle torpeur. Mais les mauvaises mouches sont là, innombrables; dès qu'on s'immobilise, on en est couvert, on en est tout noir; coûte que coûte, il faut se remuer, agiter des éventails.

A l'heure où commence à s'allonger l'ombre des maisonnettes de terre, nous sortons pour nous asseoir devant notre porte. Et chez tous les voisins, on fait de même; la vie reprend son cours dans cet humble village de pasteurs; des hommes aiguisent des faucilles; des femmes, assises sur des nattes, tissent la laine de leurs moutons; – les yeux très peints, elles sont presque toutes jolies, ces filles de l'oasis, avec le fin profil et les lignes pures des races de l'Iran.

Sur un cheval ruisselant de sueur, arrive un beau grand jeune homme; les petits enfants de notre maison, qui lui ressemblent de visage, accourent à sa rencontre, en lui apportant de l'eau fraîche, et il les embrasse; c'est leur frère, le fils aîné de la famille.

Maintenant voici venir un vieillard à chevelure blanche, qui se dirige vers moi, et devant lequel chacun s'incline; pour le faire asseoir, on se hâte d'étendre par terre le plus beau tapis du quartier; les femmes, par respect, se retirent avec de profonds saluts, et des personnages, à long fusil, à longue moustache, qui l'accompagnaient, forment cercle farouche alentour: il est le chef de l'oasis; c'est à lui que j'avais envoyé ma lettre de réquisition, pour avoir une escorte la nuit prochaine, et il vient me dire qu'il me fournira trois cavaliers avant l'instant du Moghreb.

Sept heures du soir, le limpide crépuscule, l'heure où j'avais décidé de partir. Malgré de longues discussions avec mon tcharvadar, qui a réussi à m'imposer une mule et un muletier de plus, tout serait prêt, ou peu s'en faut; mais les trois cavaliers promis manquent à l'appel, je les ai envoyé chercher et mes émissaires ne reviennent plus. Comme hier, il sera nuit noire quand nous nous mettrons en route.

Huit heures bientôt. Nous attendons toujours. Tant pis pour ces trois cavaliers! Je me passerai d'escorte; qu'on m'amène mon cheval, et partons!... Mais cette petite place du village, où l'on n'y voit plus, et qui est déjà encombrée de tous mes gens, de toutes mes bêtes, est brusquement envahie par le flot noir des troupeaux, qui rentrent en bêlant; la poussée inoffensive et joyeuse d'un millier de moutons, de chèvres ou de cabris nous sépare les uns des autres, nous met en complète déroute, il en passe entre nos jambes, il en passe sous le ventre de nos mules, il s'en faufile partout, il en arrive toujours...

Et quand c'est fini, quand la place est dégagée et le bétail couché, voici bien une autre aventure: où donc est mon cheval? Pendant la bagarre des chèvres, l'homme qui le tenait l'a lâché; la porte du village était ouverte et il s'est évadé; avec sa selle sur le dos, sa bride sur le cou, il a pris le galop, vers les sables libres... Dix hommes s'élancent à sa poursuite, lâchant toutes nos autres bêtes qui aussitôt commencent à se mêler et à faire le diable. Nous ne partirons jamais...

Huit heures passées. Enfin on ramène le fugitif très agité et d'humeur impatiente. Et nous sortons du village, baissant la tête pour les solives, sous ce hangar de la porte où nous avions dormi la nuit dernière.

D'abord les grands dattiers, autour de nous, découpent de tous côtés leurs plumes noires sur le ciel plein d'étoiles. Mais, bientôt, ils sont plus clairsemés; les vastes plaines nous montrent à nouveau leur cercle vide. Comme nous allions sortir de l'oasis, trois cavaliers en armes se présentent devant moi et me saluent; mes trois gardes, dont j'avais fait mon deuil; mêmes silhouettes que ceux d'hier, belles tournures, hauts bonnets et longues moustaches. Et, après un gué que nous passons à la débandade, ma caravane se reforme, au complet et à peu près en ligne, dans l'espace illimité, dans le vague désert nocturne.

Il est plus inhospitalier encore que celui de la veille, l'âpre désert de cette fois; le sol y est mauvais, n'inspire plus de confiance; des pierres sournoises et coupantes font trébucher nos bêtes. Et la lune, hélas! n'est pas près de se lever. Parmi les étoiles lointaines, Vénus seule, très brillante et argentine, nous verse un peu de lumière.

Après deux heures et demie de marche, autre oasis, beaucoup plus grande, plus touffue que celle d'hier. Nous la longeons sans y pénétrer, mais une fraîcheur exquise nous vient, dans le voisinage de tous ces palmiers sous lesquels on entend courir des ruisseaux.

Onze heures. Enfin, derrière la montagne là-bas, – toujours cette même montagne dont chaque heure nous rapproche et qui est le rebord, l'immense falaise de l'Iran, – derrière la montagne, une clarté annonce l'entrée en scène de la lune, amie des caravanes. Elle se lève, pure et belle, jetant la lumière à flots, et nous révélant des vapeurs que nous n'avions pas vues. Non plus de ces voiles de sable et de poussière, comme les jours précédents, mais de vraies et précieuses vapeurs d'eau qui, sur toute l'oasis, sont posées au ras du sol, comme pour couver la vie des hommes et des plantes, en cette petite zone privilégiée, quand tout est sécheresse et désolation aux abords; elles ont des formes très nettes, et on dirait des nuages échoués, qui seraient tangibles; leurs contours s'éclairent du même or pâle que les flocons aériens en suspens là-haut près de la lune; et les tiges des dattiers émergent au-dessus, avec toutes leurs palmes arrangées en bouquets noirs. Ce n'est plus un paysage terrestre, car le sol a disparu; non, c'est quelque jardin de la fée Morgane, qui a poussé sur un coin du ciel...

Sans y entrer, nous frôlons Boradjoune (8), le grand village de l'oasis, dont les maisons blanches sont là, parmi les brumes nacrées et les palmiers sombres. Alors deux voyageurs persans, qui avaient demandé de cheminer avec nous, m'annoncent qu'ils s'arrêtent ici, prennent congé et s'éclipsent. Et mes trois cavaliers, qui s'étaient présentés avec de si beaux saluts, où donc sont-ils? Qui les a vus? – Personne. Ils ont filé avant la lune levée, pour qu'on ne s'en aperçoive pas. Voici donc ma caravane réduite au plus juste: mon tcharvadar, mes quatre muletiers, mes deux domestiques persans loués à Bouchir, mon fidèle serviteur français et moi-même. J'ai bien une lettre de réquisition pour le chef de Boradjoune, me donnant le droit d'exiger de lui trois autres cavaliers; mais il doit être couché, car il est onze heures passées et tout le pays semble dormir; que de temps nous perdrions, pour recruter de fuyants personnages qui, au premier tournant du désert, nous lâcheraient encore! A la grâce de Dieu, continuons seuls, puisque la pleine lune nous protège.

Et derrière nous s'éloigne l'oasis, toute sa fantasmagorie de nuages dorés et de palmes noires. A nouveau, c'est le désert; – mais un désert de plus en plus affreux, où il y a de quoi perdre courage. Des trous, des ravins, des fondrières; un pays ondulé, bossué; un pays de grandes pierres cassées et roulantes, où les sentiers ne

(8) Ou **Borazjoune**, village entouré de dattiers à 45 kms au nord-est de Bouchir.

font que monter et descendre, où nos bêtes trébuchent à chaque pas. Et sur tout cela qui est blanc, tombe la pleine lumière blanche de la lune.

C'est fini de ce semblant de fraîcheur, qui nous était venu de la verdure et des ruisseaux; nous retrouvons la torride chaleur sèche, qui même aux environs de minuit ne s'apaise pas.

Nos mules, agacées, ne marchent plus à la file; les unes s'échappent, disparaissent derrière des rochers; d'autres, qui s'étaient laissé attarder, s'épeurent de se voir seules, se mettent à courir pour reprendre la tête, et, en passant, vous raclent cruellement les jambes avec leur charge.

Cependant la terrible falaise Persique, toujours devant nous, s'est dédoublée en s'approchant; elle se détaille, elle nous montre plusieurs étages superposés; et la première assise, nous allons bientôt l'atteindre.

Plus moyen ici de cheminer tranquille en rêvant, ce qui est le charme des déserts unis et monotones; dans cet horrible chaos de pierres blanches, où l'on se sent perdu, il faut constamment veiller à son cheval, veiller aux mules, veiller à toutes choses; – veiller, veiller quand même, alors qu'un irrésistible sommeil commence à vous fermer les yeux. Cela devient une vraie angoisse, de lutter contre cette torpeur soudaine qui vous envahit les bras, vous rend les mains molles pour tenir la bride et vous embrouille les idées. On essaie de tous les moyens, changer de position, allonger les jambes, ou les croiser devant le pommeau, à la manière des Bédouins sur leurs méharis. On essaie de mettre pied à terre, – mais alors les cailloux pointus vous blessent dans cette marche accélérée, et le cheval s'échappe, et on est distancé, au milieu de la grande solitude blanche où à peine se voit-on les uns les autres, parmi ce pêle-mêle de rochers: coûte que coûte, il faut rester en selle...

L'heure de minuit nous trouve au pied même de la chaîne Persique, effroyable à regarder d'en bas et de si près; muraille droite, d'un brun noir, dont la lune accuse durement les plis, les trous, les cavernes, toute l'immobile et colossale tourmente. De ces amas de roches silencieuses et mortes, nous vient une plus lourde chaleur, qu'elles ont prise au soleil pendant le jour, – ou bien qu'elles tirent du grand feu souterrain où les volcans s'alimentent, car elles sentent le soufre, la fournaise et l'enfer (9).

Une heure, deux heures, trois heures durant, nous nous traînons au pied de la falaise géante, qui encombre la moitié du ciel au-dessus de nos têtes; elle continue

---

(9) Entre Borazjoune et Daliki, la route passe par un marécage alimenté de sources chaudes et de ruisseaux sentant le soufre. Voir Rustan Kharegat, *A Tourist's Guide to Iran*, Bombay, The Coxton Press, 1935.

de se dresser brune et rougeâtre devant ces plaines de pierres blanches; l'odeur de soufre, d'œuf pourri qu'elle exhale devient odieuse lorsqu'on passe devant ses grandes fissures, devant ses grands trous béants qui ont l'air de plonger jusqu'aux entrailles de la terre. Dans un infini de silence, où semblent se perdre, s'éteindre les piétinements de notre humble caravane et les longs cris à bouche fermée de nos muletiers, nous nous traînons toujours, par les ravins et les fondrières de ce désert pâle. Il y a çà et là des groupements de formes noires, dont la lune projette l'ombre sur la blancheur des pierres; on dirait des bêtes ou des hommes postés pour nous guetter; mais ce ne sont que des broussailles, lorsqu'on s'approche, des arbustes tordus et rabougris. Il fait chaud comme s'il y avait des brasiers partout; on étouffe, et on a soif. Parfois on entend bouillonner de l'eau, dans les rochers de l'infernale muraille, et en effet des torrents en jaillissent, qu'il faut passer à gué; mais c'est une eau tiède, pestilentielle, qui est blanchâtre sous la lune, et qui répand une irrespirable puanteur sulfureuse. – Il doit y avoir d'immenses richesses métallurgiques, encore inexploitées et inconnues, dans ces montagnes.

Souvent on se figure distinguer là-bas les palmiers de l'oasis désirée, – qui cette fois s'appellera Daliki(10), – et où l'on pourra enfin boire et s'étendre. Mais non; encore les tristes broussailles, et rien d'autre. On est vaincu, on dort en cheminant, on n'a plus le courage de veiller à rien, on s'en remet à l'instinct des bêtes et au hasard...

Cette fois, cependant, nous ne nous trompons pas, c'est bien l'oasis: ces masses sombres ne peuvent être que des rideaux de palmiers; ces petits carrés blancs, les maisons du village. Et pour nous affirmer la réalité de ces choses encore lointaines, pour nous chanter l'accueil, voici les aboiements des chiens de garde, qui ont déjà flairé notre approche, voici l'aubade claire des coqs, dans le grand silence de trois heures du matin.

Bientôt nous sommes dans les petits chemins du village, parmi les tiges des dattiers magnifiques, et devant nous s'ouvre enfin la lourde porte du caravansérail, où nous nous engouffrons pêle-mêle, comme dans un asile délicieux.

Jeudi, 19 avril.

Je ne sais pas bien si je suis éveillé ou si je dors... J'ai depuis un moment l'impression mal définie d'être au milieu d'oiseaux qui chantent, qui volent si près de moi que je sens, quand ils passent, le vent de leurs plumes... En effet, ce sont des hirondelles empressées, qui ont des nids remplis de petits, contre les solives de mon plafond bas! Si j'allongeais la main, je les toucherais presque. Par mes fenêtres, – qui n'ont ni vitres ni auvents pour les fermer, – elles vont, elles viennent avec des cris joyeux; et le soleil se lève! Je me souviens maintenant: je suis dans l'oasis de Daliki,

---

(10) Daliki se trouvait à l'entrée du *Kotal-i-Malu*, le défilé maudit.

j'occupe la chambrette d'honneur du caravansérail; hier au soir on m'a fait monter, par un escalier extérieur, dans ce petit logis où il n'y avait rien, que des murailles de terre, blanchies à la chaux, et où mes Persans, Yousouf et Yakoub, se dépêchaient à monter nos lits de sangles, à étendre nos tapis, tandis que nous attendions, mon serviteur et moi, anéantis de sommeil, et buvant avidement de l'eau fraîche à même une buire...

La chaleur est déjà moins lourde ici qu'au bord du terrible golfe, et il fait si radieusement beau! Ma chambre, la seule du village qui ne soit pas au rez-de-chaussée et qui domine un peu ses entours, est ouverte aux quatre vents par ses quatre petites fenêtres. Je suis au milieu des dattiers, frais et verts, sous un ciel matinal bleu de lin, avec semis de très légers nuages en coton blanc. D'un côté, quelque chose de sombre et de gigantesque, quelque chose de brun et de rouge, s'élève si haut qu'il faut mettre la tête dehors et regarder en l'air pour le voir finir: la grande chaîne de l'Iran, qui est là très proche, et presque surplombante. De l'autre, c'est le village, avec un peu de désert aperçu au loin, entre les tiges fines et pareilles de tous ces palmiers. Les coqs chantent, avec les hirondelles. Les maisonnettes en terre battue ont des portes ogivales, d'un pur dessin arabe, et des toits plats, en terrasse, sur lesquels l'herbe pousse comme dans les champs. Les belles filles de l'oasis sortent, non voilées, pour faire en plein air leur toilette, s'asseyent sur quelque pierre devant leur demeure et se mettent à peigner en bandeaux leur chevelure noire. On entend battre les métiers des tisserands. Comme le lieu est très fréquenté, et comme c'est l'heure de l'arrivée de ces caravanes de marchandises, qui cheminent lentement chaque nuit sur les routes, voici que l'on commence d'entendre aussi de tous côtés les sonnailles des mules, qui se hâtent vers le caravansérail, et le beuglement à bouche fermée des muletiers, qui arrivent vaillants et allègres, le haut bonnet noir des Persans mis très en arrière sur leur tête fine et brune.

Dans l'après-midi, longs débats encore avec mon tcharvadar. A Bouchir, j'avais résolu, d'après la carte, de doubler l'étape de ce soir, et il avait refusé, s'était fâché, n'avait cédé qu'à des menaces, après avoir fait mine de partir sans signer le contrat. Aujourd'hui, en présence de l'état des chemins, je préfère ne marcher que six heures, ainsi qu'il l'exigeait d'abord, de façon à coucher en un village appelé Konor-Takté; – et, à présent, c'est lui qui ne veut plus.

Cependant lorsque je finis par dire, à bout de patience: "Du reste, ce sera comme ça, parce que je le veux, la discussion est close!" sa jolie figure de camée se détend tout à coup et il sourit: "Alors, puisque tu dis *je veux*, je n'ai qu'à répondre *soit*."

Il discutait pour discuter, pour passer le temps, rien de plus.

Six heures du soir. Arrivent mes trois nouveaux cavaliers d'escorte, fournis par le chef d'ici; ils ont de belles robes en coton à fleurs, et des fusils du très vieux temps. Pour la première fois depuis le départ, ma caravane s'organise en plein jour, aux derniers feux rougissants du soleil. Et nous sortons tranquillement de l'oasis, où, sous les hauts palmiers, au bord des ruisseaux clairs, quantité de femmes, presque toutes jolies, sont assises avec des petits enfants, pour la flânerie mélancolique du soir.

Aussitôt commencent les solitudes de sables et de pierrailles. La longue falaise Persique, où nous allons enfin nous engager cette nuit, se déploie à perte de vue, jusqu'au fond de notre horizon vide; on la dirait peinte à plaisir de nuances excessives et heurtées; des jaunes orangés ou des jaunes verdâtres y alternent, par zébrures étranges, avec des bruns rouges, que le soleil couchant exagère jusqu'à l'impossible et l'effroyable; dans les lointains ensuite, tout cela se fond, pour tourner au violet splendide, couleur robe d'évêque. Comme la nuit dernière, il sent le soufre et la fournaise, ce colossal rempart de l'Iran; on a l'impression qu'il est saturé de sels toxiques, de substances hostiles à la vie; il prend des colorations de chose empoisonnée, et il affecte des formes à faire peur. De plus, il se détache sur un fond sinistre, car la moitié du ciel est noire, d'un noir de cataclysme ou de déluge: encore un de ces faux orages qui, dans ce pays, montent avec des airs de vouloir tout anéantir, mais qui s'évanouissent on ne sait comment, sans donner jamais une goutte d'eau... Vraiment, quelqu'un n'ayant jamais quitté nos climats et qui, sans préparation, serait amené ici, devant des aspects d'une telle immensité et d'une telle violence, n'échapperait point à l'angoisse de l'inconnu, au sentiment de n'être plus sur terre, ou à la terreur d'une fin de monde...

Le désert ondulé, dans lequel nous cheminions depuis deux jours, suit une pente ascendante jusqu'au pied de ces montagnes, qui semblent à présent sur nos têtes; son déploiement blanc, du point où nous sommes, est déjà en contre-bas par rapport à nous; il se déroule infini à nos yeux, détaché en pâle sur le ciel terrible, et deux ou trois lointaines oasis y font des taches trop vertes, d'un vert cru d'aquarelle chinoise. Si désolé qu'il soit, ce désert auquel nous allons dire adieu, combien cependant il nous paraît hospitalier, facile, en comparaison de cette falaise qui se dresse là, mystérieuse et menaçante sous les nuages noirs, comme ne voulant pas être pénétrée!

A l'heure où le disque ensanglanté du soleil plonge derrière l'horizon des plaines, une grande coupure d'ombre s'ouvre presque soudainement devant nous dans la muraille Persique, entre des parois verticales de deux ou trois cents mètres de haut.

Nous entrons là. Un brusque crépuscule descend sur nous, tombe des rochers surplombants, comme ferait un voile dont nous serions tout à coup enveloppés. Le silence, la sonorité augmentent en même temps que l'odeur de soufre. Et les étoiles, que l'on ne distinguait pas avant, apparaissent aussitôt, comme vues du fond d'un puits et allumées toutes à la fois, au clair zénith que n'ont pas encore atteint les nuées d'orage.

Une heure durant, jusqu'à nuit close, nous nous enfonçons, d'un pénible effort, dans le pays des horreurs géologiques, dans le chaos des pierres follement tourmentées; toujours nous suivons la même coupure, le même gouffre, qui continue de s'ouvrir dans les flancs profonds de la montagne, comme une sorte de couloir sinueux et sans fin. Il y a des trous, des éboulis; des montées raides, et puis des descentes soudaines, avec des tournants sur des précipices. Au milieu de tout cela, le passage séculaire des caravanes a creusé de vagues sentes, dont nos bêtes, malgré l'obscurité, ne perdent pas la trace. De temps à autre, on s'appelle, on se compte, les cavaliers de Daliki et nous-mêmes; on resserre les rangs et on s'arrête pour souffler. Dans les ténèbres des alentours, on entend bruire des eaux souterraines, gronder des torrents, tomber des cascades. Il fait une température d'étuve, de four, dans ces gorges où l'on est de tous côtés surplombé par des amoncellements de pierres chaudes, et on suffoque parfois à respirer l'odeur des soufrières. Il y a de plus dangereux passages, où ce sont comme des lamelles en granit, comme des séries de tables mises debout, à moitié sorties du sol, laissant des intervalles étroits et profonds où la jambe d'une mule, si elle s'y enfonçait par malheur, serait prise comme au piège. Et il faut faire route là-dessus, dans l'obscurité.

Une heure de repos relatif, à cheminer sur un sol blanchâtre, le long d'une rivière endormie...(11) Sinistre rivière, qui ne connaît ni les arbres, ni les roseaux, ni les fleurs, mais qui se traîne là, clandestine et comme maudite, si encaissée que jamais le soleil ne doit y descendre. Elle reflète à cette heure un étroit lambeau de ciel avec quelques étoiles, entre les images renversées des grandes cimes noires.

Et maintenant, voici le passage qui se ferme devant nous, voici la vallée qui nous est absolument close par une muraille verticale de trois à quatre cents mètres de haut...

Allons, nous nous sommes fourvoyés, c'est évident; nous n'avons plus qu'à revenir sur nos pas...Et il est fou, pour sûr, mon tcharvadar, qui fait mine de vouloir grimper là, qui pousse son cheval dans une espèce d'escalier pour chèvres, en prétendant que c'est le chemin!...

Ici, mes trois cavaliers d'escorte viennent me saluer fort gracieusement et prendre congé. Ils n'iront pas plus loin, car, disent-ils, ce serait sortir des limites de leur territoire. Je m'en doutais, qu'ils me lâcheraient comme ceux d'hier. Menaces ou

---

(11) Il s'agit, sans doute, de la Daliki.

promesses, rien n'y fait; ils s'en retournent, et nous sommes livrés à nous-mêmes.

Or, c'est bien le chemin en effet, cet escalier inimaginable; il faut se décider à le croire, puisqu'ils l'affirment tous. C'est bien, paraît-il, la seule voie qui conduise là-haut, à cette mystérieuse et inaccessible Chiraz, où, après trois nuits encore de laborieuse marche, nous nous reposerons peut-être enfin, dans l'air salubre et rafraîchi des sommets. C'est la grande route du Golfe Persique à Ispahan!...

Un homme dans son bon sens, ayant nos idées européennes sur les routes et les voyages, et à qui l'on montrerait cette petite troupe de chevaux et de mules entreprenant de s'accrocher, de grimper quand même au flanc vertical d'une telle montagne, croirait assister à quelque fantastique chevauchée vers le Brocken(12), pour le Sabbat.

Cela dure un peu plus de deux pénibles heures, cette escalade à se rompre les os. Rien que pour se tenir en selle, on a une incessante gymnastique à faire; nos bêtes constamment tout debout, – et d'ailleurs merveilleuses d'instinct et de prudence, – tâtent dans l'obscurité avec leurs pieds de devant, tâtent plus haut que leur figure, cherchent une saillie où se cramponner comme si elles avaient des griffes, et puis se hissent d'un souple effort de reins. Et ainsi de suite, chaque minute nous élevant davantage au-dessus de l'abîme qui se creuse. Les espèces de sentes que nous suivons montent en zigzags très courts, à tournants brusques; nous sommes donc directement les uns au-dessus des autres, plaqués tous contre l'abrupte paroi, et, si l'un des premiers s'en détachait pour dévaler dans le gouffre, il entraînerait les suivants, on serait précipités plusieurs ensemble. Avec tous ces cailloux qui s'arrachent sous nos pas, pour descendre en cascades, en avalanches de plus en plus longues, à mesure que le vide en bas se fait plus profond; avec tous ces sabots ferrés qui écorchent la pierre, qui glissent et se rattrapent, nous menons grand bruit au milieu des solennels silences; s'il y a des brigands aux aguets dans ce pays, ils doivent de très loin nous entendre. Je fais passer devant mon serviteur français, dont la vie m'est confiée, pour au moins être sûr, tant que j'apercevrai sa silhouette, qu'il n'a pas été précipité avec son cheval, derrière moi, dans les vallées d'en dessous. Parfois, une mule de charge chancelle et s'abat; nos gens alors jettent de longs cris d'alarme et de sauve-qui-peut: si elle allait rouler sur la pente, en fauchant au passage celles qui sont derrière, l'avalanche alors, qui se formerait, serait composée de nous-mêmes, de nos muletiers et de toutes nos bêtes...

Ces sentes, dont il ne faut pas s'écarter, ont été creusées au cours des siècles par les caravanes nocturnes; elles sont si étroites qu'on y est comme emboîté dans une glissière, entre des rochers qui des deux côtés vous pressent, vous raclent les genoux. D'autres fois, il n'y a plus le moindre rebord à l'escalier terrible, et alors on

---

(12) Mont dans le Harz, lieu de réunion des sorcières pendant la nuit de Walpurgis.

aime mieux ne pas regarder, car des gouffres intensément obscurs s'ouvrent presque sous nos pieds, des gouffres dont le fond est à présent si lointain qu'on dirait le vide même. A mesure que nous montons, les aspects se déforment et changent, à la lueur incertaine des étoiles; il y a des cirques gigantesques, aux flancs éboulés; il y de grandes pierres qui surplombent, imprécises dans la nuit, toutes penchées et menaçantes. De temps à autre, une odeur cadavérique emplit l'air brûlant et lourd, tandis qu'une masse gisante obstrue le passage: cheval ou mule de quelque précédente caravane, qui s'est cassé les reins et qu'on a laissé là pourrir; il faut l'enjamber ou bien tenter un périlleux détour.

Vers la fin de nos deux heures d'épreuve, une clarté commence d'envahir le ciel oriental: la lune, Dieu merci! va se lever et nous sauvera de ces ténèbres.

Et comment dire la délivrance d'être en haut tout à coup, d'être au grand calme soudain, sur un sol libre et facile! En même temps qu'on échappe au vertige des abîmes, au danger des chutes dans le vide noir, on sort de l'étouffement des vallées de pierre, on respire un air plus pur, d'une fraîcheur exquise. On est en plaine, – une plaine suspendue à mille ou douze cents mêtres d'altitude, – et, au lieu du désert comme en bas, voici la campagne fleurie, les champs de blé, les foins qui sentent bon. La lune, qui s'est levée, nous montre partout des pavots et des pâquerettes. Par des chemins larges, on va paisiblement, sur la terre douce et sur les herbes, escorté d'une nuée de lucioles, comme si on passait au milieu d'inoffensives étincelles.

Nous sommes ici au premier étage, à la première terrasse de la Perse, et, quand nous aurons franchi une seconde muraille de montagnes qui se découpe là-bas contre le ciel, nous serons enfin sur les hauts plateaux d'Asie. C'est d'ailleurs un soulagement de se dire qu'il n'y aura pas à redescendre l'effroyable escalier, puisque notre retour aura lieu par les routes plus fréquentées du Nord, par Téhéran et la Mer Caspienne.

Des sonnailles, des carillons de mules en avant de nous: une autre caravane qui chemine en sens inverse et va nous croiser. On s'arrête, pour se parler, pour se reconnaître sous la belle lune; et ce nouveau tcharvadar qui se présente appelle le mien par son nom: "Abbas!" avec un cri de joie. Les deux hommes alors se jettent dans les bras l'un de l'autre et se tiennent longuement enlacés: ce sont les deux frères jumeaux, qui passent leur vie sur les chemins, à guider les caravanes, et qui depuis longtemps, paraît-il, ne s'étaient pas rencontrés.

L'allure, maintenant monotone, et la parfaite sécurité, après tant de saine fatigue, nous poussent d'une façon irrésistible au sommeil; vraiment nous dormons sur nos chevaux...

Deux heures du matin. Mon tcharvadar m'annonce Konor-Takté, l'étape de cette nuit(13);

Un village fortifié, dans un bois de palmiers; les portes du caravansérail, qui s'ouvrent devant nous, puis se referment quand nous sommes passés: tout cela, vaguement aperçu, comme en rêve... Et ensuite, plus rien; le repos dans l'inconscience...

[Vendredi](14), *20 avril.*

Eveillé dans la chambre blanchie à la chaux du caravansérail de Konor-Takté. Une cheminée, témoignant que nous sommes sortis des régions d'éternelle chaleur(15), et *montés* dans les pays qui ont un hiver. Au plafond, quantité de petits lézards roses semblent dormir; d'autres se promènent, inoffensifs et confiants, sur nos couvertures. On entend au dehors des hirondelles qui délirent de joie, comme celles de chez nous à la saison des nids. Par les fenêtres, on voit des arbustes de nos jardins, lauriers-roses et grenadiers en fleurs, et aussi des blés mûrs, des champs pareils aux nôtres. Plus de lourdeurs étouffantes, plus de miasmes de fièvre ni d'essaims de mauvaises mouches; on se sent presque délivré déjà du golfe maudit, on respire comme dans nos campagnes par les beaux matins de printemps.

Départ à cinq heures du soir, après avoir dormi une partie du jour. Il faut une heure environ pour traverser le plateau pastoral, où la moisson est mûre, où, dans les blés dorés, hommes et femmes, la faucille en main, coupent des épis en gerbe, parmi les coquelicots, les pieds-d'alouette, toutes les fleurs de France, subitement retrouvées à mille mètres d'altitude. Comme toile de fond à cet éden, se dresse vertical le second étage de la muraille Persique, une sorte de clôture haute et sombre, un rempart vers lequel nous nous dirigeons pour l'affronter cette nuit.

Le soleil est déjà bas quand nous nous enfonçons dans l'épaisseur de cette nouvelle muraille, entre des rochers couleur de sanguine et de soufre, par une fissure étroite qui semble une entrée de l'enfer. Et, tout de suite, c'est autour de nous un monde hostile, magnifiquement effroyable, où n'apparaît plus aucune plante, mais où se lèvent partout de grandes pierres aux contours tranchants, teintées de jaune livide ou de brun rouge. Une rivière traverse en bouillonnant cette région d'horreur; ses eaux laiteuses, saturées de sels, tachées de vert métallique, semblent rouler de l'écume de savon et de l'oxyde de cuivre. On a le sentiment de pénétrer ici dans les arcanes du monde minéral, de surprendre les mystérieuses combinaisons qui précèdent et préparent la vie organique.

---

(13) Près de l'entrée d'un des *kotals* (défilés) le plus à pic et le plus difficile à franchir de la Perse, à savoir le *Kotal-i-Kamarij*, (toujours selon Wilson, *op.cit.*)

(14) Leçon corrigée de *Jeudi.*

(15) *Konor-Takté* est à 600 mètres d'altitude.

Au bord de cette rivière empoisonnée, que nous longeons à l'heure où doit se coucher le soleil, voici un grand et sinistre village, un campement plutôt, un amas de huttes grossières et noirâtres, sans une herbe alentour, ni seulement une mousse verte. Et des femmes, qui sortent de là, s'avancent pour nous regarder, l'air moqueur et agressif, un voile sombre cachant la chevelure, très belles, avec d'insolents yeux peints; plus brunes que les jolies faucheuses de l'oasis, et d'un type différent... C'est notre première rencontre avec ces nomades, qui vivent par milliers au sud de la Perse, sur les hauts plateaux, insoumis et pillards, rançonnant à main armée les villages sédentaires, assiégeant parfois les villes fortes.

Il est l'heure de la rentrée des troupeaux, et de tous côtés ils se hâtent vers le gîte, ils descendent des zones plus élevées où sans doute l'on trouve des pâturages; par différentes coupures dans les grandes roches, nous voyons des peuplades de bœufs ou de chèvres dévaler à pic, couler comme des ruisseaux d'eau noire. Uniformément noir, tout ce bétail des nomades, de même que la couverture de leurs tristes huttes et le vêtement de leurs femmes. Et les bergers, qui rentrent aussi, grands diables farouches et fiers, portent, en plus de la houlette, un fusil à l'épaule, des sabres et des coutelas plein la ceinture. Le long de l'affreuse rivière, au crépuscule, dans une vallée trop étroite et très surplombée, nous croisons tout cela, gens et bêtes, qui jette un moment la confusion dans notre caravane, et une de nos mules de charge, piquée par la corne d'un bœuf, s'abat avec son fardeau.

La nuit nous trouve dans un chaos plus horrible que celui d'hier, plus dangereux parce que c'est un chaos qui se désagrège. Il y a partout des éboulements récents, des cassures fraîches. Et parfois les énormes blocs, qui semblent s'être détachés la veille et arrêtés en pleine chute, surplombent directement nos têtes; le tcharvadar alors, sans dire un mot, les indique du bout de son doigt levé, et, sous leur menace, nous passons avec plus de lenteur, gardant un instinctif silence.

Nous nous élevons en remontant le cours des ruisseaux, des cascades, qui ont à la longue creusé un lit, ou bien qui ont profité des sentes d'abord tracées par les caravanes; tout le temps, dans l'obscurité de plus en plus noire, nous entendons l'eau clapoter sous les pieds bruyants de nos bêtes; et les cris rauques des grenouilles se répondent de place en place. On a beau se suivre de tout près, on se perd constamment de vue les uns les autres, au milieu des monstrueuses pierres.

Nuit d'étoiles; mais c'est surtout Vénus, étonnamment brillante, qui fidèlement nous jette un peu de clarté. A minuit, nous sommes déjà très haut, et, par de vagues sentiers qui penchent, qui sont glissants comme du verre, nous cheminons au-dessus et tout au bord, tout au ras des gouffres.

Pour finir, nous voici au pied d'une montagne verticale comme celle de la veille, avec les mêmes affreux petits escaliers en zigzags, aux marches branlantes. Nos chevaux tout debout, s'accrochant comme des chèvres, il faut recommencer pendant plus d'une heure la vertigineuse grimpade, l'invraisemblable course au Brocken, à travers la puanteur des mules mortes, échelonnées au flanc de cette muraille.

Comme hier aussi, nous avons la joie de l'arrivée brusque au sommet, la joie de retrouver soudainement une plaine, de la terre et des herbages. Nous venons de gagner encore, depuis l'étape précédente, environ six cents mètres d'altitude, et, pour la première fois depuis le départ, une vraie fraîcheur nous ravit, nous repose délicieusement.

Mais la plaine de ce soir n'est qu'une longue terrasse, au pied d'une troisième assise de montagnes que l'on voit là tout près; c'est une sorte de balcon, pourrait-on dire, qui n'a guère qu'une demi-lieue de profondeur: quelque ancienne fissure des tourmentes géologiques, peu à peu comblée d'humus, au cours des âges incalculables, et devenue un éden aérien, une petite Arcadie séparée du reste du monde. Nous traversons des champs de pavots, dont les fleurs, ouvertes dans la nuit, ressemblent à de grands calices de soie blanche; ensuite des blés, que le soleil n'a pas encore mûris comme ceux d'en bas et qui, dans le jour, doivent être magnifiquement verts.

Au bout d'une heure de marche tranquille, des lumières apparaissent parmi des arbres et, dans le lointain, des chiens de garde se mettent à aboyer: c'est Konoridjé(16), le village où nous finirons la nuit; on distingue bientôt les beaux dattiers qui l'ombragent, sa petite mosquée, toutes ses terrasses blanches que la lueur des étoiles rend bleuâtres. Il doit y avoir fête nocturne, car on commence d'entendre les tambourins, les flûtes et, de temps à autre, le cri de joie des femmes, qui est strident comme, en Algérie, le cri des Mauresques...

Je ne sais dire quel charme d'Orient et de passé enveloppe ce petit pays très isolé sur terre et empli de vieilles musiques naïves, à cette heure de minuit où nous venons le surprendre sous ses hauts palmiers.. Mais mon serviteur, qui est un matelot ignorant les métaphores et n'employant les mots que dans leur sens absolu, m'exprime en ces termes tout simples son ravissement craintif: "Il a un air, ce village,...un air *enchanté!*"

---

(16) Ou Kamarij, à 140 kilomètres de Bouchir. cf. Alain Quella-Villéger, *Pierre Loti l'incompris*, Paris, Presses de la Renaissance, 1986, pp.210-211: "Mais au confort sans surprises de son prédécesseur, [Gobineau en 1855], Loti préfère les marches de nuit, le sommeil dans la promiscuité des caravansérails (comme ceux de Konoridgé le 21 avril ou de Myan-Kotal le surlendemain), le risque de chevauchées à flanc de montagne, le 'kalyan' fumé sur les terrasses surchauffées des auberges, le contact direct avec une nature grandiose, la rencontre inopinée avec des bandes armées ou des nomades pacifiques.

Au radieux lever du jour, concert éperdu d'hirondelles, de moineaux et d'alouettes. Limpidité absolue du ciel et des lointains; calme paradisiaque, dans le village et dans les champs. On est ici à quinze ou dix-huit cents mètres d'altitude(18), dans un air si pur que l'on se sent comme retrempé de vie et de jeunesse. Et c'est un enchantement, que de se réveiller et de sortir.

Au-dessus des loges en terre battue, où nos muletiers se sont entassés avec nos bêtes, nous avons dormi dans l'unique chambre haute, – entre des murs de terre aussi, il va sans dire, – et, ce matin, les toits du caravansérail nous font un promenoir, tapissé d'herbe comme une prairie. Sur les terrasses voisines, où l'herbe pousse de même, les hommes sont prosternés à cette heure pour la première prière de la journée; avec leurs longues robes serrées à la taille, leurs mancherons qui flottent et leurs bonnets comme des tiares, ils ont, dans leurs humbles vêtements, des silhouettes de rois mages. Au delà des vieilles maisons, aux murs épais, aux portes ogivales, on voit les petits lointains de la plaine tranquille et fermée, l'étendue des blés verts, où quelques champs de pavots en fleurs tracent des marbrures blanches, – et toujours, cette chaîne des montagnes de l'Iran qui semble, à mesure que nous montons, grandir, pousser vers le ciel, dresser chaque fois devant nous une assise nouvelle.

Des caravanes arrivent, qui ont cheminé toute la nuit, descendant de Chiraz ou remontant comme nous de Bender-Bouchir; des sonnailles de mules, de différents côtés, se mêlent à l'aubade des oiseaux. Les bergers mènent vers la montagne des troupeaux de chèvres noires. Dans les chemins du village, des cavaliers galopent, sveltes et moustachus, armés de ces longs fusils d'autrefois qui partent avec une étincelle de silex. La vie est ici comme au temps passé. Il a gardé une immobilité heureuse, ce petit pays perdu, que protègent d'abord les brûlants déserts, ensuite deux ou trois étages de précipices et de farouches montagnes.

Oh! le repos de cela! Et le contraste, après l'Inde que nous venons de quitter, après la pauvre Inde profanée et pillée, en grande exploitation manufacturière, où déjà sévit l'affreuse contagion des usines et des ferrailles, où déjà le peuple des villes s'empresse et souffre, au coup de fouet de ces agités messieurs d'Occident, qui portent casque de liège et "complet couleur kaki"!(19)

---

(17) Leçon corrigée de *Vendredi.*
(18) Une légère exagération! Le village est à peine à mille mètres d'altitude.
(19) Loti n'a guère que du mépris pour l'Anglais et l'Angleterre, voir *L'Inde (Sans les Anglais)*, rédigé juste avant son voyage en Iran, en 1900, et qui, signe d'un manque de tact et, preuve d'antipathie, est dédié au Président Krüger et aux Héros du Transvaal qui luttaient contre les Anglais en Afrique du Sud.

Sous la belle lumière dorée de cinq heures du soir, nous quittons le village enchanté, pour nous acheminer vers les montagnes du fond, en traversant le plateau paisible et pastoral que l'on dirait fermé de toutes parts.

Au moment où nous nous engageons dans les gorges, qui vont nous mener à un étage plus haut encore, le soleil est couché pour nous, mais les cimes alentour demeurent magnifiquement roses. Et il y a là, pour garder cette entrée, un vieux castel aux murs crénelés, avec des veilleurs en longue robe persane debout sur toutes les tours: on croirait quelque image du temps des croisades.

Le défilé(20) de cette fois est d'un abord moins farouche que ceux des précédentes nuits; entre des parois tapissées d'arbres, d'herbages et de fleurs, notre chemin monte, pas trop raide ni dangereux.

Et, sans grande peine, nous voici bientôt parvenus à un plateau immense, tout embaumé du parfum des foins. Nous n'avions pas encore rencontré cette vraie fraîcheur que l'on respire là, et qui est, comme chez nous, celle des beaux soirs de mai. Avec cette route, toujours ascendante depuis le départ, c'est comme si l'on s'avançait à pas de géant vers le Nord. Nous en aurons pour quatre heures, à cheminer dans cette plaine suspendue, avant d'arriver à l'étape, et, après les chaos de pierre où il avait fallu se débattre les autres soirs, c'est une surprise d'aller maintenant par de faciles sentiers, parmi les trèfles à fleurs roses et les folles avoines. Cependant, lorsqu'il fait nuit close, le sentiment nous vient peu à peu d'être au milieu d'une bien vaste solitude; nos campagnes d'Europe n'ont jamais ainsi, durant des lieues, tant d'espace vide ni tant de silence; – et nous nous souvenons tout à coup que l'endroit est mal famé.

Neuf heures du soir. Instinctivement on assure son revolver: cinq hommes armés de fusils, qui attendaient au bord du chemin assis dans les herbes, viennent de se lever et nous entourent. Ils sont, disent-ils, d'honnêtes veilleurs, envoyés de Kazeroun, le village prochain, pour protéger les gens qui voyagent. Depuis quelque temps, à ce qu'ils nous content, toutes les nuits on dévalise les caravanes, et six muletiers, la nuit dernière, ont été détroussés ici même. Ils vont donc, d'autorité, nous faire escorte pendant deux ou trois lieues.

Cela semble un peu louche, et les étoiles, d'ailleurs, éclairent mal, pour voir leurs visages. Cependant ils ont plutôt l'allure bon enfant; on accepte de faire route ensemble, eux à pied, nous au petit pas de nos bêtes; on fume deux à deux à la même cigarette, ce qui est ici un usage de politesse, et on cause.

Une heure et demie plus tard, cinq autres personnages, pareillement armés et

---

(20) Celui de *Tang-i-Turkan.*

au guet, surgissent de même d'entre les hautes herbes et viennent à nous. Ce sont donc bien des veilleurs, en effet, et nous allons changer d'escorte. Les premiers, après avoir demandé chacun deux crans(21) pour salaire, nous confient aux soins des nouveaux, puis se retirent avec force saluts.

De temps à autre, un ruisseau d'eau vive traverse le semblant de chemin que nous suivons, toujours dans les foins verts; et alors on s'arrête, on enlève le mors des chevaux ou des mules pour les laisser boire. Il y a des myriades d'étoiles au ciel; et l'air s'emplit de lucioles, tellement semblables à des étincelles que l'on s'étonne presque, en les voyant partout paraître, de n'entendre pas le crépitement léger du feu.

Vers minuit, marchant à la file au milieu des pavots blancs, qui nous frôlent de leurs grandes fleurs, nous apercevons tout là-bas quelques lumières; puis voici d'immenses jardins enclos; c'est enfin Kazeroun(22). Et nous saluons les premiers peupliers, dont les hautes flèches se détachent, très reconnaissables, sur le ciel nocturne, nous annonçant les zones vraiment tempérées que nous venons enfin d'atteindre.

Les caravansérails, par ici, prennent le nom de *jardin*; et, dans cette région édénique de l'éternel beau temps, ce sont des *jardins*, en effet, que l'on offre aux voyageurs comme lieu de repos.

Une grande porte ogivale nous donne accès dans l'espèce de bocage muré qui sera notre gîte de la nuit; c'est presque un bois, aux allées droites, dont les beaux arbres sont tous des orangers en fleurs; on est grisé de parfum dès qu'on entre. Aux premiers plans, des voyageurs de caravane, assis çà et là par groupe sur des tapis, cuisinent leur thé au-dessus d'un feu de branches, et les allées au fond se perdent dans le noir.

L'hôte, cependant, juge que des Européens ne peuvent pas, comme les gens du pays, dormir en plein air sous des orangers, et fait monter nos lits de sangle, au-dessus de la grande ogive d'entrée, dans une chambrette où le sommeil tout de suite nous anéantit.

---

(21) Le cran est une pièce d'argent qui représente un franc à peu près. C'est la seule monnaie qui ait cours en Perse, et comme il en faut emporter plusieurs milliers dans ses fontes, c'est là un des ennuis et des dangers du voyage. [*Note de l'auteur*] Et pourtant, jusqu'en 1932, la monnaie iranienne comptait 20 shahis au cran et dix crans au toman.

(22) Ville célèbre pour ses orangers, ses mules et son école de catch, à 173 kms de Bouchir et à 112 kms de Chiraz.

La chambrette, comme toutes celles des caravansérails, était absolument vide et d'une malpropreté sans nom. Le soleil levant nous révèle ses parois de terre noircies par la fumée, et couvertes d'inscriptions en langue persane; son plancher semé d'immondices, épluchures, vieilles salades, plumes et fientes de hiboux. Mais, par les crevasses du toit où l'herbe pousse, par les trous du mur sordide, entrent des rayons d'or, des senteurs d'oranger, des aubades d'hirondelles; alors, qu'importe le gîte, puisque l'on peut tout de suite descendre, s'évader dans la splendeur?

En bas, le merveilleux bocage est en pleine gloire du matin, sous le ciel incomparable où vibre la chanson éperdue des alouettes. On respire un air à la fois tiède et vivifiant, d'une suavité exquise. Les grands orangers, au feuillage épais, étendent une ombre d'un noir bleu sur le sol jonché de leurs fleurs. Tous les gens de caravane, qui ont campé cette nuit dans les allées, s'éveillent voluptueusement, étendus encore sur leurs beaux tapis d'Yezd ou de Chiraz; ils ne repartiront, comme nous-mêmes, qu'à la tombée du soleil; nous sommes donc appelés à passer l'après-midi ensemble et à lier connaissance, dans cet enclos délicieux et frais qui est l'hôtellerie.

Bientôt arrivent de la ville les marchands de pâtisserie et les bouilleurs de thé; ils installent à l'ombre leurs samovars, leurs minuscules tasses dorées; ils préparent les *kalyans* à long tuyau, qui sont les narghilés de la Perse et dont la fumée répand un parfum endormeur.

Et, tandis qu'alentour paissent nos chevaux et nos mules, la journée s'écoule, pour nous comme pour nos compagnons de hasard, dans un long repos sous les branches, à fumer, à rêver en demi-sommeil, à s'offrir les uns aux autres, en des tasses toutes petites, ce thé bien sucré qui est le breuvage habituel des Persans. La paix de midi surtout est charmante, sous ces orangers qui maintiennent ici leur crépuscule vert, pendant qu'au dehors le soleil étincelle et brûle, inonde de feu les arides montagnes entre lesquelles Kazeroun est enfermée(24).

Dans ma petite caravane, nous commençons tous à nous connaître; mon tcharvadar Abbas et son frère Ali sont devenus mes camarades de *kalyan* et de causerie; tout semble de plus en plus facile, le paquetage de chaque soir, l'organisation des partances; et combien on se fait vite à la saine vie errante, même aux gîtes misérables et toujours changés, où l'on arrive chaque fois, harassés d'une bonne fatigue, au milieu de la nuit noire!...

A quatre heures, nous nous apprêtons à repartir, très tranquillement sous ces

---

(23) Omis dans l'édition originale.
(24) A savoir, les monts calcaires du *Kuh-i-Mahar.*

orangers. Pour spectateurs de ce départ, deux ou trois personnages qui fument leur kalyan par terre, deux ou trois bébés curieux, d'innombrables et joyeuses hirondelles. A cause des brigands, quatre gardes bien armés, fournis par le chef du pays, chemineront avec nous, et, à la file, nous nous engageons sous l'ogive noire et croulante qui est la porte du jardin charmant.

D'abord il faut traverser Kazeroun, que nous n'avions pas vue hier au soir. Petite ville du temps passé, qui persiste immuable, au milieu de ses peupliers et de ses palmiers verts. A l'entrée, des enfants, parmi les hautes herbes fleuries, – des tout petits garçons qui portent déjà de longues robes comme les hommes et de hauts bonnets noirs, – jouent avec des chevreaux, se roulent dans les folles avoines et les marguerites. Quelques coupoles d'humbles mosquées blanches. Des maisons très fermées, dont les toits en terrasse sont garnis d'herbes et de fleurs comme des prairies. Des jardins surtout, des bocages d'orangers, enclos de grands murs jaloux, avec de vieilles portes ogivales. Il y a de beaux cavaliers en armes qui caracolent dans les chemins. Mais les femmes sont de mystérieux fantômes en deuil; le voile noir, qui ensevelit leur visage et leur corps, laisse à peine paraître le pantalon bouffant, toujours vert ou jaune, et les bas de même couleur, souvent bien tirés sur des chevilles délicates. Nous n'étions habitués jusqu'ici qu'aux paysannes, qui vont à visage découvert; c'est la première fois que nous arrivons dans une ville, pour rencontrer des citadines un peu élégantes.

Il est encore sur terre des lieux ignorant la vapeur, les usines, les fumées, les empressements, la ferraille. Et, de tous ces recoins du monde, épargnés par le fléau du progrès, c'est la Perse qui renferme les plus adorables, à nos yeux d'Européens, parce que les arbres, les plantes, les oiseaux et le printemps y paraissent tels que chez nous; on s'y sent à peine dépaysé, mais plutôt revenu en arrière, dans le recul des âges.

Après les derniers vergers de Kazeroun, nous cheminons deux heures en silence, à travers une plaine admirable de fertilité et de fraîcheur; des orges, des blés, des pâturages, qui font songer à la "Terre Promise"; une odeur de foins et d'aromates, qui embaume l'air du soir...

Nous oublions l'altitude à laquelle nous sommes, quand des abîmes s'ouvrent brusquement à notre droite: une autre vaste plaine, très en contre-bas de nous, avec un beau lac de saphir bleu, le tout enfermé entre des montagnes moins terribles que celles des précédents jours, et rappelant nos Pyrénées dans leurs parties restées les plus sauvages.

C'est le lac où finit de se perdre la rivière d'Ispahan(25); comme pour isoler davantage la cité des vieilles magnificences, la rivière qui y passe ne se rend à aucun fleuve, à aucun estuaire, mais vient se jeter dans cette nappe d'eau sans issue, aux abords inhabités.

Ce lac et cette plaine, nous les dominons de très haut, bien qu'ils soient déjà sans doute à près de deux mille mètres au-dessus de la surface des mers. Et un étrange grouillement noirâtre s'indique là partout dans les herbages; l'agitation d'une nuée d'insectes, dirait-on d'abord, des hauteurs où notre petite caravane passe; mais ce sont des nomades, assemblés là par légions, pêle-mêle avec leur bétail. Vêtements noirs, comme toujours, tentes noires et troupeaux noirs; milliers de moutons et de chèvres, dont la laine sert à tisser les tapis de la Perse, ses innombrables couvertures, sacs, bissacs et objets de campement. Chaque année, en avril, s'opère une immense migration de toutes les tribus errantes, vers les hauts plateaux herbeux du Nord, et, en automne, elles redescendent dans les parages du Golfe Persique. Leur mouvement d'ensemble est commencé; mon tcharvadar m'annonce que leur avant-garde nous précède dans les gorges qui montent à Chiraz, et qu'il faut nous attendre demain à passer au milieu d'eux: mauvaises gens, d'ailleurs, et mauvaises rencontres à faire.

A la tombée de la nuit, nous devons nous engager à nouveau dans les montagnes, pour nous élever de six ou huit cents mètres encore jusqu'à l'étape prochaine. D'en bas, de la plaine envahie ce soir par tant de bêtes brouteuses, tant de farouches bergers, une clameur de vie intense et primitive commence de monter vers nous; on entend bêler, beugler, hennir; les chiens de garde jettent de longs aboiements; les hommes aussi lancent des appels, ou simplement donnent de la voix sans but, par exubérance, comme les animaux crient. Et l'air, de plus en plus sonore à mesure que le crépuscule nous enveloppe, s'emplit de la symphonie terrible.

Des flambées de branches s'allument partout, dans les lointains, aux bivouacs des nomades, nous révélant des présences humaines où l'on n'en soupçonnait pas, dans toutes les gorges, sur tous les plateaux. Nous passons en plein dans l'orbite des tribus errantes. Et, quand nous jetons un dernier coup d'œil au-dessous de nous, sur la plaine et le lac assombris, on y voit maintenant briller des feux par myriades, donnant l'illusion d'une ville au déploiement sans fin.

Mais, dès que nous entrons pour tout de bon dans le défilé obscur, plus de lumières, plus de bruits de voix, plus rien: les nomades n'y sont pas encore, et l'habituelle solitude est retrouvée. Au-dessus de nos têtes, d'étranges rochers criblés de trous ressemblent dans l'ombre à des efflorescences de pierres, à des madrépores, à de colossales éponges noires. Et, pendant deux heures, il faut recommencer

---

(25) Allusion énigmatique, car il s'agit sans doute du lac Famour où ne se jette aucune rivière passant à Ispahan.

l'effarante gymnastique des nuits d'avant, la montée presque verticale au milieu des roches croulantes, nos chevaux et nos mules tout debout dans des escaliers au-dessus des gouffres; il faut réentendre, sur les cailloux qui s'arrachent, le crissement des sabots affolés cherchant à se cramponner à toutes les saillies solides, – et subir l'incessante secousse, le continuel "temps de rein" de la bête qui s'enlève à la force des pieds de devant, dans la frayeur de glisser, de rouler jusqu'en bas, en avalanche, au fond de l'abîme.

A dix heures enfin, nous avons trêve, à l'entrée d'une vallée d'herbages, en pente adoucie. Et voici un petit fort carré, dans lequel une lumière brille. C'est un poste de soldats veilleurs, contre les brigands et les nomades. On fait halte et l'on entre, d'autant plus qu'il faut ici changer d'escorte, laisser nos quatre hommes pris à Kazeroun, les remplacer par quatre autres plus reposés et alertes.

On menait joyeuse veillée, à l'intérieur de ce fort perdu; autour du samovar bouillant, on fumait, on chantait des chansons; et on nous offre aussitôt du thé, dans des tasses minuscules. Il y avait là trois voyageurs, cavaliers à longs fusils, se rendant comme nous à Chiraz; ils nous proposent d'aller de compagnie, et nous repartons en cavalcade nombreuse.

Après l'affreux chaos dont nous sortons à peine, cela repose presque voluptueuse-ment de cheminer dans cette vallée nouvelle, sur un terrain uni, feutré de fleurs et de mousses. Par une pente légèrement ascendante, on dirait que l'on s'en va vers quelque palais enchanté, tant la route est exquise, au grand calme du milieu de la nuit. C'est comme une avenue très arrangée, pour des promenades de princesses de féerie; une interminable avenue, entre des parois tapissées de fleurs à profusion. Il y a aussi beaucoup d'arbres qui, dans l'obscurité, ressemblent à nos chênes; des arbres tout à fait énormes, qui doivent vivre là depuis des siècles; mais ils sont clairsemés discrètement sur les pelouses, ou bien ils se groupent en bosquets, avec un art supérieur. On n'entend plus marcher la caravane, sur ces épais tapis verts. De-ci, de-là, du haut des branches, les chouettes nous envoient quelque petite note isolée, que l'on dirait sortie d'une flûte de roseau. Il fait frais, de plus en plus frais, presque trop pour nous qui arrivons à peine des régions torrides d'en bas, mais cela réveille et cela vivifie. Et des arbustes, tout fleuris en touffes blanches, laissent dans l'air des traînées de parfum. Il y a grande fête silencieuse d'étoiles au-dessus de tout cela, grand luxe de scintillements. Et bientôt commence une pluie de météores; sans doute parce que nous sommes ici plus près du ciel, ils sont plus lumineux qu'ailleurs; ils font comme des petits éclairs, ils laissent des sillages qui persistent, et parfois on croit entendre un bruit de fusée quand ils passent.

De tant de lieux traversés en pleine nuit, et que jamais on ne revoit le lende-main, que jamais on ne peut vérifier à la clarté du jour, pas un ne ressemblait à celui-ci; nous n'avions point rencontré encore cette sorte de paix, cette forme de mystère... La majesté de ces grands arbres que n'agite aucun souffle, cette vallée qui ne finit pas, cette transparence bleuâtre des ténèbres, peu à peu suggèrent à l'imagination un rêve du paganisme grec: le séjour des Ombres bienheureuses devait être ainsi; à mesure que l'heure passe, les Champs Elyséens s'évoquent de plus en plus, les bocages souverainement tranquilles où dialoguaient les morts...

Mais, à minuit, le charme brusquement tombe; une nouvelle tourmente de rochers nous barre le chemin; une petite lumière, qui s'aperçoit à peine tout en haut, indique le caravansérail qu'il s'agit d'atteindre, et il faut recommencer une folle grimpade, au milieu du fracas des pierres qui s'écrasent, se désagrègent et roulent; il faut endurer encore toutes les secousses, tous les heurts sur nos bêtes infatigables, qui butent à chaque pas, glissent parfois des quatre pieds ensemble, mais en somme ne tombent guère.

Monter, toujours monter! Depuis le départ, nous avons dû, par intervalles, redescendre aussi, sans nous en apercevoir, car, autrement, nous serions bien à cinq ou six mille mètres d'altitude, et j'estime que nous sommes à trois mille au plus.

Le gîte, cette nuit, s'appelle Myan-Kotal(26); ce n'est point un village, mais une forteresse, perchée en nid d'aigle sur les cimes au milieu des solitudes; pour les voyageurs et leurs montures, un abri solide contre les brigands, entre d'épaisses murailles, mais rien de plus.

Dans l'enceinte crénelée, où nous pénétrons par une porte qui aussitôt se referme, chevaux, mulets, chameaux, sacs de caravane, gisent confondus, à tout touche. Et, de ces niches en terre battue qui sont les chambres des caravansérails, une seule reste libre; cette fois il faudra dormir avec nos gens; pas même la place d'y dresser nos lits de sangle; d'ailleurs, ça nous est égal, mais vite nous allonger n'importe où; un ballot sous la tête, une couverture, car l'air est glacé, et pêle-mêle, avec Ali, avec Abbas, avec nos domestiques persans, dans une promiscuité complète, tous fauchés à la même minute par un invincible sommeil, sans en chercher plus, nous perdons conscience de vivre...

Lundi, 23 avril.

Au fond de l'espèce de petite grotte informe, basse et noircie de fumée, où nous gisons comme des morts, les rayons du soleil filtrent depuis longtemps par des trous et des lézardes, sans qu'un seul de nous ait encore bougé. Confusément nous avons entendu des bruits déjà très familiers: dans la cour, le remuement des matineuses caravanes, les longs cris à bouche fermée des conducteurs de mules; et,

---

(26) *Myan-Kotal*, au milieu du défilé de *Kotal-i-Pir-i-Zan*, à 1.700 mètres d'altitude

sur les murs, la grande aubade des hirondelles, – chantée cette fois, il est vrai, avec une exaltation inusitée par d'innombrables petites gorges en délire. Cependant nous restons là inertes, une torpeur nous clouant sur le sol, aux places mêmes où, hier au soir, nous étions tombés.

Mais, quand nous quittons l'ombre de notre tanière, le premier regard jeté au dehors est pour nous causer stupeur et vertige; arrivés en pleine nuit, nous n'avions soupçonné rien de pareil; les aéronautes, qui s'éveillent au matin après une ascension nocturne, doivent éprouver de ces surprises trop magnifiques et presque terrifiantes.

Autour de nous, plus rien pour masquer à nos yeux le déploiement infini des choses; d'un seul coup d'œil, ici, nous prenons soudainement conscience de l'extrême hauteur où nous a conduits notre marche ascendante, à travers tant de défilés et tant de gouffres, et durant tant de soirs; nous avions dormi dans un nid d'aigles, car nous dominons la Terre. Sous nos pieds, dévale un chaos de sommets, – qui furent jadis courbés tous dans le même sens par l'effort des tempêtes cosmiques. Une lumière incisive, absolue, terrible, descend du ciel qui ne s'était jamais révélé si profond; elle baigne toute cette tourmente de montagnes inclinées; avec la même précision jusqu'aux dernières limites de la vue, elle détaille les roches, les gigantesques crêtes. Vus ensemble et de si haut, tous ces alignements de cimes, tranchantes et comme couchées par le vent, ont l'air de fuir dans une même direction, imitent une houle colossale soulevée sur un océan de pierre, et cela simule si bien le mouvement que l'on est presque dérouté par tant d'immobilité et de silence. – Mais il y a des cent et des cent mille ans que cette tempête est finie, s'est figée, et ne fait plus de bruit. – D'ailleurs, rien de vivant ne s'indique nulle part; aucune trace humaine, aucune apparence de forêt ni de verdure; les rochers sont seuls et souverains; nous planons sur de la mort, mais de la mort lumineuse et splendide...

La forteresse, maintenant, est tranquille et presque déserte, les autres caravanes parties. Dans un coin de la cour murée, où ne gisent plus que nos harnais et nos bagages, deux personnages en longue robe, les gardiens du lieu, fument leur kalyan, les yeux à terre et sans mot dire, indifférents à ces aspects d'immensité qu'ils ne savent plus voir. N'étaient les hirondelles qui chantent, on n'entendrait rien, au milieu du grand vide sonore.

Tout est solide, rude et fruste, dans ce caravansérail aérien; les murailles délabrées ont cinq ou six pieds d'épaisseur; les vieilles portes disjointes, bardées de fer, avec des verrous gros comme des bras, racontent des sièges et des défenses. – De plus, c'est ici une étonnante ville d'hirondelles: le long de tous les toits, de toutes les corniches, les nids s'alignent en rangs multiples, formant comme de vraies petites rues; des nids très clos, avec seulement une porte minuscule. Et, comme c'est la saison de réparer, de pondre, les petites bêtes s'agitent, très en affaires, chacune rapportant quelque chose au logis, et rentrant sans se tromper, tout droit, dans sa propre maison, – qui n'est pourtant pas numérotée.

L'heure toujours morne de midi nous attire de farouches compagnons, cavaliers très armés, voyageurs qui en passant s'arrêtent à la forteresse, pour un moment de repos et de fumerie à l'ombre. Tout près de nous, sous des ogives de pierre, ils s'installent avec force saluts courtois. Bonnets noirs et barbes noires; sombres figures assyriennes, hâlées par le vent des montagnes; longues robes bleues, retenues aux reins par une ceinture de cartouches, Ils sentent la bête fauve et la menthe du désert. Pour s'asseoir ou s'étendre, ils ont de merveilleux tapis, qui étaient pliés sous la selle de leurs chevaux; ce sont les femmes, nous disent-ils, qui savent ainsi teindre et tisser la laine, – dans cette Chiraz très haut montée, presque un peu fantastique, où nous entrerons sans doute enfin demain soir... Et bientôt la fumée endormeuse des kalyans nous enveloppe, s'élève dans l'air vif et pur des sommets. Au milieu de la cour, dans le carré vide que le soleil inonde, il y a l'incessant tourbillon des hirondelles, dont les petites ombres rapides tracent des hiéroglyphes par milliers sur la blancheur du sol. Tandis qu'au-dessous de nous, c'est toujours le vertige des cimes, la gigantesque houle pétrifiée, que l'on dirait encore en mouvement, qui a l'air de passer et de fuir...

A quatre heures, nous devions nous remettre en route; mais où donc est Abbas? Il était allé chercher nos bêtes, qui broutaient parmi les rochers d'alentour, et il ne reparaît plus. Alors on s'émeut; tous mes gens. dans diverses directions, se mettent à battre la montagne; bientôt leurs cris, leurs longs cris chantants qui se répondent, troublent le silence habituel des sommets. Enfin on le retrouve, cet Abbas qui était perdu; il revient de loin, ramenant une mule échappée. Pour quatre heures et demie, le départ va pouvoir s'organiser.

J'avais demandé les trois soldats d'escorte que j'ai le droit, d'après l'ordre du gouverneur de Bouchir, de réquisitionner sur mon passage; mais, comme il n'y en a pas dans le pays, j'ai accepté, pour en tenir lieu, trois pâtres d'alentour, et voici qu'on me les présente: figures sauvages, cheveux épars sur les épaules, types accomplis de brigands; robes loqueteuses en vieilles étoffes d'un archaïsme adorable; longs fusils à pierre, où pend un jeu d'amulettes; à la ceinture, tout un arsenal de coutelas.

Et nous partons à la file, sur des éboulis, par des sentiers à se rompre le cou, en la compagnie obstinée d'un troupeau de buffles dont les cornes tout le temps nous frôlent. Dans l'absolue pureté de l'espace, les derniers lointains se détaillent; l'énorme tourmente des monts et des abîmes se révèle entière à nous, s'étale docilement sous nos regards. Çà et là, dans les replis des grandes lames géologiques, un peu roses au soleil du soir, dorment des nappes admirablement bleues qui sont des lacs. Nous dominons tout; nos yeux s'emplissent d'immensité comme ceux des aigles qui planent; nos poitrines s'élargissent pour aspirer plus d'air vierge.

Vers l'heure du couchant, étant descendus d'environ cinq cents mètres, nous nous trouvons en vue tout à coup d'un plateau herbeux, vaste et uni comme une petite mer, entre des chaînes de montagnes verticales qui l'enferment dans leurs murailles. L'herbe, si verte, y est criblée de points noirs, comme si des nuées de mouches étaient venues s'y abattre: les nomades! Leur clameur commence de monter jusqu'à nous. Ils sont là par milliers, avec d'innombrables tentes noires, d'innombrables troupeaux de buffles noirs, de bœufs noirs, de chèvres noires. Et nous devrons passer au milieu d'eux.

Nous mettons une heure et demie à traverser péniblement cette plaine, où les pieds de nos bêtes s'enfoncent dans la terre molle et grasse. L'herbe est épaisse, plantureuse; le sol traître, coupé de flaques d'eau et de marécages. Les nomades ne cessent de nous entourer, les femmes s'attroupant pour nous voir, les jeunes hommes venant caracoler à nos côtés sur des chevaux qui ont l'air de bêtes sauvages.

Si riche que soit ce tapis vert, étendu magnifiquement partout, comment suffit-il à nourrir tant et tant de parasites, qui ne vivent que de lui, et dont les mâchoires, par myriades, ne sont occupées qu'à le tondre sans trêve? L'eau qui entretient ce luxe d'herbages, l'eau abondante et sournoise, cachée par les joncs ou les graminées fines, clapote constamment sous nos pas. Et tout à coup une de nos mules, les jambes de devant plongées jusqu'aux genoux dans la vase, s'abat avec sa charge; alors un essaim de jeunes nomades, en tuniques noires, comme un vol de corbeaux sur une bête qui meurt, s'élance avec des cris; – mais c'est pour nous venir en aide; très vite et habilement ils détachent les courroies, débarrassent la bête tombée et la remettent debout; je n'ai qu'à dire un grand merci à la ronde, en distribuant des pièces blanches, que l'on ne me demandait même pas et que l'on accepte non sans quelque hauteur. Qui donc prétendait qu'ils sont mauvais, ces gens-là, et dangereux sur le chemin?

Il est presque nuit quand nous arrivons au bout de l'humide et verte plaine, au pied d'une colossale muraille de roches surplombantes, d'où jaillit en bouillonnant une rivière qu'il faut passer à gué, dans l'eau jusqu'au poitrail des chevaux. Un village(27) est là blotti dans un renfoncement, tout contre la base de l'abrupte montagne, un village en pierres, avec rempart et donjon crénelé: toutes choses que l'on distinguerait à peine, – tant il fait brusquement sombre sous la retombée de ces roches terribles, – si des feux de joie, qui flambent rouge, n'éclairaient les maisons, la mosquée, les murs et les créneaux. Autour de ces feux, sonnent des musettes, battent des tambourins, et on entend aussi le cri strident des femmes; c'est une

---

(27) Dasht-i-Arzen à 2.000 mètres d'altitude.

noce, un grand mariage.

Nous changeons ici notre garde, laissant nos trois bergers armés, venus avec nous du nid d'aigle de Myan-Kotal, pour en prendre trois autres, gens de la noce, qui se font beaucoup tirer l'oreille avant de se mettre en selle. Et la nuit est close quand nous nous engageons, pour quatre heures de route au moins, dans une forêt sombre.

Voici le froid, le vrai froid, que nous n'avions pas assez prévu, et, sous nos légers vêtements, nous commençons à souffrir. Deux de nos nouveaux gardes, profitant des fourrés obscurs, tournent bride et disparaissent; un seul nous reste, qui chemine à mes côtés et sans doute nous sera fidèle jusqu'à l'étape. Cette forêt est sinistre, et d'ailleurs mal famée; nos gens ne parlent pas et regardent beaucoup derrière eux. Les vieux arbres, rabougris et tordus, tout noirs à cette heure, se groupent bizarrement parmi les rochers; à la clarté indécise des étoiles, nous suivons de vagues sentes, blanchâtres sur le sol gris: il y a de tristes clairières qui rendent plus inquiétante ensuite la replongée sous bois; il y a des trous, des ravins; on monte, on descend; tout est plein de cachettes et favorable aux embûches.

Une alerte, à dix heures: des cavaliers, qui ne sont pas des nôtres, trottent derrière nous, s'approchent comme s'ils nous poursuivaient. On s'arrête, et on les met en joue. Et puis on se reconnaît à la voix; ce sont ces mêmes voyageurs qui nous avaient pris pour compagnons hier au soir. Pourquoi avaient-ils disparu tout le jour, et d'où surgissent-ils à présent? On accepte quand même de voyager ensemble, comme la veille.

Nous sortons de la forêt vers les minuit, pour entrer dans une lande qui paraît sans fin et où souffle une bise d'hiver. Il y a des choses très blanches, étendues sur le sol: des tables de pierre, des linceuls, quoi? – Ah! de la neige, des plaques de neige, partout!

Nous sommes enfin sur ces hauts plateaux d'Asie, vers lesquels nous montions depuis sept jours; cette lande a tout l'air de voisiner avec le ciel, qui a pris l'aspect d'un velum de soie noire, et où les étoiles élargies brillent presque sans rayons, comme si, entre elles et nous, quelque chose de très raréfié, de très diaphane, à peine s'interposait. L'onglée aux pieds, l'onglée aux mains, engourdis quand même d'un invincible sommeil après toute la fatigue amassée des précédentes nuits, nous connaissons, pour la première fois depuis le départ, une vraie souffrance; à chaque instant, les rênes s'échappent de nos doigts raidis, qui s'ouvrent malgré nous, comme s'ils étaient morts.

Une heure du matin. Tout engourdis et glacés, je crois que nous dormions à cheval, car nous n'avions pas vu poindre le caravansérail, et il est pourtant là bien près, devant nous; espèce de château fort aux murs crénelés, qui donne l'impression de quelque chose de gigantesque et de fantastique, planté tout seul au milieu de cette rase solitude; alentour, des centaines de formes grisâtres, posées sur la lande, ressemblent à un semis de grosses pierres, mais il s'en échappe un vague bruissement de respiration et une senteur de vie: ce sont des chameaux couchés, et des chameliers gardiens, qui dorment roulés dans des couvertures, parmi d'innombrables ballots de marchandises. Deux ou trois routes de caravanes se croisent au pied de ce caravansérail fortifié; il y a ici, paraît-il, un va-et-vient continuel, et sans doute, à l'intérieur, tout est plein. Cependant on nous ouvre les portes hérissées de fer, que nous avons fait résonner aux coups d'un lourd frappoir: nous entrons dans une cour, où bêtes et gens pêle-mêle gisent comme sur un champ de bataille après la déroute; et, plus rapide encore qu'hier, est notre écroulement dans le sommeil, au fond d'une niche en terre battue où nous nous étendons sans contrôle, insouciants de la promiscuité, des immondices, et de la vermine probable.

Mardi, 24 avril.

Au soleil de neuf heures du matin, nous tenons conseil, mon tcharvadar et moi, dans le château fort, sous les ogives de la cour. Finies, les discussions entre nous deux; bons amis tout à fait; et il n'allume jamais son kalyan sans m'offrir un peu de fumée.

Même presse qu'hier au soir, dans cette cour. Mules couchées, mules debout; milliers de sacs de caravane, toujours pareils, toujours en laine grise, rayée de noir et de blanc, et sur lesquels la terre des chemins a jeté sa nuance rousse: un ensemble qui est de couleur triste et neutre, mais où tranche çà et là quelque tapis merveilleux, étendu comme chose commune sous un groupe d'indolents fumeurs.

De mon conciliabule avec Abbas, il résulte que nous quitterons en plein jour ce château de Kham-Simiane(28), pour faire les dix ou douze lieues qui nous séparent encore de Chiraz. Le temps est frais, le soleil n'est plus dangereux comme en bas, et j'en ai assez d'être un voyageur nocturne.

Donc, après le kalyan de midi, on dispose la caravane, et il est à peine deux heures quand nous sortons des grands murs crénelés. L'âpre solitude se déroule aussitôt, triste et stérile dans une clarté intense, sous un ciel tout bleu. Çà et là des plaques de neige ressemblent à des draps blancs étendus sur le sol. Un aigle plane. Le soleil brûle et le vent est glacé. Nous sommes à près de trois mille mètres d'altitude.

---

(28) Ce caravansérail, à 1.900 mètres d'altitude, a été construit par Mushir-el-Mulk, vizir du gouverneur du Fars.

Dans un repli du terrain, il y a un hameau farouche; une dizaine de huttes construites avec des quartiers de rocher, basses, écrasées contre la terre, par frayeur des rafales qui doivent balayer ces hauts plateaux. Alentour, quelques saules à peine feuillus, grêles et couchés par le vent. Ensuite et jusqu'à l'infini, plus rien, dans ce lumineux désert.

Vers Chiraz, où nous arriverons enfin ce soir, nous descendons fort tranquillement par d'insensibles pentes; nous sommes inondés de lumière; les neiges peu à peu disparaissent, et nous sentons d'heure en heure les souffles s'attiédir. Nous ne rencontrons rien de vivant, que de grands vautours chauves, posés sur cette route des caravanes dans l'attente des bêtes qui tombent de fatigue et qu'on leur abandonne; ils se lèvent à notre approche, à peine effrayés, se posent à nouveau et nous suivent des yeux. Les fleurettes pâles, les plantes rases, d'abord clairsemées sur ces steppes, se multiplient, se rejoignent, finissent par former des tapis odorants sous nos pas. Puis, commencent les broussailles de chez nous, les tamarins, les aubépines prêtes à fleurir, les épines noires déjà en fleurs. Le coucou chante, et on se croirait dans nos landes de France, n'étaient ces horizons qui se déploient toujours, si vastes, si primitifs: la Gaule devait avoir de ces aspects de beauté paisible, aux printemps anciens... Et voici maintenant une rivière(29), adorablement limpide, une rivière de cristal. Des osiers en rideau et quelques petits saules ont poussé au bord; elle s'en va sur un lit de cailloux blancs, toute seule et comme ignorée dans la timide verdure de ses oseraies, traversant cette immensité sauvage; sans doute elle doit finir par se précipiter, en séries de cascades, dans des régions moins hautes et moins pures, et se souiller à mille contacts; mais ici, passant au milieu de ce vaste cadre sans âge, qui doit être tel depuis le commencement des temps, elle a je ne sais quoi de virginal et de sacré, cette eau si claire.

Après trois heures de marche, une petite tour crénelée surgit toute seule au bord de notre chemin: un poste de veilleurs, où nous comptions prendre deux soldats de renfort. En passant, nous nous arrêtons pour héler à longs cris; mais rien ne bouge et la porte reste close. Entre deux créneaux cependant, au sommet de la tour, finit par se dresser la tête d'un vieillard à chevelure blanche, coiffé d'un haut bonnet de magicien: "Des soldats, dit-il d'un ton de moquerie, vous voulez des soldats? Eh bien! ils sont tous partis dans la campagne à la recherche des brigands qui nous ont volé quatre ânes. Il n'y en a plus, vous vous en passerez, bon voyage!"

Au coucher du soleil, halte pour le repas du soir, sur de vieux bancs hospitaliers, à la porte d'un caravansérail, d'un château fort isolé comme était Kham-Simiane, qui commande l'entrée d'une plaine nouvelle... Et c'est enfin la plaine de Chiraz, celle que jadis tant chantèrent les poètes, c'est le pays de Saadi(30), le pays des

---

(29) La *Mand Rud*.
(30) Saadi (vers 1194?-1295?), poète, auteur du *Jardin des roses*, est né et enterré à Chiraz.

roses.

Vue d'ici, elle paraît délicieusement paisible et sauvage, cette haute oasis où nous allons nous enfoncer au crépuscule; l'herbe y est épaisse et semée de fleurs; les peupliers par groupes y simulent des charmilles, d'un vert doux et profond; les mêmes nuances que chez nous en avril sont répandues sur les arbres et les prairies; mais il y a dans l'atmosphère des limpidités que nous ne connaissons pas, et, au-dessus de l'éden de verdure déjà plongé dans l'ombre, les grandes montagnes emprisonnantes se colorent à cette heure en des rouges de corail tout à fait étrangers aux paysages de nos climats.

A travers cette plaine, légèrement descendante, où l'air est de moins en moins vif, nous reprenons notre marche devenue facile, et environ quatre lieues plus loin, dans la nuit fraîche et étoilée, de longs murs de jardins commencent de s'aligner de chaque côté de la route: les faubourgs de Chiraz! Aucun bruit, aucune lumière et pas de passants; les abords des vieilles villes d'Islam, sitôt qu'il fait noir, ont toujours de ces tranquillités exquises dont nous ne savons plus nous faire l'idée, en Europe...

Ces murs sont ceux des caravansérails, bien qu'ils semblent n'enclore que des bois de peupliers, et là nous frappons successivement à deux ou trois grandes portes ogivales, qui s'entr'ouvrent à peine, une voix répondant de l'intérieur que tout est plein. Les hauts foins, les graminées, les pâquerettes, envahissent les chemins; dans cette obscurité et ce silence, tout embaume le printemps.

De guerre lasse, il faut nous contenter d'un caravansérail de pauvres, où nous trouvons, au-dessus des écuries, une petite niche en terre battue, qui ne nous change en rien de nos misérables gîtes précédents.

Bien entendu, je ne connais âme qui vive, dans cette ville close où je ne puis pénétrer ce soir, et où je sais du reste qu'il n'y a point d'hôtellerie. On m'a donné, à Bender-Bouchir, un beau grimoire cacheté qui est une lettre de recommandation pour le *prévôt des marchands*, personnage d'importance à Chiraz; sans doute me procurera-t-il une demeure...

Mercredi, 25 avril.

Le premier soir tombe, la première nuit vient, au milieu du silence oppressant de Chiraz(31). Tout au fond de la grande maison, vide et de bonne heure verrouillée, où me voici prisonnier, ma chambre donne sur une cour, où à présent il fait noir. On n'entend rien, que le cri intermittent des chouettes, Chiraz s'est endormie dans

---

(31) Chiraz, chef-lieu du Faristan, à 1.450 mètres d'altitude, avait beaucoup souffert des tremblements de terre de 1855, de 1862 et de 1864.

le mystère de ses triples murs et de ses demeures fermées; on se croirait parmi des ruines désertes, plutôt qu'entouré d'une ville où respirent dans l'ombre soixante ou quatre-vingt mille habitants; mais les pays d'Islam ont le secret de ces sommeils profonds et de ces nuits muettes.

Je me redis à moi-même: "Je suis à Chiraz," et il y a un charme à répéter cela; – un charme et aussi une petite angoisse, car enfin cette ville, en même temps qu'elle reste un débris intact des vieux âges, elle est bien aussi au nombre des groupements humains les moins accessibles et les plus séparés; on y éprouve encore cet effroi du dépaysement suprême, qui devait être familier aux voyageurs de jadis, mais que nos descendants ne connaîtront bientôt plus, lorsque des voies de communication rapide sillonneront toute la terre. Comment s'en aller d'ici, par où fuir, si l'on était pris d'une soudaine nostalgie, d'un besoin de retrouver, je ne dis pas son pays natal, mais seulement des hommes de même espèce que soi, et un lieu où la vie serait un peu modernisée comme chez nous? Comment s'en aller? A travers les contrées solitaires du Nord, pour rejoindre Téhéran et la mer Caspienne après vingt ou trente jours de caravane? Ou bien reprendre le chemin par où l'on est venu, redescendre échelon par échelon les effroyables escaliers de l'Iran, se replonger au fond de tous les gouffres où l'on ne peut cheminer que la nuit, dans la chaleur toujours croissante, jusqu'à l'étuve d'en bas qui est le Golfe Persique, et puis retraverser les sables brûlants pour atteindre Bender-Bouchir, la ville d'exil et de fièvre, d'où quelque paquebot vous ramènerait aux Indes? Les deux routes sont pénibles et longues. Vraiment on se sent perdu dans cette Chiraz, qui est perchée plus haut que les cimes de nos Pyrénées, – et qu'enveloppe à cette heure une nuit limpide, mais une nuit tellement silencieuse et froide...

De cette ville où tout est muré, je n'ai encore pour ainsi dire rien vu, et je me demande si pendant un séjour prolongé j'en verrai davantage; j'y suis entré un peu à la manière de ces chevaliers de légende, que l'on amenait dans des palais par des souterrains, un bandeau sur les yeux.

Au caravansérail, ce matin, Hadji-Abbas, le prévôt des marchands, averti par ma lettre, s'est hâté de venir. Quelques notables l'accompagnaient, tous gens cérémonieux et de belles manières, en longue robe, grosses lunettes rondes et très haut bonnet d'astrakan. On s'est assis dehors, devant ma niche obscure, sur ma terrasse envahie par l'herbe et fleurie de coquelicots. Après beaucoup de compliments en langue turque, la conversation s'est engagée sur les difficultés du voyage: "Hélas! – m'ont-ils dit, un peu narquois, – nous n'avons pas encore vos chemins de fer!" Et, comme je les en félicitais, j'ai vu à leur sourire combien nous étions du même avis sur les bienfaits de cette invention... Des rideaux de peupliers et d'arbres fruitiers tout fleuris nous masquaient la ville, dont rien ne se devinait encore; mais on apercevait des vergers, des foins, des blés verts, un coin de cette plaine heureuse de Chiraz, qui communique à peine avec le reste du monde et où la vie est demeurée telle qu'il y a mille ans. Des oiseaux, sur toutes les branches, chantaient la gaie chanson des nids. En bas, dans la cour où nos bêtes se reposaient, des muletiers, des garçons du peuple, l'air calme et sain, les joues dorées de grand air, fumaient nonchalamment au soleil, comme des gens qui ont le temps de vivre, ou bien jouaient aux boules, et on entendait leurs éclats de rire. Et je comparais avec les abords noircis de nos grandes villes, nos gares, nos usines, nos coups de sifflet et nos bruits de ferraille; nos ouvriers, blêmes sous le poudrage de charbon, avec des pauvres yeux de convoitise et de souffrance...

Au moment de prendre congé, le prévôt des marchands m'avait offert une de ses nombreuses maisons dans Chiraz, une maison toute neuve. Il devait aussitôt m'en faire tenir la clef, et j'ai commencé d'attendre, d'attendre sans voir venir, en fumant de longs kalyans sur ma terrasse: les Orientaux, chacun sait cela, n'ont pas comme nous la notion du temps.

Vers quatre heures du soir enfin, cette clef m'est arrivée. (Elle était longue d'un pied deux pouces.) Alors il a fallu congédier et payer mon tcharvadar avec tous ses gens; aligner, recompter avec eux quantité de pièces blanches, échanger beaucoup de souhaits et de poignées de main; ensuite mander une équipe de portefaix (des juifs à longue chevelure), charger sur leur dos notre bagage, et s'acheminer derrière eux vers la ville, qui devait être toute proche, et que l'on n'apercevait toujours point.

Nous allions mélancoliquement entre des murs très hauts, en brique grise, en terre battue, où s'ouvrait à peine de loin en loin un trou grillé, une porte clandestine.

Ils finirent par se rejoindre en voûte sur nos têtes, ces murs qui se resserraient toujours, et une pénombre de caveau nous enveloppa soudain; au milieu de ces étroits passages, des petits ruisseaux immondes coulaient parmi des guenilles, des fientes, des carcasses; on sentait une odeur d'égout et de souris morte: nous étions dans Chiraz.

En pénombre plus épaisse, on s'est arrêté devant une vieille porte cloutée de fer, avec un frappoir énorme: c'était ma demeure. D'abord un couloir sombre, un corps de logis poudreux et croulant; ensuite la surprise d'une cour ensoleillée, avec de beaux orangers en fleurs autour d'une piscine d'eau courante; et au fond, la maisonnette, à deux étages, toute neuve en effet et toute blanche, où me voici enfermé, – pour un temps que j'ignore, – car *il est plus facile d'entrer à Chiraz que d'en sortir:* c'est un dicton persan.

DEUXIEME PARTIE

Mercredi, 25 avril.

Le soleil baissait déjà quand nous avons fait précipitamment notre première course en ville, aux bazars, pour acheter des coussins et des tapis. (Dans cette maison d'Hadji-Abbas, les chambres, il va sans dire, n'avaient rien que leurs quatre murs.)

On circule dans cette ville comme dans un dédale souterrain. Les ruelles couvertes, semées d'immondices et de pourritures, se contournent et se croisent avec une fantaisie déroutante; par endroits, elles se resserrent tellement que, si l'on rencontre un cavalier, ou même un petit âne, il faut se plaquer des deux épaules aux parois pour n'être point frôlé. Les hommes, en robe sombre, coiffés du haut bonnet d'astrakan, vous dévisagent sans malveillance. Les femmes glissent et s'écartent comme de silencieux fantômes, enveloppées toutes, de la tête aux pieds, dans un voile noir, et la figure cachée par un loup blanc avec deux trous ronds pour les yeux; mais les petites filles que l'on ne voile pas encore, très peintes et la chevelure rougie de henneh, sont presque toutes adorables de beauté fine et de sourire, même les plus pauvres, qui vont pieds nus et dépenaillées, sous des haillons charmants. Dans ces mornes et longues murailles, en briques grises ou en terre grise, jamais ne s'ouvre une fenêtre. Rien que des portes, et encore y a-t-il un second mur bâti derrière pour les masquer, leur faire un éternel écran; quelques-unes s'encadrent de vieilles faïences précieuses, représentant des branches d'iris, des branches de roses, dont le coloris, avivé par le contraste avec toutes les grisailles d'alentour, éclate encore de fraîcheur au milieu de tant de vétusté et de ruines. Oh! les femmes drapées de noir, qui entrent par ces portes-là, contournent le vieux pan de mur intérieur, et disparaissent au fond de la maison cachée!...

Dans ma rue en tunnel, qui est la voie par où pénètrent en ville les caravanes de Bouchir, il y a un petit bazar de juifs, où l'on vend surtout des légumes et des graines. Mais il faut faire un assez long chemin dans le labyrinthe pour rencontrer le vrai bazar de Chiraz (1), qui est un lieu immense et plein de surprises. Cela commence par des rues étroites, tortueuses, obscures, où, devant les mille petites échoppes, il faut se défier des trous et des cloaques. Ensuite viennent de vastes avenues droites, régulières, voûtées de coupoles rondes qui se succèdent en séries sans fin, et là, pour la première fois, on se dit que c'est vraiment une grande ville, celle où l'on est entré comme par des égouts, sans rien voir. Le long de ces avenues, les marchands sont réunis par groupes de même métier, ainsi que le veut l'usage oriental. – Et on devine qu'à Chiraz, la rue des tapis, où nous avions affaire, est un enchantement pour les yeux! – Dans la rue, plus en pénombre, des marteleurs de

(1) Le bazar construit par Kerim Khan Zand (1750-1779), qui avait fait sa capitale de Chiraz.

cuivre, où l'on entend le bruit incessant des marteaux, nous nous sommes ensuite arrêtés pour acheter des buires à notre usage, des buires ici très communes, mais d'une grâce incomparable, d'une forme inventée dans les temps très anciens et jamais changée. On vendait aussi partout des paquets de ces roses roses très odorantes que l'on appelle chez nous *"roses de tous les mois"* (2), et des branches d'oranger. Des cavaliers armés obstruaient souvent le chemin, surtout dans le quartier des harnais, qui est l'un des plus étendus; en ce pays où les voyages et les transports ne se font que par caravanes, les harnais prennent une importance capitale, et ils sont de la fantaisie la plus diverse: selles brodées de soie et d'or, bissacs en laine, brides pour les chevaux ou les mulets, houssines de velours à paillettes pour les petits ânes que montent les dames de qualité, coiffures de plumes pour les chameaux. Dans la rue des marchands de soie, il y avait affluence de ces fantômes noirs qui représentent ici les femmes, avec beaucoup de petits bébés comiques et jolis, les yeux allongés jusqu'aux cheveux par des peintures.

Nous avions fait notre visite au bazar à une heure un peu tardive; des échoppes se fermaient, le jour baissait sous les voûtes de briques ou de terre battue. Et, après avoir tant tourné et retourné dans ces passages couverts qui s'assombrissaient, ç'a été une joie de rencontrer enfin une place à air libre, éclairée par le beau soleil du soir, le seul coin de Chiraz peut-être où la vie soit un peu extérieure et gaie sans mystère.

C'est près des remparts de la ville, cette place, et, au fond, il y a une mosquée dont l'immense portique est entièrement rose, sous son revêtement de vieil émail. Çà et là, des tendelets pour les marchands de fruits, de fleurs et de gâteaux. Et, juste en face de ces belles portes si roses, que je ne puis espérer franchir jamais, un vieux petit café, délabré et charmant, devant lequel nous nous sommes assis, sous des arbres, pour fumer en plein air le dernier kalyan du jour. (Le nom de *café* est du reste impropre, puisque le thé, dans des tasses en miniature, est seul d'usage à Chiraz.) Un cercle s'est aussitôt formé autour de nous, mais ces curieux étaient courtois et discrets, répondant par de jolis sourires un peu félins lorsqu'on les regardait en face. Tous ces gens d'ici ont l'air accueillant et doux, la figure fine, les yeux grands, le regard à la fois vif et rêveur.

Et je suis rentré chez moi, pour procéder avant la nuit à mon installation éphémère, dans le corps de logis tout neuf, derrière la cour: au rez-de-chaussée, mes domestiques; au premier, ma chambre; au second étage, mon salon. Partout des murs bien blancs, où des séries d'ogives sont ménagées en creux, formant des niches où l'on pose les objets. Et, pour soutenir les plafonds en terre battue, un

---

(2) Il est souvent question de roses dans *Vers Ispahan*, mais il ne faut pas oublier que les roses sauvages embaument tout l'Iran central et occidental où la *rosa elymaitica* et la *hulthemia berberidifolia* poussent en abondance.

alignement de jeunes troncs de peupliers, soigneusement équarris et bien égaux.

Mon salon, en dix minutes, s'est organisé, avec des tapis, des coussins jetés par terre, des tentures accrochées à la muraille par de vieux clous, et, à la place d'honneur, les belles armes que me donna l'Iman de Mascate, le jour de mon récent passage (3), son poignard à fourreau d'argent et son sabre à gaine d'or.

Mais la nuit, qui arrivait dans son grand suaire de silence, a eu tôt fait d'interrompre notre puéril amusement d'installation, et de rendre sinistre ma demeure, trop enclose au milieu de si inconnaissables entours.

En entrant, nous avons tiré les lourds verrous de la porte qui donne sur les dehors noirs; mais nous ignorons encore tous les quartiers, recoins et dépendances de la vaste maison; nul de nous n'a exploré le vieux corps de logis à deux étages qui est adossé à la rue, ni les immenses greniers à foin, chais et souterrains qui s'ouvrent derrière nos chambres...

Quant aux autres logis humains qui nous enserrent, il va sans dire que tout est combiné pour qu'il nous soit impossible d'y plonger un regard. Qui habite là, et que s'y passe-t-il? Nous ne saurons jamais. Par nos fenêtres, qui ont vue sur notre cour très haut murée, on n'apercevait, quand il faisait clair, rien de ces maisons voisines; rien que la tête des peupliers qui ombragent les petits jardins, et les toits en terre battue où l'herbe pousse, où les chats se promènent; – ensuite, dans le lointain, par-dessus le faîte des vieilles constructions couleur de poussière, la ligne de ces montagnes nues qui enferment de toutes parts la verte plaine.

A présent donc, il fait nuit. Mes serviteurs, après tant de fatigantes veilles, dorment profondément, dans la bonne quiétude d'un voyage accompli et l'assurance de ne pas recommencer demain les chevauchées nocturnes.

Belle nuit d'étoiles, qui va se refroidissant très vite et que ne trouble aucun bruit humain. On n'entend que la voix douce et retenue des chouettes, qui s'appellent et se répondent de différents côtés, au-dessus de l'inquiétante torpeur de Chiraz...

Jeudi, 26 avril.

"Allah ou Akbar!... Allah ou Akbar!... (4)" C'est l'éternelle psalmodie de

---

(3) Voir, 'En passant à Mascate', in-*Le Château de la Belle-au-Bois-Dormant*, Paris, [1909], pp.185-201. Loti a dû refuser l'offre de la part du Sultan de visiter l'intérieur du pays: "Mais je me rendais en Perse, et je me souvins d'Ispahan, où depuis des années, je rêvais de ne pas manquer la saison des roses. Je refusai l'honneur, n'ayant pas de temps à perdre, puisque l'avril était commencé".

(4) Dieu est grand!

l'Islam qui m'éveille avant jour; la voix du muezzin de mon quartier, du haut de quelque toit proche, chante éperdument dans la pâleur de l'aube.

Et, aussitôt après, des sonnailles, très argentines et charmantes, commencent à monter jusqu'à moi, de la petite ruelle noire: l'entrée des caravanes. Grosses cloches au son grave, pendues au poitrail des mules, petites clochettes passées en guirlande autour de leur cou, carillonnent ensemble, et ce bruit joyeux, tantôt assourdi, tantôt amplifié par la résonance des voûtes, s'infiltre peu à peu dans tout le labyrinthe souterrain de Chiraz, chassant le sommeil et le silence de la nuit. Cela dure très longtemps; des centaines de mules doivent défiler devant ma porte, – et défileront sans doute ainsi chaque matin, pour m'annoncer le jour, car l'heure des caravanes est immuable. Et c'est par mon quartier qu'elles entrent en ville, toutes celles qui arrivent d'en bas, des bords du golfe Persique, de la région torride située au niveau normal de la Terre.

Cette première matinée se passe pour moi en vaines conférences avec des tcharvadars, des muletiers, des loueurs de chevaux, dans l'espoir d'organiser déjà le départ, car il faut s'y prendre plusieurs jours à l'avance, et les voyageurs ici sont parfois indéfiniment retardés. Mais rien ne se conclut, et même rien d'acceptable ne m'est offert. Le proverbe semble se vérifier: il est plus facile d'entrer à Chiraz que d'en sortir.

L'après-midi, je vais rendre au prévôt des marchands sa visite. Il demeure dans mon quartier, et, pour se rendre chez lui, tout le temps on est dans l'ombre et la tristesse de ces grands murs penchés, qui le plus souvent se rejoignent en voûte. Une vieille porte de prison, que masque un écran intérieur en maçonnerie croulante: c'est chez lui. Ensuite un petit jardin plein de roses, avec des allées droites à la mode d'autrefois, un bassin, un jet d'eau; et la maison s'ouvre au fond, très ancienne et très orientale.

Le salon d'Hadji-Abbas: plafond en arabesques bleu et or, avec des branches de roses aux nuances effacées par les ans; murs extrêmement travaillés, divisés en petites facettes, creusés en petites grottes avec des retombées de stalactites, tout cela devenu d'une couleur de vieil ivoire, que rehaussent des filets d'or terni; par terre, des coussins et d'épais tapis merveilleux. Et les fenêtres découpées donnent sur les roses du jardin très caché et sans vue, où le jet d'eau mène son bruit tranquille.

Il y a deux tabourets au milieu du salon, un pour Hadji-Abbas, qui depuis hier a teint sa barbe blanche en rouge ardent; l'autre pour moi. Les fils de mon hôte, des voisins, des notables, tous gens en longue robe et haut bonnet noir comme en portaient les magiciens, arrivent successivement, très silencieux, et forment cercle le long des jolies murailles fanées, en s'asseyant sur les tapis; les serviteurs apportent du thé, dans de très anciennes petites tasses de Chine, et puis des sorbets à la neige de montagne, et enfin les inévitables kalyans, où tous nous devons fumer à la ronde. On m'interroge sur Stamboul, où l'on sait que j'ai habité (5). Ensuite, sur l'Europe, et, tour à tour, la naïveté ou la profondeur imprévue des questions me donne plus que jamais à entendre combien ces gens-là sont loin de nous. La conversation, à la fin, dévie vers la politique et les dernières menées anglaises autour de Koueït: – "S'il faut, disent-ils, que notre pays soit asservi un jour, au moins que ce ne soit pas par ceux-là! Nous n'avons, hélas! que cent mille soldats en Perse; mais tous les nomades sont armés; et moi-même, mes fils, mes serviteurs, tout ce qu'il y a d'hommes valides dans les villes ou les campagnes, prendrons des fusils quand il s'agira des Anglais!" (6).

Le bon Hadji-Abbas me conduit ensuite chez deux ou trois notables, qui ont des maisons plus belles que la sienne, et de plus beaux jardins, avec des allées d'orangers, de cyprès et de roses. Mais combien ici la vie est cachée, défiante, secrète! Ils seraient charmants, ces jardins, s'ils n'étaient si jalousement enfermés et sans vue; pour que les femmes puissent s'y promener dévoilées, on les entoure de trop grands murs, que l'on essaie vainement d'égayer en y dessinant des ogives, en les ornant de céramiques: ce sont toujours des murs de prison.

Le gouverneur de la province, que je comptais voir aujourd'hui et prier de me faciliter la route d'Ispahan, est absent pour quelques jours.

Et je garde pour la fin ma visite à un jeune ménage hollandais, les van L..., qui vivent ici dans un isolement de Robinson. Ils habitent une ancienne maison de pacha, – au fond d'un vieux jardin très muré, il va sans dire; – et c'est tellement imprévu d'y retrouver tout à coup un petit coin d'Europe, d'aimables gens qui parlent votre langue! Ils sont d'ailleurs si accueillants que, dès la première minute, une gentille intimité de bon aloi s'établit entre les exilés que nous sommes. Depuis deux ou trois ans, ils résident à Chiraz, où M. van L... dirige la Banque impériale persane (7). Ils me confient leurs difficultés de chaque jour, que je n'imaginais pas, dans cette ville où sont inconnues les choses les plus utiles à l'existence telle que nous l'entendons, et où il faut prévoir deux mois à l'avance ce dont on aura besoin,

---

(5) En 1877 et en 1887.

(6) Les Anglais et les Russes cherchaient tous les deux à exercer leur influence sur la Perse. En 1907, la zone d'influence russe s'étendait de la mer Caspienne jusqu'à Ispahan, celle de l'influence anglaise de Bandar Abbas en passant par Kirman (ou Kerman) et Birjand vers l'est. Entre les deux se trouvait la zone neutre, celle dans laquelle voyageait Loti. Voir *Persia*, Naval Intelligence, 1945, p.286 *et seq*.

(7) Banque fondée par le baron Julius de Reuter en 1889. Il se peut que Monsieur van L... soit W. D. Lennep qui, d'Egypte, avait accompagné Rabino, le nouveau directeur de la Banque, en 1889. La succursale de Chiraz avait été créée en 1891. Voir Geoffrey Jones: *Banking and Empire in Iran*, C.U.P., 1986, Vol.1, pp.33 *et seq*.

pour le faire venir par la voie de Russie ou la voie des Indes; ce qu'ils me disent est pour augmenter le sentiment que j'avais déjà, d'être ici dans un monde quasi lunaire.

Le reste de l'après-midi se passe pour moi en promenade errante dans le labyrinthe, avec mes trois serviteurs, le Français et les deux Persans, à la recherche des introuvables mosquées. Je n'ai aucun espoir d'y entrer; mais au moins je voudrais, du dehors, voir les portiques, les belles ogives et les précieuses faïences.

Oh! les étonnantes petites rues, semées d'embûches même en plein jour; quelque-fois, en leur milieu, s'ouvre un puits profond, sans la moindre margelle au bord; ou bien, à la base d'un mur, c'est un soupirail béant qui donne dans des oubliettes noires. Et partout traînent des loques, des ordures, des chiens crevés que dévorent les mouches.

Je sais qu'elles existent, ces mosquées, qu'il en est même de célèbres; et l'on dirait vraiment qu'elles nous fuient ou qu'il y a des ensorcellements dans leurs entours. Parfois, regardant en l'air, on aperçoit, par quelque trou dans la voûte des rues, un admirable dôme vert et bleu, là tout près, qui monte et brille dans le ciel pur. Alors on se précipite par un couloir d'ombre qui semble y conduire: il est muré ce couloir; ou bien il finit en amas de terre éboulée. On revient sur ses pas, on en prend un autre: il vous éloigne et vous égare. On ne retrouve même plus l'échappée d'air libre où vous était apparu ce dôme d'émail, on ne sait plus où l'on est... Ces mosquées, décidément, n'ont pas d'abords, tant elles sont enclavées dans les vieilles maisons en terre battue, dans les taupinières humaines; on ne doit y arriver que par des détours sournois, connus des seuls initiés. Et cela rappelle ces mauvais rêves où, lorsqu'on veut atteindre un but, les difficultés augmentent à mesure que l'on approche, et les passages se resserrent.

Lassés enfin, nous revenons, sur le soir, au petit café d'hier, que vraisemblable-ment nous adopterons. Là, au moins, on respire, on sent de l'espace devant soi, et il y a, – un peu en recul, il est vrai, – une mosquée rose qui se laisse regarder. Les gens nous reconnaissent, se hâtent de nous apporter des tabourets, sous les platanes, des kalyans et du thé. Des bergers viennent nous vendre des peaux de ces panthères qui pullulent dans la montagne voisine. Mais l'attroupement pour nous voir est moindre que la première fois: demain ou après-demain, nous n'étonnerons plus personne.

Les remparts de Chiraz forment un côté de cette place; élégants et délabrés comme toutes les choses persanes: hautes murailles droites, flanquées d'énormes tours rondes, et ornées d'une suite sans fin d'ogives qui s'y dessinent en creux; les matériaux qui les composent, terres cuites grises, relevées d'émail jaune et vert, leur donnent encore l'aspect un peu assyrien; au bout de deux cents mètres, on les voit mourir en un amas de briques éboulées, que sans doute personne ne relèvera jamais.

Il y a un va-et-vient continuel devant ce petit café, au déclin du jour: personnages de toute qualité qui rentrent de la campagne, nobles cavaliers sur des chevaux fringants, bons petits bourgeois sur des mulets tout garnis de franges, ou sur de plus modestes ânons. Passent aussi les lents chameaux qui arrivent de Yezd, de Kerman (8), du désert oriental. Les kalyans s'allument de tous côtés autour de nous, et nos voisins de rêverie, assis sous le même platane, se décident gentiment à causer. L'un d'eux, auquel je conte alors ma course aux mosquées, s'engage à me les montrer toutes demain soir, en me faisant faire une excursion *sur les toits* de la ville, qui constituent, à ce qu'il paraît, un promenoir très bien fréquenté, le seul d'où l'on ait une vue d'ensemble.

Tranquillement le jour s'en va, et le crépuscule ramène par degrés sa tristesse sur ce haut plateau si isolé du monde. Les couleurs s'éteignent au revêtement d'émail de la belle mosquée d'en face; les faïences dont elle est couverte représentent des profusions de roses, des branches de roses, des buissons de roses, que traversent quelques iris à longues tiges; mais tout cela maintenant se confond en un violet assombri, et le dôme seul brille encore. Dans l'air presque trop pur, les martinets noirs tourbillonnent en jetant des cris aigus, comme chez nous les soirs de printemps: le soleil à peine couché, tout à coup il fait froid à cause de l'altitude.

Par les petites ruelles déjà ténébreuses, semées de puits et d'oubliettes, rentrons chez nous.

Là, une fois la porte barrée, c'est l'enfermement, la solitude, le silence d'un cloître. Et les chouettes commencent de chanter.

Vendredi, 27 avril.

Dig ding dong, dig ding dong, drelin, drelin...L'entrée des caravanes!...Le carillon, qui est ici la musique habituelle de l'aube, me réveille encore à moitié cette fois; demain sans doute, j'y serai fait, comme les gens de Chiraz, et ne l'entendrai plus.

Vendredi aujourd'hui, c'est-à-dire dimanche à la musulmane; donc, rien à tenter pour l'organisation du départ et tout sera fermé.

Un incident de cette matinée vient prendre de l'importance dans notre vie austère: mon serviteur m'annonce que, sur un toit de la maison proche, un toit

---

(8) Yezd se trouvait sur la ligne de démarcation entre la zone russe et la zone neutre, Kerman sur la ligne entre la zone neutre et la zone anglaise.

en terrasse où nous n'avions jamais vu que des chats pensifs, il y a deux paires de
bas en soie verte et de longs pantalons de dame, étendus à sécher; avant la nuit,
quelqu'un remontera bien pour les enlever, c'est certain, et peut-être, en y veillant,
aurons-nous l'occasion d'apercevoir une de nos mystérieuses voisines...

Pour faire comme les bonnes gens de Chiraz, le vendredi, prenons ce matin la
route de la campagne. (On sort de la ville par les grandes ogives des portes, ou,
si l'on préfère, par les nombreuses brèches des remparts, où le passage continuel
des mules a tracé de vrais sentiers.) Et alors c'est la plaine, la très vaste plaine
entourée de farouches montagnes de pierre, murée de toutes parts, comme si elle
n'était que l'immense jardin d'un Persan jaloux. Le vert des foins et des blés, le
vert tout frais des peupliers en rideau, tranchent çà et là sur les grisailles de la
campagne; mais on peut dire que ces grisailles, très douces, très nuancées de rose,
dominent dans toute la région de Chiraz, sur la terre des champs, sur la terre ou
sur les briques des murs. Au-dessus des vieux remparts presque en ruines, qui
se reculent peu à peu derrière nous, de tout petits obélisques fuselés s'élèvent de
distance en distance, revêtus d'émail bleu et vert; et, à mesure qu'on s'éloigne, les
grands dômes des mosquées, émaillés aussi dans les mêmes couleurs, bleu et vert
toujours, commencent d'apparaître et de monter au-dessus de la ville en terre grise.
Dans le ciel pâle et pur, des nuages blancs s'étirent comme des queues de chat, en
gardant des transparences de mousseline. Vraiment les teintes des choses, en ce
pays aérien, sont parfois tellement délicates que les noms habituels ne conviennent
plus; et la lumière, le calme de cette matinée ont je ne sais quoi de tendre et de
paradisiaque. Cependant tout cela est triste, – et c'est toujours cet isolement du
monde qui en est cause; c'est cette chaîne de montagnes emprisonnantes, c'est ce
mystère des longs murs, et c'est l'éternel voile noir, l'éternelle cagoule sur le visage
des femmes.

Donc c'est dimanche à la musulmane aujourd'hui, et elles se répandent toutes
dans la plaine claire, ces femmes de Chiraz, qui ressemblent à des fantômes en
deuil; elles s'acheminent toutes, dès le matin, vers les immenses jardins murés,
édens impénétrables pour nous, où elles enlèvent leur voile et leur masque, pour se
promener libres dans les allées d'orangers, de cyprès et de roses; mais nous ne les
verrons point. Sur le sentier que nous suivons, passent aussi, au carillon de leurs
mille petites cloches, quelques tardives caravanes de mules, qui rentrent en ville
après l'heure. Et dans le lointain on aperçoit la route d'Ispahan, avec l'habituel
cortège des ânons et des chameaux qui font communiquer ce pays avec la Perse du
Nord.

Elles sont de diverses conditions, ces femmes qui se promènent et s'en vont à
la cueillette des roses; mais le voile noir, l'aspect funéraire est le même pour toutes.
De près seulement, les différences s'indiquent, si l'on observe la main, la babouche,

les bas plus ou moins fins et bien tirés. Parfois une plus noble dame, aux bas de soie verte, aux doigts chargés de bagues, est assise sur une mule blanche, ou une ânesse blanche, qu'un serviteur tient par la bride et qui est recouverte d'une houssine frangée d'or. Les enfants de l'invisible belle suivent à pied; les petits garçons, même les plus bébés, très importants, avec leur bonnet haut de forme en astrakan et leur robe trop longue; les petites filles, presque toujours ravissantes, surtout celles d'une douzaine d'années, que l'on ne masque pas encore, mais qui portent déjà le voile noir et, dès qu'on les regarde, le ramènent sur leur visage, dans un effarouchement comique.

Tout ce beau monde disparaît, par les portes ogivales, au fond des jardins murés où l'on passera le reste du jour. Bientôt nous sommes seuls avec les gens du commun, dans la campagne gris rose et vert tendre, sous le ciel exquis. Plus rien à voir; revenons donc vers la vieille ville de terre et d'émail où nous pénétrerons par quelque brèche des remparts.

Il fait tout de suite sombre et étouffant, lorsque l'on rentre dans le labyrinthe voûté, qui est aujourd'hui presque désert. Une tristesse de dimanche pèse sur Chiraz, tristesse encore plus sensible ici que sur nos villes occidentales. Le grand bazar surtout est lugubre, dans l'obscurité de ses voûtes de briques; les longues avenues où l'on ne rencontre plus âme qui vive, où toutes les échoppes sont bouchées avec de vieux panneaux de bois, fermées avec de gros verrous centenaires, ont un silence et un effroi de catacombe. L'oppression de Chiraz devient angoissante par une telle journée, et nous sentons l'envie de nous en aller, coûte que coûte, de reprendre la vie errante, au grand air, dans beaucoup d'espace...

Aujourd'hui, que faire? Après le repos méridien, allons fumer un kalyan et prendre un sorbet à la neige chez le bon Hadji-Abbas, qui a promis de nous conduire un de ces jours au tombeau du poète Saadi et à celui du noble Hafiz (9).

Et puis, chez les van L..., où j'ai presque une joie, ce soir, à retrouver des gens de mon espèce, autour d'une table où fume le thé de cinq heures. Ils m'apprennent cette fois qu'il y a trois autres Européens à Chiraz, là-bas dans les jardins de la banlieue: un missionnaire anglican et sa femme; un jeune médecin anglais, qui vit solitaire, charitable aux déshérités. – Ensuite madame van L... me confie son rêve de faire venir un piano; on lui en a promis un démontable, qui pourrait se charger par fragments sur des mules de caravane!... Un piano à Chiraz, quelle incohérence!

---

(9) Hafiz, l'Anacréon perse (1320?-1388?), né et mort à Chiraz. Les deux tombeaux sont distants d'un kilomètre l'un de l'autre. Le tombeau d'Hafiz est à environ trois kilomètres au nord-est de la ville. Quant à Saadi, "Sur la fin de sa carrière, il s'était bâti, près des murs de Shiraz, un ermitage où il vivait dans la contemplation de la Divinité... Le corps de Saadi repose dans le lieu même où il passa ses dernières années", Michaud: *Biographie universelle ancienne et moderne.*

D'ailleurs, non, je ne vois pas cela, ce piano, même démonté, chevauchant la nuit dans les escaliers chaotiques de l'Iran.

Au logis, où nous rentrons nous barricader à l'heure du Moghreb, deux incidents marquent la soirée. Les muezzins, au-dessus de la ville, finissaient à peine de chanter la prière du soleil couchant, quand mon serviteur accourt tout ému dans ma chambre: "La dame est là sur le toit, qui ramasse ses chaussettes vertes!" Et je me précipite avec lui... La dame est là en effet, plutôt décevante à voir de dos, empaquetée dans des indiennes communes, et les cheveux couverts d'un foulard... Elle se retourne et nous regarde, l'œil narquois, comme pour dire: "Mes voisins, ne vous gênez donc point!" Elle est septuagénaire et sans dents; c'est quelque vieille servante... Etions-nous assez naïfs de croire qu'une belle monterait sur ce toit, au risque d'être vue!

Deux heures plus tard; la nuit est close et la chanson des chouettes commencée sur tous les vieux murs d'alentour. A la lumière des bougies, fenêtres ouvertes sur de l'obscurité diaphane, je prends le frugal repas du soir, en compagnie de mon serviteur français, qui est resté mon commensal par habitude contractée dans les caravansérails du chemin. Un pauvre moineau, d'une allure affolée, entre tout à coup et vient se jeter sur un bouquet de ces roses-de-tous-les-mois, si communes à Chiraz, qui ornait le très modeste couvert. Atteint de quelque blessure qui ne se voit pas, il a l'air de beaucoup souffrir, et tout son petit corps tremble. N'y pouvant rien, nous nous contentons de ne plus bouger, pour au moins ne pas lui faire peur. Et l'instant d'après, voici qu'il râle, à cette même place, là sous nos yeux; il est fini, sa tête retombe dans les roses. "C'est quelque *mauvaise bête* qui l'aura piqué", conclut mon brave compagnon de table. Peut-être, ou bien quelque chat, en maraude nocturne, aura commis ce crime. Mais je ne sais dire pourquoi cette toute petite agonie, sur ces fleurs, a été si triste à regarder, et mes deux Persans, qui nous servaient, y voient un présage funeste.

Samedi, 28 avril.

Le vizir de Chiraz ne revient toujours pas, et cela encore est pour retarder mon départ, car j'ai besoin de causer avec lui, et qu'il me fournisse des soldats, une escorte de route.

Cependant, grâce à M. van L..., je réussis ce matin à traiter avec un loueur de chevaux pour continuer le voyage. Long et pénible contrat, qui finit par être signé et paraphé au bout d'une heure. Ce serait pour mardi prochain, le départ, et en douze ou treize journées, inch'Allah!(10) nous arriverions à Ispahan. Mais j'ai trop de monde, trop de bagages pour le nombre de bêtes que l'on doit me fournir, et qu'il est, paraît-il, impossible d'augmenter. Cela m'oblige donc à congédier l'un

---

(10) Si Dieu le veut.

de mes domestiques persans. Et j'envoie revendre au bazar mille choses achetées à Bouchir: vaisselle, lits de sangle, etc. Tant pis, on s'arrangera toujours pour manger et dormir; il faut conclure, et que ça finisse!

C'est aujourd'hui mon rendez-vous avec l'aimable Chirazien qui m'a proposé une promenade aux mosquées, par les toits. Après que nous avons fait ensemble un long trajet dans le dédale obscur, les escaliers intérieurs d'une maison en ruines nous donnent accès sur une région de la ville où des centaines de toits en terre communiquent ensemble, forment une sorte de vaste et triste promenoir, dévoré de lumière et tout bossué comme par le travail d'énormes taupes; l'herbe jaunie, pelée par endroits, y est semée de fientes, d'immondices et de carcasses, plus encore que n'était le sol des rues. En ce moment où le soleil du soir brûle encore, on aperçoit à peine, dans les lointains de cet étrange petit désert, deux ou trois chats qui maraudent, deux ou trois Persans en longue robe qui observent ou qui rêvent. Mais tous les dômes des mosquées sont là; précieusement émaillés de bleu et de vert, ils semblent des joyaux émergeant de cet amas de boue séchée qui est la ville de Chiraz. Il y a aussi, par endroits, de larges excavations carrées, d'où monte la verdure des orangers et des platanes, et qui sont les cours très encloses, les petits jardins des maisons de riches.

Ce lieu, solitaire dans le jour, doit être fréquenté aux heures discrètes du crépuscule et de la nuit, car des pas nombreux ont foulé le sol, et des sentiers battus s'en vont dans tous les sens. Les Chiraziens se promènent sur les maisons, sur les rues, sur la ville, et ils se servent de leurs toits comme de dépotoirs; on y trouve de tout, – même un cheval mort que voici, déjà vidé par les corbeaux. C'est au-dessous de cette croûte de terre, de cette espèce de carapace où nous sommes, que se déploie toute l'activité de Chiraz; la vie y est souterraine, un peu étouffée, mais ombreuse et fraîche, d'ailleurs très abritée des averses, tandis qu'ici, en haut, on est exposé, comme dans nos villes d'Occident, aux fantaisies du ciel.

Tous les monuments de vieille faïence, que d'en bas l'on apercevait si mal, – grands dômes arrondis et renflés en forme d'œuf, tours carrées, ou petits obélisques imitant des colonnes torses et des fuseaux, – se dressent dégagés et éclatants, au loin ou auprès, sur cette espèce de prairie factice. Prairie du reste malpropre et râpée, dans les entrailles de laquelle on entend comme le bourdonnement d'une ruche humaine; des galops de chevaux, des sonneries de caravanes, des cris de marchands, des voix confuses, vous arrivent d'en dessous, des rues couvertes, des tunnels qui s'entrecroisent dans l'immense taupinière. Ces toits qui communiquent ensemble sont souvent d'inégale hauteur, et alors il y a des montées, des descentes, de dangereuses glissades; il y a des trous aussi, nombre de crevasses et d'éboulements dans les quartiers en ruines; mais les longues avenues droites des bazars fournissent des chemins faciles, où chacune des ouvertures, par où les gens d'en dessous respirent, vous envoie au passage une clameur imprévue. Pour nous rapprocher d'une grande mosquée toute bleue, la plus ancienne et la plus vénérée de Chiraz, nous cheminons en ce moment au-dessus du bazar des cuivres, entendant, comme dans les profondeurs du sol, un extraordinaire tapage, le bruit d'un millier de marteaux.

De temps à autre, la vue plonge dans quelque cour, où il serait impoli de beaucoup regarder; les murs de terre, croulants comme partout, y sont ornés de faïences anciennes aux nuances rares, et on y aperçoit des orangers, des rosiers couverts de fleurs. Mais le soleil de Perse darde un peu trop sur ces toits semés de détritus, où l'herbe est roussie comme en automne, et vraiment on envie la foule d'en dessous, qui circule à l'ombre.

Vue de près elle n'est plus qu'une ruine, la belle mosquée sainte, devant laquelle nous voici arrivés; sous son étourdissant luxe d'émail, elle croule, elle s'en va, – et, bien entendu, jamais ne sera réparée (11). Aux différents bleus qui dominent dans son revêtement de faïence, un peu de jaune, un peu de vert se mêlent, juste assez pour produire de loin une teinte générale de vieille turquoise. Quelques branches d'iris et quelques branches de roses éclatent aussi, çà et là, dans cet ensemble; les maîtres émailleurs les ont jetées, comme par hasard, au travers des grandes inscriptions religieuses, en lettres blanches sur fond bleu de roi, qui encadrent les portes et courent tout le long des frises. Mais par où peut-on bien y entrer, dans cette mosquée? D'où nous sommes, les portiques, toute la base, semblent disparaître dans des amas de terre et de décombres; les maisons centenaires d'alentour, éboulées aux trois quarts, ont commencé de l'ensevelir.

Quand je rentre chez moi, passant par le petit bazar juif de mon quartier, toutes les échoppes sont fermées, et les marchands se tiennent assis devant les portes, quelque livre mosaïque à la main: c'est le jour du sabbat; je n'y pensais plus. Ici, les gens d'Israël se reconnaissent à une tonsure obligée, derrière, depuis la nuque jusqu'au sommet de la tête (12).

Dimanche, 29 avril.

De bon matin dans la campagne, avec Hadji-Abbas, pour aller avant l'ardeur du soleil visiter le tombeau du poète Saadi et le tombeau du poète Hafiz.

D'abord nous suivons cette route d'Ispahan, que sans doute, dans deux ou trois jours, nous prendrons pour ne plus jamais revenir; elle est large et droite, entre des mosquées, de paisibles cimetières aux cyprès noirs, et des jardins d'orangers dont les longs murs en terre sont ornés d'interminables séries d'ogives; quantité de

---

(11) Il s'agit, sans doute, de *Mashid-e-Jame*, commencée par Amr ibn Laith vers 894.

(12) Sur les vingt et quelque mille juifs qui vivaient en Perse, les plus fortes concentrations se trouvaient à Ispahan, Chiraz, Hamadan et Téhéran.

ruisseaux et de fossés la traversent, mais cela est sans importance, puisqu'il n'y a point à y faire passer de voitures. Les oiseaux chantent le printemps et, comme toujours, il fait adorablement beau sous un ciel d'une limpidité rare. Au pied des énormes montagnes de pierre qui limitent de tous côtés la vue, on aperçoit, sur de plus proches collines, une mince couche de verdure, et ce sont les vignes qui produisent le célèbre vin de Chiraz, – dont les Iraniens, en cachette, abusent quelquefois malgré le Coran. Cette route du Nord est beaucoup plus fréquentée que celle de Bouchir, par où nous sommes venus; aussi voyons-nous, dans les champs, des centaines de chameaux entravés, debout ou accroupis au milieu d'innombrables ballots de caravane: cela remplace en ce pays d'immobilité heureuse, les ferrailles et les monceaux de charbon aux abords de nos grandes villes.

Ensuite, par des sentiers de traverse, nous chevauchons vers le parc funéraire où repose, depuis tantôt six cents ans, le poète anacréontique de la Perse. On sait la destinée de cet Hafiz, qui commença par humblement pétrir du pain, dans quelque masure en terre de la Chiraz du XIVe siècle, mais qui chantait d'intuition, comme les oiseaux; rapidement il fut célèbre, ami des vizirs et des princes, et charma le farouche Tamerlan lui-même (13). Le temps n'a pu jeter sur lui aucune cendre; de nos jours encore ses sonnets, populaires à l'égal de ceux de Saadi, font la joie des lettrés de l'Iran aussi bien que des plus obscurs tcharvadars, qui les redisent en menant leur caravane.

Il dort, le poète, sous une tombe en agate gravée, au milieu d'un grand enclos exquis, où nous trouvons des allées d'orangers en fleurs, des plates-bandes de roses, des bassins et de frais jets d'eau. Et ce jardin, d'abord réservé à lui seul, est devenu, avec les siècles, un idéal cimetière; car ses admirateurs de marque ont été, les uns après les autres, admis sur leur demande à dormir auprès de lui, et leurs tombes blanches se lèvent partout au milieu des fleurs. Les rossignols, qui abondent par ici, doivent chaque soir accorder leurs petites voix de cristal en l'honneur de ces heureux morts, des différentes époques, réunis dans une commune adoration pour l'harmonieux Hafiz, et couchés en sa compagnie.

Il y a aussi, dans le jardin, des kiosques à coupole, pour prier ou rêver. Les parois en sont entièrement revêtues d'émaux de toutes les nuances de bleu, depuis l'indigo sombre jusqu'à la turquoise pâle, formant des dessins comme ceux des vieilles broderies; de précieux tapis anciens y sont étendus par terre, et les plafonds, ouvragés en mille facettes, en mille petits compartiments géométriques, ont l'air d'avoir été composés par des abeilles. On entretient là, dans une quantité de vases, d'éternels bouquets, et, ce matin, de pieux personnages sont occupés à les renouveler: des roses, des gueules-de-lion, des lys, toutes les fleurs d'autrefois, dans nos climats, celles que connaissaient nos pères; mais surtout des roses, d'énormes

---

(13) En 1386.

touffes de roses.

Et enfin, au point d'où l'on a plus agréablement vue sur cette Chiraz, la "reine de l'Iran", une grande salle, ouverte de tous côtés, a été jadis construite pour abriter du soleil les visiteurs contemplatifs; ce n'est rien qu'un toit plat, très peinturluré, soutenu à une excessive hauteur par quatre de ces colonnes persanes, si sveltes et si longues, dont le chapiteau ressemble lui aussi aux ruches des abeilles ou des frelons. Sur des tapis de prière, deux ou trois vieillards se tiennent là, qui font vignette du temps passé, au pied de ces étranges colonnes; leurs bonnets d'astrakan sont hauts comme des tiares, et ils fument des kalyans dont la carafe ciselée pose sur un trépied de métal. Devant eux, le pays qui fut chanté par Hafiz resplendit, inchangeable, dans la lumière du matin. Entre les flèches sombres des cyprès d'alentour, et au delà des champs de pavots blancs; des champs de pavots violets, qui mêlent leurs teintes en marbrures douces, dans le clair lointain, la ville de boue séchée déploie ses grisailles molles et roses, fait luire au soleil ses mosquées de faïence, ses dômes renflés comme des turbans et diaprés de bleus incomparables. Tout ce que l'on voit est idéalement oriental, ces jardins, ces kiosques d'émail; au premier plan, ces colonnes, ces vieillards à silhouette de mage, et là-bas, derrière les cyprès noirs, cette ville telle qu'il n'en existe plus. On est comme dans le cadre d'une ancienne miniature persane, agrandie jusqu'à l'immense et devenue à peu près réelle. Une odeur suave s'exhale des orangers et des roses; l'heure a je ne sais quoi d'arrêté et d'immobile, le temps n'a plus l'air de fuir... Oh! être venu là, avoir vu cela par un pareil matin!... On oublie tout ce qu'il a fallu endurer pendant le voyage, les grimpades nocturnes, les veilles, la poussière et la vermine; on est payé de tout... Il y a vraiment quelque chose, dans ce pays de Chiraz, un mystère, un sortilège, indicible pour nous et qui s'échappe entre nos phrases occidentales. Je conçois en ce moment l'enthousiasme des poètes de la Perse, et l'excès de leurs images, qui seules, pour rendre un peu cet enchantement des yeux, avaient à la fois assez d'imprécision et assez de couleur.

Plus loin est le tombeau de ce Saadi, qui naquit à Chiraz vers l'année 1194 de notre ère, environ deux siècles avant Hafiz, et qui guerroya en Palestine contre les croisés(14). Plus simple, avec plus de souffle et moins d'hyperboles que son successeur, il a davantage pénétré dans notre Occident, et je me rappelle avoir été charmé, en ma prime jeunesse, par quelques passages traduits de son "Pays des roses". Ici, les petits enfants mêmes redisent encore ses vers. – Patrie enviable pour tous les poètes, cette Perse où rien ne change, ni les formes de la pensée ni le

---

(14) Saadi avait passé trente ans de sa vie en voyages. "Il voulut... s'acquitter du devoir, imposé aux musulmans, de combattre contre les infidèles, et il fit des campagnes dans l'Inde et dans l'Asie Mineure. Etant tombé en Syrie, entre les mains des croisés, il fut employé à creuser des tranchées devant Tripoli. Un riche habitant d'Alep le racheta, moyennant dix pièces d'or, et lui donna sa fille en mariage; mais, s'il en faut croire Saadi, cette alliance lui donna quelquefois lieu de regretter sa captivité" Michaud:*Biographie universelle.*

langage, et où rien ne s'oublie! Chez nous, à part des lettrés, qui se souvient de nos trouvères, contemporains de Saadi; qui se souvient seulement de notre merveilleux Ronsard?

Toutefois le cheik Saadi ne possède qu'un tombeau modeste; il n'a point, comme Hafiz, une dalle en agate, mais rien qu'une pierre blanche, dans un humble kiosque funéraire, et tout cela, qui fut cependant réparé au siècle dernier, sent déjà la vétusté et l'abandon. Mais il y a tant de roses dans le bocage alentour, tant de buissons de roses! En plus de celles qui furent plantées pour le poète, il y en a aussi de sauvages, formant une haie le long du sentier délaissé qui mène chez lui. Et les arbres de son petit bois sont pleins de nids de rossignols.

Quand nous rentrons dans Chiraz, après la pure lumière et la grande paix, c'est brusquement la pénombre et l'animation souterraines; l'odeur de moisissure, de fiente et de souris morte, succédant au parfum des jardins. Les yeux encore emplis de soleil, on y voit mal, au premier moment, pour se garer des chevaux et des mules.

Nous arrivons par le bazar des selliers, qui est le plus luxueux de la ville et ressemble à une interminable nef d'église. – Il fut construit à l'époque de la dernière splendeur de Chiraz, au milieu du XVIIIᵉ siècle, par un régent de la Perse appelé Kerim-Khan, qui avait établi sa capitale ici même, ramenant le faste et la prospérité d'autrefois dans ces vieux murs. – C'est une longue avenue, tout en briques d'un gris d'ardoise, très haute de plafond et voûtée en série sans fin de petites coupoles; un peu de lumière y descend par des ogives ajourées; un rayon de soleil quelquefois y tombe comme une flèche d'or, tantôt sur un tapis soyeux et rare, tantôt sur une selle merveilleusement brodée, ou bien sur un groupe de femmes, – toujours fantômes noirs au petit masque blanc, – qui marchandent à voix basse des bouquets de roses.

L'après-midi, par spéciale et grande faveur, je suis admis à pénétrer dans la cour de la mosquée de Kerim-Khan (15). De jour en jour je vois tomber autour de moi les méfiances; si je restais, sans doute finirais-je par visiter les lieux les plus défendus, tant les gens ici me semblent aimables et débonnaires.

D'un bout à l'autre de l'Iran, la conception des portiques de mosquées ou d'écoles est invariable; toujours une gigantesque ogive, ouverte dans toute la hauteur d'un carré de maçonnerie dont aucune moulure, aucune frise ne vient rompre les lignes simples et sévères, mais dont toute la surface unie est, du haut en bas, revêtue d'émaux admirables, diaprée, chamarrée comme un merveilleux brocart.

---

(15) Celle de Masjid-i-Vakil. *Vakil* signifie 'Régent', titre que Kerim Khan avait adopté par humilité et pour des raisons politiques. Cette mosquée est très appréciée par les étudiants musulmans qui viennent y étudier le Coran.

Le grand portique de Kerim-Khan est conçu dans ce style. Il accuse déjà une vétusté extrême, bien qu'il n'ait pas encore deux siècles d'existence, et son revêtement d'émail, d'une fraîcheur à peine ternie, est tombé par places, laissant des trous pour les fleurettes sauvages et l'herbe verte. Les quelques Chiraziens, qui ont pris sur eux de m'amener devant le vénérable seuil, tremblent un peu de me le faire franchir. Leur hésitation, et le silence de cette mosquée à l'heure qu'ils ont choisie, rendent plus charmante mon impression d'entrer dans ce lieu resplendissant et tranquille qui est la sainte cour...

Des lignes architecturales d'une austérité et d'un calme absolus, mais partout un luxe fou d'émail bleu et d'émail rose, pas une parcelle de mur qui ne soit minutieusement émaillée; on est dans un mélancolique palais de lapis et de turquoise, que, çà et là, des panneaux à fleurs roses viennent éclaircir. La cour immense est presque déserte; dans ses parois droites et lisses, des séries d'ogives parfaites s'ouvrent pour former, sur tout le pourtour, des galeries voûtées, des cloîtres, où des émaux luisent du fond de l'ombre; et au milieu, là-bas, en face de nous qui arrivons, se dresse, plus haut que tout, un bloc de maçonnerie grandiosement carré, dans lequel est percée une autre ogive, unique, celle-ci, et colossale: la porte même du sanctuaire, où l'on n'osera cependant pas me faire pénétrer.

Deux ou trois vieillards, qui étaient prosternés dans des coins, lèvent la tête vers l'intrus que je suis, et, me voyant en bonne compagnie musulmane, retournent à leur prière sans mot dire. Des mendiants, qui gisaient au soleil, s'approchent, et puis se retirent en me bénissant, après que je leur ai remis, ainsi qu'on me l'a recommandé, de larges aumônes. Tout va bien; et nous pouvons nous avancer encore, sur les vieilles dalles brisées et disjointes où l'herbe pousse, nous aventurer jusqu'à la piscine des ablutions, au centre de la cour. Ces mille dessins, si compliqués et pourtant si harmonieux, si reposants à voir, que les Persans reproduisent depuis des siècles pour leurs velours de laine ou de soie, ont été prodigués ici, sous l'inaltérable vernis des faïences; ils recouvrent du haut en bas toutes les murailles; quant à ces grands panneaux de fleurs, qui, par endroits, viennent rompre la monotonie des arabesques, chacun d'eux est une merveille de coloris et de grâce naïve. On dirait que toutes les murailles du vaste enclos ont été tendues de tapis de Perse aux nuances changeantes. Et les lézardes profondes, qu'ont faites les tremblements de terre en secouant la vieille mosquée, simulent des déchirures dans les tissus précieux.

Quand les vieillards qui priaient se sont replongés dans leur rêve, et quand les mendiants se sont effondrés à nouveau sur les dalles, le silence, la paix suprême reviennent dans le palais de lapis et de turquoise. Ce soleil du soir qui rayonne, déjà oblique et rougi, sur la profusion des émaux à reflets bleus, me fait tout à coup l'effet d'un très vieux soleil, au déclin de son âge incalculable; et je goûte âprement le charme d'être, à une heure exquise, dans un lieu lointain, mystérieux et interdit...

Je ne crois pas que beaucoup d'Européens soient entrés avant moi dans la cour d'une mosquée de Chiraz.

Notre départ était fixé à demain (16), mais il paraît que rien ne tient plus; le tcharvadar, après avoir mieux examiné mes bagages, déclare qu'il y en a trop et se récuse. Tout est à refaire.

Et je commence à prendre mes habitudes dans cette ville, à sortir seul, à me reconnaître dans le dédale des ruelles sombres. Là-bas, sur la place, entre la mosquée rose et les remparts croulants, au petit café où je me rends chaque soir, on me reçoit en familier; on m'apporte "mon" kalyan, après avoir mis dans la carafe, pour en parfumer l'eau claire, des fleurs d'oranger et deux ou trois roses rouges. Je m'en reviens au logis dès que tombent ces crépuscules d'avril, tout de suite froids à cause de l'altitude, et toujours mélancoliques, malgré la joie délirante des martinets en tourbillon, dont les cris se mêlent au chant des muezzins dans l'air.

Ce soir, pendant que je chemine solitairement pour rentrer chez moi, un mince croissant de lune, dans un coin de ciel tout en nacre verte, m'apparaît là-haut entre deux faîtes de murs; la lune nouvelle, la première lune du carême persan. Je croise en route une foule inusitée de fantômes noirs au masque impénétrable, qui passent furtifs à mes côtés dans la pénombre: il faut avoir séjourné en ces villes d'islamisme sévère pour comprendre combien cela assombrit la vie de n'entrevoir jamais, jamais un visage, jamais un sourire de jeune femme ou de jeune fille... Au petit bazar d'Israël qui avoisine ma demeure, les hautes lampes à trois flammes sont déjà allumées dans les niches des marchands. Les juives, qui n'ont pas le droit de porter le petit loup blanc des musulmanes, mais qui cependant ne doivent pas montrer leur figure, referment plus hermétiquement, sur mon passage, leur voile noir; celles-là encore me resteront toutes inconnues. Et je trouve enfin ma porte, aussi sournoise, délabrée et garnie de fer que toutes celles d'alentour, pareille à tant d'autres, mais dont le heurtoir, dans l'obscurité et le silence, résonne à mes oreilles avec un bruit maintenant coutumier.

Mardi, 1er mai.

Nous étions à cheval avant la pointe de l'aube, et le soleil levant nous trouve dans les ruines d'un palais des vieux temps obscurs, parmi d'informes bas-reliefs éternisant des attitudes, des gestes, des combats, des agonies d'hommes et d'animaux disparus depuis des millénaires (17). C'est au pied des montagnes qui ferment au

---

(16) Effectivement, il n'y a pas d'entrée pour le lendemain, le 30 avril. C'est le seul jour sans entrée sur tout le parcours.

(17) Ces ruines, qui se trouvent à environ six kilomètres au sud-est de Chiraz, remontent au

Nord la plaine de Chiraz; cela achève de crouler et de s'émietter sur une sorte de plateau aride, poudreux, brûlé de soleil; on voit qu'il y a eu de vastes colonnades et de puissantes murailles, mais tout est si effondré qu'aucun plan d'ensemble ne se démêle plus; ce qui fut construction humaine se confond avec le rocher primitif; sous l'amas des éboulis et de la poussière, on distingue encore çà et là des scènes de chasse ou de bataille, sculptées sur des pans de mur; l'ornementation des frises rappelle, en plus grossier, les monuments de Thèbes: on dirait des dessins égyptiens naïvement reproduits par des barbares. Le palais, aujourd'hui sans nom, domine une fraîche vallée où l'eau des montagnes court parmi des roseaux et des saules, et, sur l'autre bord de la petite rivière, en face de ces ruines où nous sommes, un rocher vertical se dresse, orné de figures à même la paroi: personnages coiffés de tiares, qui lèvent des bras mutilés, appellent, font d'incompréhensibles signes. Quel monarque habitait donc ici, qui a pu disparaître sans laisser de trace dans l'histoire? Je m'imaginais que ces ruines, presque inconnues, à moi signalées hier par Hadji-Abbas, dataient des Achéménides; mais ces maîtres du monde se seraient-ils contentés de si rudes et primitives demeures? Non, tout cela doit remonter à des époques plus ténébreuses. Il n'y a du reste aucune inscription nulle part, et des fouilles pourraient seules révéler le secret de ces pierres. Mais de tels débris suffisent à prouver que les plateaux de Chiraz, dès les origines, ont été un centre d'activité humaine. Au dire de mes amis chiraziens, il y aurait aussi, au coeur de certaines mosquées, de mystérieux soubassements antérieurs à toute histoire, de vénérables porphyres taillés dont personne ne sait plus l'âge; et cela semblerait indiquer que la fondation de la ville remonte bien avant l'année 695 de notre ère, date assignée par les chronologies musulmanes.

Nous avons visité ces palais en courant, et nous rentrons bride abattue, pour conférer encore avec des loueurs de chevaux, tâcher d'organiser quand même le départ.

A l'instant où les muezzins chantent la prière de midi, nous sommes de retour chez nous. Un midi plus chaud que de coutume: c'est aujourd'hui le 1er mai, et on sent l'été venir. "Allah ou Akbar!" De ma fenêtre, j'aperçois le chanteur de la mosquée voisine, dont l'aspect m'est déjà connu; un homme en robe verte et barbe grise, un peu vieux pour un muezzin, mais dont la voix mordante charme encore. Haut perché sur sa terrasse d'herbes, il se détache, non pas devant le ciel, mais devant cette muraille de montagnes cendrées qui enferme ici toutes choses. En plein soleil, la tête levée vers le zénith bleu, il jette son long cri mélancolique dans le silence et la lumière, et ses vocalises couvrent pour moi toutes celles qui s'élancent

---

à l'époque des Sassenides et sont les vestiges de la ville qui a précédé Chiraz (voir Wilson, *op.cit.*, p.335). L'Empire des Perses Achéménides, qui comprenait le règne du Grand Cyrus, de Cambyse et de Darios, se situait entre 558 et 331 avant Jésus-Christ, l'année où Alexandre le Grand mit fin à la dynastie. L'Empire des Sassanides a duré de 225 à 632 de notre ère (Voir R. Furon, *op.cit.*).

à la même heure des différents points de Chiraz. Quand il a fini, une autre voix plus éloignée, celle-ci tout à fait fraîche et enfantine, psalmodie encore, traîne quelques secondes de plus dans l'air, et puis tout se tait, et c'est la torpeur méridienne. Sur le ciel magnifique, de minces flocons blancs s'enfuient comme des oiseaux, chassés par un vent qui brûle...

Après une heure et demie de pourparlers, mon nouveau contrat de voyage, comportant deux chevaux de plus, est enfin écrit, condensé en une feuille de grimoire persan, signé et paraphé. Ce serait demain le départ, et, bien que je n'y croie guère, il faut vite aller au bazar des tapis, acheter pour la route quelques-uns de ces bissacs de Chiraz, en beau tissu de laine coloriée, indispensables à tout voyageur qui se respecte. Dans les longues nefs semi-obscures, où des rayons de soleil, criblés par les trous de la voûte, font chatoyer çà et là quelque tapis de prière aux nuances de colibri, rencontré Hadji-Abbas avec deux ou trois notables; on s'arrête pour se faire de grandes politesses; même, comme c'est le dernier jour, on fumera ensemble un kalyan d'adieu, en buvant une minuscule tasse de thé. – Et le lieu choisi pour cette fumerie, près du quartier des ciseleurs d'argent, est l'une de ces très petites places à ciel ouvert qui de loin en loin, au milieu de la ville d'oppression et d'ombre, vous réservent la surprise d'un flot de lumière et d'une fontaine jaillissante au milieu d'orangers en fleurs et de buissons de roses.

Le vizir de Chiraz, rentré enfin dans sa bonne ville, m'a fait dire ce matin qu'il me recevrait aujourd'hui même, *deux heures avant le coucher du soleil*, ce qui signifie vers cinq heures du soir. Il habite très loin de chez moi, dans un quartier de dignitaires. Au milieu d'un long mur gris, l'ogive qui sert de première entrée à son palais est gardée par beaucoup de soldats et de domestiques, assis sur des bancs que recouvrent des tapis. D'abord un jardin, avec des allées d'orangers. Au fond, une demeure entièrement revêtue de faïence: grands panneaux à personnages de toutes couleurs, alternant avec des panneaux plus petits qui représentent des buissons de roses. Des gardes, des serviteurs de toute classe, en haut bonnet d'astrakan noir, encombrent la porte de la belle maison d'émail, et une quantité extraordinaire de babouches traînent sur le pavage des vestibules, qui est en carreaux de faïence représentant des bouquets de roses, toujours des roses. Un salon voûté en stalactites de grotte, des divans de brocart rouge, et par terre des tapis fins comme du velours. Quand j'ai pris place à côté de l'aimable vizir, on apporte pour chacun de nous un kalyan comme pour Aladin, tout en or ciselé, et un sorbet à la neige, dans un verre en or qui pose sur une petite table en mosaïque de Chiraz. De nombreux personnages arrivent ensuite, qui saluent sans mot dire et forment cercle, accroupis sur leurs talons. L'étiquette orientale exige que la visite soit un peu longue, et il n'y a pas à s'en plaindre quand l'hôte est, comme celui-ci, intelligent et distingué. On cause de l'Inde, que je viens de quitter; le vizir m'interroge sur la famine, qui le révolte, et sur la peste, dont le voisinage l'inquiète. – "Est-il vrai, me demande-t-il, que les Anglais aient sournoisement envoyé des pesteux en Arabie pour y propager la contagion?" – Là, je ne sais quoi répondre; c'était la rumeur courante à Mascate lorsque j'y suis passé, mais l'accusation est bien excessive. Il déplore ensuite l'effacement progressif de l'influence française dans le golfe Persique, où ne paraît presque plus notre pavillon. Et rien n'atteste plus péniblement pour moi notre décadence aux yeux des étrangers que l'air de commisération avec lequel il me demande: "Avez-vous encore un consul à Mascate?"

En ce qui concerne la continuation de ma route vers Ispahan, le vizir est tout disposé à me donner des cavaliers d'escorte; mais seront-ils dès demain prêts au départ, Allah seul pourrait le dire...

Le soir, de longs cris répondent au chant des muezzins, de puissantes clameurs humaines, parties d'en dessous, de l'ombre des mosquées. Le carême est commencé et l'exaltation religieuse ira croissant, jusqu'au jour du grand délire final, où l'on se meurtrira la poitrine et où l'on s'entaillera le crâne. Depuis que le babisme, clandestin et persécuté, envahit la Perse, il y a recrudescence de fanatisme chez ceux qui sont restés musulmans chiites, et surtout chez ceux qui feignent de l'être encore (18).

Cependant c'est peut-être mon dernier soir de Chiraz, et je sors seul à nuit close, contre l'avis de mes prudents serviteurs. L'enfermement et la tristesse de ma maison, à la fin, m'énervent, et la fantaisie me vient d'aller demander "mon" kalyan, là-bas, au petit café en dehors des murs, devant la mosquée aux faïences roses.

L'aspect de ce lieu, que je n'avais jamais vu aux lanternes, dès le premier abord me déconcerte. Il est bondé de monde, gens du peuple ou de la campagne, assis à tout touche. A peine puis-je trouver place près de la porte, au coin d'un banc, à côté d'un habitué qui, en temps ordinaire, me faisait beaucoup d'accueil, mais qui, cette fois, répond tout juste à mon bonsoir. Au milieu de l'assemblée, un vieux derviche au regard d'illuminé est debout qui parle, qui prêche d'abondance, avec des gestes outrés, mais quelquefois superbes. Personne ne fume, personne ne boit; on écoute, en soulignant d'une rumeur gémissante certains passages plus touchants ou plus terribles. Et, de temps à autre, des cris poussés par des centaines de voix viennent à nous de la mosquée proche. Le vieillard, évidemment, conte les douleurs et la mort de ce Hussein (19), dont il redit le nom sans cesse: c'est comme si chez

---

(18) Le mouvement babiste (le nom vient de 'bab' ou 'porte', titre qu'a adopté son fondateur) à partir des sermons de Sayyid Ali Mohammed à Chiraz et à Ispahan avant que ce dernier ne soit emprisonné et finalement mis à mort en 1850. On a estimé qu'en 1900 il y avait plus de 500.000 adhérents, voir *Persia*, *op.cit.*, p.295. Entre autre, les babistes réclamaient des réformes sociales et même proposaient l'émancipation des femmes!

(19) Hussein, martyr très vénéré en Perse, fils d'Ali et petit-fils du prophète Mahomet.

nous un prêtre contait la Passion du Christ.

Et, tout à coup, mon voisin, mon ami de la veille, à voix basse, dédaignant presque de tourner la tête vers moi, me dit en langue turque: "Va-t'en!"

"Va-t'en!" Il serait ridicule et lamentable de persister; ces gens, d'ailleurs, ont bien le droit de ne vouloir point d'infidèle à leur pieuse veillée.

Donc, je m'en vais. Me revoici dans le silence et la nuit noire, au milieu des vieux remparts éboulés et dans le labyrinthe des ruelles voûtées. Attentif, comme le petit Poucet en forêt, aux points de repère que j'ai pris pour éviter les oubliettes béantes sous mes pas, pour tourner quand il faut aux carrefours des couloirs, je m'en vais lentement, les bras étendus à la manière des aveugles, ne percevant d'autres indices de vie sur mon chemin que des fuites prudentes de chats en maraude.

Et jamais encore, dans un pays d'Islam, je n'avais eu le sentiment d'être si *étranger* et si seul.

Mercredi, 2 mai.

Il semble vraiment que ce sera aujourd'hui, le départ; cela paraît s'organiser pour tout de bon, cela prend dès le matin un air réel. A midi, les deux cavaliers fournis par le gouverneur entrent se présenter à moi, tandis que leurs chevaux, attachés au frappoir de ma porte, font tapage dans la rue. Et, à une heure, nos bagages, après avoir traversé à dos de juifs le petit bazar du quartier, se hissent et s'attachent sur la croupe des bêtes de charge.

C'est à n'en plus douter: voici que l'on apprête nos chevaux. Il y a beaucoup de monde assemblé pour assister à notre départ, devant ces murailles de brique et ces éboulis de terre qui sont l'enceinte de Chiraz. Il y a aussi affluence de mendiants, qui nous offrent des petits bouquets de roses, avec leurs souhaits de bon voyage.

A deux heures, nous sortons de la ville par ce passage que l'on appelle "route d'Ispahan," et qui, en effet, pendant la première demi-lieue, ressemble assez à une large route; mais, après les longs faubourgs, les mosquées, les jardins, les cimetières, ce n'est plus rien, que l'habituel réseau de sentes tracé par le passage des caravanes.

Nous nous acheminons vers une percée, une sortie dans la chaîne des sommets qui entourent le haut plateau de Chiraz, et, à une lieue à peine des murs, du côté du Nord, nous voici déjà rendus aux steppes désolés, hors de la zone verte, hors de l'oasis où la ville sommeille.

[*Note de l'auteur*]. Hussein, un des douze imams canoniques d'après les Chiites qui remémorent la mort de Hussein pendant les dix premiers jours du mois de Moharram.

Une porte monumentale, construite il y a un siècle par le vizir de Chiraz, est à l'entrée du défilé (20): une sorte d'arc de triomphe qui s'ouvre sur les solitudes, sur le chaos des pierres, les horreurs de la montagne. Avant de nous engager là, nous faisons halte pour regarder en arrière, dire adieu à cette ville qui va disparaître pour jamais... Et sous quel aspect idéal et charmeur elle se montre à nous une dernière fois!... De nulle part, jusqu'à cette soirée, nous ne l'avions ainsi vue d'ensemble, dans le recul favorable aux enchantements de la lumière. Comme on la dirait agrandie et devenue étrange! Ses milliers de maisons de terre, de murailles de terre, toutes choses aux contours mous et presque sans formes, se mêlent, s'étagent, se fondent en un groupe imprécis, d'une même nuance grise finement rosée, d'une même teinte nuage de matin. Et, au-dessus de tout cela, les dômes des inapprochables mosquées resplendissent très nets, brillent au soleil comme des joyaux; leurs faïences bleues, leurs faïences vertes, – dont l'éclat ne s'imite plus de nos jours, – sont à cette heure en pleine gloire; avec leurs contours renflés, leurs silhouettes rondes, ils ressemblent à des œufs géants, les uns en turquoise vive, les autres en turquoise mourante, qui seraient posés sur on ne sait quoi de chimérique, sur on ne sait quelle vague ébauche de grande cité, moulée dans une argile couleur tourterelle...

A une descente brusque du chemin, cela s'évanouit sans retour, et, le défilé franchi, nous voici de nouveau seuls, dans le monde tourmenté des pierres. Huit hommes et huit chevaux, c'est tout mon cortège, et il paraît bien peu de chose, perdu à présent au milieu des sites immenses et vides... Des pierres, des pierres à l'infini. Sur ces étendues désertes, déployées à deux mille mètres de haut, on voit passer les ombres de quelques petits nuages voyageurs qui se hâtent de traverser le ciel. Les sommets d'alentour, où aucune herbe n'a pu prendre, sont tels encore que les laissa jadis quelque suprême tempête géologique; leurs différentes couches, bouleversées, soulevées en cyclone du temps des grandes ébullitions minérales, se dessinent partout, dans ces poses convulsives qui furent celles de la dernière fois, et qu'elles conserveront sans doute jusqu'à la fin des âges.

Notre marche est lente et difficile; il faut à tout instant mettre pied à terre et prendre les chevaux par la bride, dans les descentes trop raides ou sur les éboulis trop dangereux.

Le soir, une nouvelle petite oasis, là-bas, bien isolée dans ce royaume des pierres, dessine la ligne verte de ses prairies; elle alimente un village dont les maisonnettes en terre se tiennent collées à la base d'un rocher majestueux et ressemblent dans le lointain à d'humbles nids d'hirondelles. C'est Zargoun(21), où nous passerons la nuit. Nous mettons en émoi son tout petit bazar, que nous traversons au crépuscule.

---

(20) Le *Tang-i-Allah-ou-Akbar*, le défilé de *Dieu est grand*, ainsi nommé parce que ces paroles sont censées être prononcées par tout voyageur devant la vue si surprenante.
(21) Célèbre à cause de ses muletiers (Kharegat, *op.cit.*)

Les chambres de son caravansérail ont les murs crevés, et le plafond tapissé de chauves-souris; nous nous endormons là, dans un air très frais qui passe sur nous, et bercés par le concert nocturne des grenouilles qui pullulent sous les herbages de cette plaine suspendue.

Jeudi, 3 mai.

Notre manière de voyager est définitivement changée, depuis que le soleil n'est plus mortel comme en bas. Jusqu'à Ispahan, nous ferons chaque jour deux marches, de quatre ou cinq heures l'une, séparées par un repos à midi dans quelque caravansérail du chemin. Donc, il faut se lever tôt, et le soleil n'est pas encore sur l'horizon quand on nous éveille ce matin à Zargoun.

Première image de cette journée, prise du haut de l'inévitable petite terrasse, au sortir du gîte en terre battue, dans la fraîcheur de l'aube. D'abord, au premier plan, la cour du caravansérail, toute de terre et de poussière; mes chevaux, au milieu; le long des murs, mes gens, et d'autres qui passaient, fument le kalyan et prennent le thé du matin, étendus sur une profusion de tapis, de couvertures, de bissacs, – toutes inusables choses, en laine rudement tissée, qui sont le grand luxe de ce pays. Au delà commence la plaine unie de l'oasis, au delà s'étendent les champs de pavots blancs, qui, d'un côté, vont se perdre à l'infini, de l'autre, viennent mourir devant une chaîne de sommets rocheux aux grands aspects terribles. Comme ils ont l'air virginal et pur, dans leur blancheur au lever du jour, tous ces pavots, – qui sont destinés pourtant à composer un poison subtil, vendu très cher pour les fumeries d'Extrême-Orient!... Pas d'arbres nulle part; mais une mer de fleurs blanches, qui, dirait-on, s'est avancée comme pour former un golfe, entre des rives de montagnes énormes et chaotiques. Et des vapeurs d'aube, des vapeurs d'un violet diaphane traînent sur les lointains, embrouillent l'horizon libre, du côté où le soleil va surgir, confondent là-bas ces nappes uniformément fleuries, ces champs étranges, avec le ciel.

Maintenant le soleil monte; ce qui restait d'ombre nocturne fuit peu à peu devant lui sur les champs de fleurs, comme un voile de gaze brune qui s'enroulerait lentement. Et des jeunes filles sortent en troupe du village, pour quelques travaux de la campagne, s'en vont par les petits sentiers, joyeuses, avec des rires, enfouies dans les pavots blancs jusqu'à la ceinture.

C'est l'heure aussi pour nous de partir. Allons-nous-en, par les mêmes sentiers que viennent de suivre les jeunes filles, et où les mêmes fleurs, les mêmes longues herbes nous frôleront...

Mais notre étape d'aujourd'hui sera de courte durée, car, au bout de quatre heures, nous devons rencontrer les grands palais du silence, les palais de Darius et de Xerxès, qui valent bien que l'on s'arrête.

Après avoir franchi deux lieues de pavots blancs, et ensuite d'interminables prairies mouillées, et des ruisseaux et des torrents profonds, nous faisons halte devant un hameau bien humble et bien perdu, qu'entourent une dizaine de peupliers. Nous passerons là deux nuits, dans le plus délabré et le plus sauvage des caravansérails, qui n'a plus ni portes ni fenêtres, mais dont le vieux jardin à l'abandon est exquis, avec ses rosiers en broussailles, ses allées d'abricotiers et ses herbes folles. Des petits enfants viennent, en faisant des révérences, nous apporter des roses, de modestes roses-de-tous-les-mois, presque simples. Prairies désertes alentour; paix et silence partout. Le ciel se couvre, et il fait frais. On se croirait dans nos campagnes françaises, mais jadis, au vieux temps...

Cependant, là-bas, à deux lieues de nous peut-être, au bout d'une plaine d'herbages et au pied de l'une de ces chaînes de rochers qui de tous côtés partagent le pays comme des murailles, il y a une chose solitaire, indifférente au premier coup d'œil, et de plus en plus difficile à définir si l'on s'attache à la regarder... Un village, ou un caravansérail, semblait-il d'abord; des murs ou des terrasses qui ont l'air d'être en terre grise, comme partout ailleurs, mais avec une quantité de mâts très longs, plantés au-dessus en désordre. L'extrême limpidité de l'air trompe sur les distances, et il faut observer un peu attentivement pour se rendre compte que cela est loin, que ces terrasses seraient tout à fait hors de proportion avec celles du pays, et que ces mâtures seraient géantes. Plus on examine, et plus cela se révèle singulier... Et c'est en effet l'une des grandes merveilles classiques de la Terre, à l'égal des pyramides d'Egypte; – mais on y est beaucoup moins venu qu'à Memphis, et l'énigme en est bien moins éclaircie. Des rois qui faisaient trembler le monde, Xerxès, Darius, y ont tenu leur inimaginable cour, embellissant ce lieu de statues, de bas-reliefs, sur lesquels le temps n'a pas eu de prise. Depuis un peu plus de deux mille ans, depuis que le passage des armées du Macédonien en a révélé l'existence aux nations occidentales, cela porte un nom qui est devenu à lui seul imposant et évocateur: Persépolis (22). Mais, aux origines, comment cela s'appelait-il, et quels souverains de légende en avaient jeté les bases? Les historiens, les érudits, à commencer par Hérodote pour finir aux contemporains, ont émis tant d'opinions contradictoires! Au cours des siècles, tant de savants, attirés par ces ruines, ont bravé mille dangers pour camper dans les solitudes alentour, scruter les inscriptions, fouiller les

---

(22) Cf. Michael G.Lerner, *Pierre Loti*, New York, Twayne Publications, 1974, p.109: "In nostagically describing with his refined sensibility the moribund splendour of Persia's age-old culture and its natural simplicity in *Vers Ispahan*, Loti is, as a product of French civilization with its decadent oversophistication, deploring his own and France's consequent loss of the primitiveness and traditionalism related to faith that once created both Persepolis and Ispahan". Persépolis renfermait le palais de Darios, celui de Xerxès et ceux de leurs successeurs, tandis qu'à Pasargadé se trouvaient le palais de Cyrus et celui de Cambyse.

tombeaux, sans arriver à conclure! Et combien de laborieux volumes ont été écrits à propos de ce recoin de l'Asie, où la moindre pierre est gardienne d'antiques secrets!

Du reste, peu importe, pour un simple passant comme moi, l'absolue précision des données historiques; que tel monarque ou tel autre dorme au fond de tel sépulcre; que ce soit bien ce palais, ou celui de Pasargadé, qu'incendièrent les soldats d'Alexandre. Il me suffit que ces ruines soient les plus grandioses de leur temps et les moins détruites, éternisant pour nos yeux le génie de toute une époque et de toute une race.

Mais quel mystère que cette sorte de malédiction, toujours jetée sur les lieux qui furent dans l'antiquité particulièrement splendides!... Ici, par exemple, pourquoi les hommes ont-ils délaissé un tel pays, si fertile et si beau sous un ciel si pur? Pourquoi jadis tant de magnificences accumulées à Persépolis, et aujourd'hui plus rien, qu'un désert de fleurs?...

Laissant nos bagages et notre suite au pauvre caravansérail où nous passerons la nuit, nous montons à cheval après le repos mériden, escortés de deux jeunes hommes du hameau qui ont voulu nous guider vers ces grandes ruines. Pendant la première lieue, nous sommes dans une véritable mer de pavots blancs et d'orges vertes; ensuite vient la prairie sauvage, tapissée de menthes et d'immortelles jaunes. Et là-bas au fond, derrière Persépolis qui se rapproche et se dessine, la plaine est barrée par des montagnes funèbres, d'une couleur de basane, où s'ouvrent des trous et des lézardes. Du reste, depuis Chiraz, tout ce pays sans arbres est ainsi: des plateaux unis comme de l'eau tranquille, et séparés les uns des autres par des amas de roches dénudées, aux aspects effroyables.

Mais nulle part encore ces fantaisies de la pierre, toujours inattendues, ne nous avaient montré quelque chose de pareil à ce qui surgit en ce moment sur notre gauche, dans le clair lointain. C'est beaucoup trop immense pour être de construction humaine, et alors cela inquiète par son arrangement si cherché: au centre, une masse absolument carrée, de cinq ou six cents mètres de haut, qui semble une forteresse de Dieux, ou bien la base de quelque tour de Babel interrompue; et de chaque côté, posés en symétrie comme des gardes, deux blocs géants, tout à fait réguliers et pareils, qui imitent des monstres assis. Depuis le commencement des temps, les hommes avaient été frappés par la physionomie de ces trois montagnes, bien capables d'inspirer l'effroi du surnaturel; elles ne sont pas étrangères sans doute au choix qui a été fait de ce lieu pour y construire la demeure terrible des souverains; vues de ces palais où nous arrivons, elles doivent produire leur effet le plus intense, assez proches pour être imposantes, et juste assez lointaines pour rester indéfinissables.

Les sentiers que nous suivons, au milieu de tant de solitude et de silence, dans les fleurs, sont coupés de temps à autre par des ruisseaux limpides, qui continuent de répandre l'inutile fertilité autour de ces ruines.

Maintenant qu'il est près de nous, ce semblant de village mort, au pied de sa montagne morte, il ne laisse plus de doutes sur ses proportions colossales; ses terrasses, qui dépassent cinq ou six fois la hauteur coutumière, au lieu d'être, comme partout ailleurs, en terre battue que les pluies ne tarderont pas à détruire, sont faites en blocs cyclopéens, d'une durée éternelle; et ces longues choses, qui de loin nous faisaient l'effet de mâts de navire, sont des colonnes monolithes, étonnamment sveltes et hardies, – qui devaient supporter jadis les plafonds en bois de cèdre, la charpente des prodigieux palais.

Nous arrivons maintenant à des escaliers en pierre dure et luisante, assez larges pour faire passer de front toute une armée; là, nous mettons pied à terre, pour monter à ces terrasses d'où les colonnes s'élancent. Je ne sais quelle idée vient à nos Persans de faire monter aussi derrière nous les chevaux, qui d'abord ne veulent pas, qui se débattent, meurtrissant à coups de sabots les marches magnifiques, et notre entrée est bruyante, au milieu de ce recueillement infini.

Nous voici sur ces terrasses, qui nous réservaient la surprise d'être beaucoup plus immenses qu'elles ne le paraissaient d'en bas. C'est une esplanade assez étendue pour supporter une ville, et sur laquelle, en son temps, les grandes colonnes monolithes étaient multipliées comme les arbres d'une forêt. Il n'en reste plus debout qu'une vingtaine, de ces colonnes dont chacune était une merveille, et les autres, en tombant, ont jonché les dalles de leurs tronçons; quantité de débris superbes se dressent aussi, en mêlée confuse, dans cette solitude pavée de larges pierres: des pylônes sculptés minutieusement, des pans de murs couverts d'inscriptions et de bas-reliefs. Et tout cela est d'un gris foncé, uniforme, étrange, inusité dans les ruines, d'un gris que la patine des siècles ne saurait produire, mais qui est dû évidemment à la couleur même d'on ne sait quelle matière rare en laquelle ces palais étaient construits.

On est dominé de près, ici, par cette chaîne d'énormes rochers couleur de basane, que, depuis notre départ du village, nous apercevions comme une muraille; mais on domine, de l'autre côté, toutes ces plaines d'herbes et de fleurs, au fond desquelles se dessine l'inquiétante montagne carrée, avec ses deux gardiens accroupis; deux ou trois petits hameaux, bien humbles, chacun dans son bouquet de peupliers, apparaissent aussi au loin, sortes d'îlots perdus dans cette mer de foins odorants et d'orges vertes; et la paix suprême, la paix des mondes à jamais abandonnés, plane sur ces prairies d'avril, – qui ont connu, dans les temps, des somptuosités sardanapalesques, puis des incendies, des massacres, le déploiement des grandes armées, le tourbillon des grandes batailles.

Quant à l'esplanade où nous venons de monter, elle est un lieu d'indicible mélancolie, à cette heure, à cette approche du soir; il y souffle un vent suave et léger, il y tombe une lumière à la fois très nette et très douce; on dirait que les deux mille mètres d'altitude, plus encore sur ces terrasses que dans la plaine alentour, nous sont rendus sensibles par la fraîcheur de l'air, par la pureté et l'éclat discret des rayons, par la transparence des ombres. Entre ces dalles, qui furent couvertes de tapis de pourpre au passage des rois, croissent à présent les très fines graminées, amies des lieux secs et tranquilles, fleurissent le serpolet et la menthe sauvage; et des chèvres, qui paissent sur l'emplacement des salles de trône, avivent et répandent, en broutant, le parfum des aromates champêtres. – Mais c'est surtout cette lumière, qui ne ressemble pas à la lumière d'ailleurs; l'éclairage de ce soir est comme un reflet d'apothéose sur tant de vieux bas-reliefs, et d'antiques silhouettes humaines, éternisées là dans les pierres...

Oh! mon saisissement d'être accueilli, dès l'entrée, par deux de ces mornes géants dont l'aspect, à moi connu de très bonne heure, avait hanté mon enfance: corps de taureau ailé, et tête d'homme à longue barbe frisée, sous une tiare de roi mage! – Je me complais trop sans doute à revenir sur mes impressions d'enfant; mais c'est qu'elles ont été les plus mystérieuses, en même temps que les plus vives. – Donc, je les avais rencontrés pour la première fois vers ma douzième année, ces géants gardiens de tous les palais d'Assyrie, et c'était dans les images de certaine partition de *Sémiramis*, très souvent ouverte en ce temps-là sur mon piano; tout de suite ils avaient symbolisé à mes yeux la lourde magnificence de Ninive ou de Babylone. Quant à ceux de leurs pareils qui, de nos jours, restaient peut-être encore debout là-bas dans les ruines, je me les représentais entourés de ces fleurettes délicates, particulières au sol pierreux d'un domaine de campagne appelé "la Limoise"(23), lequel, à la même époque, jouait un grand rôle dans mes rêveries d'exotisme... Et voici précisément que je retrouve aujourd'hui, aux pieds de ceux qui m'accueillent, le thym, la menthe et la marjolaine, toute la petite flore de mes bois, sous ce climat semblable au nôtre.

Les deux géants ailés, qui me reçoivent au seuil de ces palais, c'est Xerxès qui eut la fantaisie de les poster ici en vedette. – Et ils me révèlent sur leur souverain des choses intimes que je ne m'attendais point à jamais surprendre; en les contemplant, mieux qu'en lisant dix volumes d'histoire, je conçois peu à peu combien fut majestueuse, hiératique et superbe, la vision de la vie dans les yeux de cet homme à demi légendaire.

---

(23) "Tout près de Rochefort, de l'autre côté de la Charente, dans la commune d'Echillais, la propriété de la Limoise, appartenant aux Duplais, lui apporte ses premières émotions d'évasion": Voir Alain Quella-Villéger, *op.cit.*, p.32.

Mais les immenses salles dont ils gardaient les abords n'existent plus depuis tantôt vingt-trois siècles, et on ne peut qu'idéalement les reconstituer. En beaucoup plus grandiose, elles devaient ressembler à ce que l'on voit encore dans les vieilles demeures princières du moyen âge persan: une profusion de colonnes, d'une finesse extrême en comparaison de leur longueur, des espèces de grandes tiges de roseau, soutenant très haut en l'air un toit plat. – Les hommes d'ici furent, je crois, les seuls à imaginer la colonne élancée, la sveltesse des formes, dans cette antiquité où l'on faisait partout massif et puissamment trapu. – Toujours suivis de nos chevaux, dont les pas résonnent trop sur les dalles, nous nous avançons au cœur des palais, vers les quartiers magnifiques de Darius. Les colonnes brisées jonchent le sol; il en reste debout une vingtaine peut-être, qui de loin en loin s'élèvent solitairement, toutes droites et toutes minces, dans le ciel pur; elles sont cannelées du haut en bas; leur socle est taillé en monstrueux calice de fleur, et leur chapiteau très débordant, qui paraît en équilibre instable dans l'air, représente, sur chacune de ses quatre faces, la tête et le poitrail d'un bœuf. Comment tiennent-elles encore, si audacieuses et si longues, depuis deux mille ans que les charpentes de cèdre ne sont plus là-haut pour les relier les unes aux autres?

Les esplanades se superposent, les escaliers se succèdent à mesure que l'on approche des salles où trôna le roi Darius. Et la face de chaque assise nouvelle est toujours couverte de patients bas-reliefs, représentant des centaines de personnages, aux nobles raideurs, aux barbes et aux chevelures frisées en petites boucles: des phalanges d'archers, tous pareils et inscrits de profil; des défilés rituels, des monarques s'avançant sous de grands parasols que tiennent des esclaves; des taureaux, des dromadaires, des monstres. En quelle pierre merveilleuse tout cela a-t-il été ciselé, pour que tant de siècles n'aient même pu rien dépolir? Les plus durs granits de nos églises, après trois ou quatre cents ans, n'ont plus une arête vive; les porphyres byzantins, les marbres grecs exposés au grand air sont usés et frustes; ici, toutes ces étranges figures, on dirait qu'elles sortent à peine de la main des sculpteurs. Les archéologues ont discuté, sans tomber d'accord sur la provenance de cette matière très spéciale, qui est d'un grain si fin, et d'une si monotone couleur de souris; qui ressemble à une sorte de silex, de pierre à fusil d'une nuance très foncée; les ciseaux devaient s'y émousser comme sur du métal; de plus, c'était aussi cassant que du jade, car on voit de grands bas-reliefs qui ont éclaté du haut en bas, – sous l'action indéfinie des soleils d'été peut-être, ou bien, dans les temps, sous le heurt des machines de guerre.

Et ces ruines muettes racontent leur histoire par d'innombrables inscriptions, leur histoire et celle du monde; le moindre bloc voudrait parler, à qui saurait lire les primitives écritures. Il y a d'abord les mystérieux caractères cunéiformes, qui faisaient partie de l'ornementation initiale; ils alignent partout leurs milliers de petits dessins serrés et précis, sur les socles, sur les frises, entre les moulures parfaites qui leur servent de cadre. Et puis, semées au hasard, il y a les réflexions de tous ceux qui sont venus, au cours des âges, attirés ici par ce grand nom de Persépolis; de simples notes, ou bien des sentences, des poésies anciennes sur la vanité des choses de ce monde, en grec, en koufique (24), en syriaque, en persan, en indoustani, ou même en chinois. "Où sont-ils les souverains qui régnèrent dans ce palais jusqu'au jour où la Mort les invita à boire à sa coupe? Combien de cités furent bâties le matin, qui tombèrent en ruines le soir?" écrivait là, en arabe, il y a environ trois siècles, un poète passant, qui signait: "Ali, fils de sultan Khaled..." Quelquefois, rien qu'un millésime, avec un nom; et voici des signatures d'explorateurs français de 1826 et de 1830, – dates qui nous semblent déjà presque lointaines, et qui cependant sont d'hier, en comparaison de celles gravées sur tous ces cartouches de rois...

Le pavage sur lequel on marche est particulièrement exquis; chaque brisure, chaque joint des pierres est devenu un minuscule jardin de ces toutes petites plantes qu'affectionnent les chèvres, et qui embaument la main lorsqu'on les froisse.

Derrière les salles d'apparat, aux colonnades ouvertes, on arrive à des constructions plus compliquées, plus enchevêtrées, qui couvent plus de mystère; ce devaient être des chambres, des appartements profonds; les fragments de murs se multiplient et aussi les pylônes aux contours un peu égyptiens, qui ont pour architrave des feuilles de fleurs. On se sent là plus entouré, plus enclos, et, si l'on peut dire, plus dans l'ombre de tout ce colossal passé. Ces quartiers abondent en admirables grands bas-reliefs, d'une conservation stupéfiante. Les personnages ont gardé, sur leurs robes assyriennes ou sur leurs chevelures soigneusement calamistrées, le luisant des marbres neufs; les uns se tiennent assis, dans des attitudes de dignité impérative, d'autres tirent de l'arc, ou luttent avec des monstres. Ils sont de taille humaine, le profil régulier et le visage noble. On en voit partout, sur des pans de muraille qui semblent aujourd'hui plantés sans ordre; on les a tout autour de soi, en groupes intimidants; et cette couleur de la pierre, toujours ce même gris sombre, donne quelque chose de funèbre à leur compagnie. Des cartouches, criblés de petites légendes en cunéiformes, présentent des surfaces tellement lisses que l'on y aperçoit sa propre silhouette, réfléchie comme sur un miroir d'étain. Et on est confondu de savoir l'âge de ces ciselures si fraîches, de se dire que ces plaques polies sont les mêmes qui, à cette même place, reflétèrent des figures, des beautés, des magnificences évanouies depuis plus de deux mille ans. Un fragment quelconque de telles pierres, que l'on emporterait avec soi, deviendrait une pièce incomparable pour un musée; et tout cela est à la merci du premier ravisseur qui pénétrerait dans ces vastes solitudes, tout cela n'est gardé que par les deux géants pensifs, en sentinelle là-bas sur le seuil.

Plus loin, Persépolis se continue vaguement, en sculptures plus détruites, en

---

(24) Ou *coufique*, ancienne écriture arabe, originaire de Kufa, et utilisée pour le Coran et pour des inscriptions monumentales.

débris plus éboulés et plus informes, jusqu'au pied de la triste montagne couleur de cuir, qui doit être elle-même forée et travaillée jusqu'en ses tréfonds les plus secrets, car on y aperçoit çà et là de grands trous noirs, d'une forme régulière, avec frontons et pilastres taillés à même le roc, qui bâillent à différentes hauteurs et qui sont des bouches de sépulcre. Dans les souterrains d'alentour sommeillent sans doute tant de richesses ou de reliques étranges!

Le soleil baisse, allongeant les ombres des colonnes et des géants, sur ce sol qui fut un pavé royal; ces choses, lasses de durer, lasses de se fendiller au souffle des siècles, voient encore un soir...

Ils observent toujours avec attention, les deux géants à barbe frisée, l'un tournant sa large face meurtrie vers la nécropole de la montagne; l'autre sondant les lointains de cette plaine, par où arrivèrent jadis les guerriers, les conquérants, arbitres du monde. Mais, à présent, aucune armée ne viendra plus dans ce lieu délaissé, devant ces hautains palais; cette région de la terre est rendue pour jamais au calme pastoral et au silence...

Les chèvres, qui broutaient dans les ruines, rappelées par leur pâtre en armes, se rassemblent et vont s'en aller, car voici bientôt l'heure dangereuse pour les troupeaux, l'heure des panthères. Je désirerais rester, moi, jusqu'à la nuit close, au moins jusqu'au lever de la lune; mais les deux bergers mes guides refusent absolument; ils ont peur, peur des brigands ou des fantômes, on ne sait de quoi, et ils tiennent à être rentrés avant la fin du jour dans leur petit hameau, derrière leurs murs en terre, cependant crevés de toutes parts. Donc, nous reviendrons demain, et pour cette fois il faut partir, à la suite des chèvres qui déjà s'éloignent dans les prairies sans fin. Nous repassons entre les deux géants, qui virent jadis entrer et sortir tant de rois et de cortèges. Mais nos chevaux, qui déjà n'avaient pas voulu monter les escaliers de Xerxès et de Darius, naturellement veulent encore moins les redescendre; ils se défendent, essayent de s'échapper; et c'est tout à coup, pour finir, une belle scène de vie, de lutte et de muscles tendus, au milieu du silence de ces colossales choses mortes, – tandis que se lève un grand vent frais, un vent de soir de mai, qui nous amène, des prairies d'en bas, une suave odeur d'herbes.

Ayant retraversé la longue plaine unie, les foins, les orges, les champs de pavots, nous rentrons au crépuscule dans les ruelles du hameau perdu, et enfin dans notre gîte de terre, sans portes ni fenêtres. Un vent vraiment très froid agite les peupliers du dehors et les abricotiers du jardinet sauvage; le jour meurt dans un admirable ciel bleu vert, où s'effiloquent des petits nuages d'un rose de corail, et on entend des vocalises de bergers qui appellent à la prière du soir.

TROISIEME PARTIE

Vendredi, 4 mai.

Départ à l'aube pure et froide, à travers les grandes fleurs blanches des pavots, qui sont tout humides de la rosée de Mai. Pour la première fois depuis Chiraz, mes Persans ont mis leur burnous et enfoncé jusqu'aux oreilles leur bonnet de Mage.

Ayant retraversé la plaine, nous montons en passant faire nos adieux aux grands palais du silence. Mais la lumière du matin, qui ne manque jamais d'accentuer toutes les vétustés, toutes les décrépitudes, nous montre, plus anéanties que la veille, les splendeurs de Darius et de Xerxès; plus détruits, les majestueux escaliers; plus lamentable, par terre, la jonchée des colonnes. Seuls, les étonnants bas-reliefs, en ce silex gris que n'éraillent point les siècles, supportent sans broncher l'éclairage du soleil levant: princes aux barbes bouclées, guerriers ou prêtres, en pleine lumière crue, luisent d'un poli aussi neuf que le jour où parut comme un ouragan la horde macédonienne.

En foulant ce vieux sol de mystère, mon pied heurte un morceau de bois à demi enfoui, que je fais dégager pour le voir; c'est un fragment de quelque poutre qui a dû être énorme, en cèdre indestructible du Liban, et, – il n'y a pas à en douter, – cela vient de la charpente de Darius... Je le soulève et le retourne. Un des côtés est noirci, s'émiette carbonisé: le feu mis par la torche d'Alexandre!... La trace en subsiste, de ce feu légendaire, elle est là entre mes mains, encore visible après plus de vingt-deux siècles!... Pendant un instant, les durées antérieures s'évanouissent pour moi; il me semble que c'était hier, cet incendie; on dirait qu'un sortilège d'évocation dormait dans ce bloc de cèdre; beaucoup mieux que la veille, presque en une sorte de vision, je perçois la splendeur de ces palais, l'éclat des émaux, des ors et des tapis de pourpre, le faste de ces inimaginables salles, qui étaient plus hautes que la nef de la Madeleine et dont les enfilades de colonnes, comme des allées d'arbres géants, s'enfuyaient dans une pénombre de forêt. Un passage de Plutarque (1) me revient aussi en mémoire; un passage traduit jadis, au temps de mes études, avec un maussade ennui, sous la férule d'un professeur, mais qui tout à coup s'anime et s'éclaire; la description d'une nuit d'orgie, dans la ville qui s'étendait ici, autour de ces esplanades, à la place où sont à présent ces champs de fleurs sauvages: le Macédonien déséquilibré par un trop long séjour au milieu de ce luxe à lui si inconnu, le Macédonien ivre et couronné de roses, ayant à ses côtés la belle Thaïs, conseillère d'extravagances, et, sur la fin d'un repas, empressé à satisfaire un caprice de la courtisane, se levant avec une torche à la main pour aller commettre l'irrémédiable sacrilège, allumer l'incendie, faire un feu de joie de la demeure des Achéménides. Et alors, les immenses cris d'ivresse et d'horreur, la flambée soudaine des charpentes de cèdre, le crépitement des émaux sur la muraille,

---

(1) *Vie d'Alexandre*, 38.

et la déroute enfin des gigantesques colonnes, se renversant les unes sur les autres, rebondissant contre le sol avec un bruit d'orage...Sur le morceau de poutre qui existe encore et que mes mains touchent, cette partie noirâtre, c'est pendant cette nuit-là qu'elle fut carbonisée...

L'étape d'aujourd'hui sera de neuf heures, et nous l'allongeons encore d'un détour, afin de voir de plus près la montagne couleur de basane, qui se lève derrière Persépolis comme un grand mur en cuir gondolé, et dans laquelle s'ouvrent les trous noirs, les hypogées des rois Achéménides.

Pour arriver au pied de ces roches, il faut cheminer à travers des éboulis sans fin de pierres sculptées, des amas de ruines; les passés prodigieux ont imprégné ce sol, qui doit être plein de trésors ensevelis et plein d'ossements.

Il y a trois immenses hypogées, espacés et en ligne, au flanc de la montagne brune; pour rendre inaccessibles ces tombeaux de Darius et des princes de sa famille, on a placé la bouche des souterrains à mi-hauteur de la paroi abrupte, et nous ne pourrions monter là qu'avec des échelles, des cordes, tout un matériel de siège et d'escalade. L'entrée monumentale de chacun de ces souterrains est entourée de colonnes et surmontée de bas-reliefs à personnages, le tout taillé à même le roc; la décoration paraît inspirée à la fois de l'Egypte et de la Grèce; les colonnes, les entablements sont ioniens, mais l'aspect d'ensemble rappelle la lourdeur superbe des portiques de Thèbes.

Au-dessous de ces tombeaux, à la base même de la montagne funéraire, dans des carrés taillés en creux, d'autres bas-reliefs gigantesques ont l'air de tableaux dans leur cadre, posés çà et là sans ordre. Ils sont postérieurs aux hypogées et datent des rois Sassanides; les personnages, de quinze ou vingt pieds de haut, ont eu presque tous la figure mutilée par les Musulmans, mais différentes scènes de bataille ou de triomphe imposent encore. On voit surtout un roi Sassanide, l'attitude orgueilleuse sur son cheval de guerre, et, devant lui, un empereur romain, reconnaissable à sa toge, un vaincu sans doute, qui s'agenouille et s'humilie; c'est le plus saisissant et aussi le plus énorme de tous ces groupes, encadrés par la roche primitive.

Les conquérants d'autrefois s'y entendaient à détruire! et on est confondu aujourd'hui en présence du néant dans lequel tant de villes fameuses ont pu être d'un seul coup replongées; Carthage par exemple, et, ici même, au pied de ces palais, cette Istakhar (2) qui avait tant duré, qui avait été une des gloires du monde et qui au VIIe siècle de notre ère, sous le dernier roi Sassanide (3), continuait d'être une

---

(2) A quatre kilomètres au nord de Persépolis.
(3) Yezdedjerd III, mort en 632.

grande capitale: un jour, passa le Khalife Omar (4), qui ordonna de la supprimer et de transporter ses habitants à Chiraz; ce fut fait comme il l'avait dit, et il n'en reste rien, à peine une jonchée de pierres dans l'herbe; on hésite à en reconnaître la trace.

Je cherchais des yeux, parmi tant d'informes débris, un monument plus ancien que les autres et plus étrange, que des Zoroastriens émigrés dans l'Inde m'avaient signalé comme existant toujours. Et voici qu'il m'apparaît, très proche, farouche et morne sur un bloc de rochers en piédestal. D'après la description qui m'en avait été faite, je le reconnais au premier abord, et son identité m'est d'ailleurs confirmée par la désignation du tcharvadar: "Ateuchka!" – où je retrouve le mot turc *ateuch* qui signifie le *feu*. Deux lourdes et naïves pyramides tronquées, que couronne une dentelure barbare; deux autels jumeaux pour le culte du feu, qui datent des premiers Mages, qui ont précédé de plusieurs siècles tout le colossal travail de Persépolis et de la montagne sculptée; ils étaient déjà des choses très antiques et vénérables quand les Achéménides firent choix de ce lieu pour y bâtir leurs palais, leur ville et leurs tombeaux; ils se dressaient là dans les temps obscurs où les roches aux hypogées étaient encore intactes et vierges, et où de tranquilles plaines s'étendaient à la place de tant d'immenses esplanades de pierre; ils ont vu croître et passer des civilisations magnifiques, et ils demeurent toujours à peu près les mêmes, sur leur socle, les deux Ateuchkas, inusables et quasi éternels dans leur solide rudesse. Aujourd'hui les adorateurs du feu (5), comme on le sait, disparaissent de plus en plus de leur pays d'origine, et même du monde; ceux qui restent sont disséminés, un peu comme le peuple d'Israël; à Yezd, cependant, ville de désert que je laisserai sur la droite de ma route, ils persistent en groupe assez compact encore; on en trouve quelques-uns en Arabie, d'autres à Téhéran; et enfin, ils forment une colonie importante et riche à Bombay, où ils ont installé leurs grandes tours macabres. Mais, de tous les points de la Terre où leur destinée les a conduits, ils ne cessent de revenir ici même, en pèlerinage, devant ces deux pyramides effroyablement vieilles, qui sont leurs autels les plus sacrés.

A mesure que nous nous éloignons, les trous noirs des hypogées semblent nous poursuivre comme des regards de mort. Les rois qui avaient imaginé de placer si haut leur sépulture, voulaient sans doute que leur fantôme, du seuil de la porte sombre, pût promener encore sur le pays des yeux dominateurs, continuer d'inspirer la crainte aux vivants.

Pour nous en aller, nous suivons d'abord une mince rivière (6) qui court sur des cailloux, encaissée et profonde, entre des roseaux et des saules; c'est une traînée de

---

(4) Omar, beau-père de Mahomet, avait conquis la Perse.
(5) Il s'agit des Parsis, connus en Perse sous le nom de Guèbres.
(6) Sans doute la *Polvar*.

verdure à demi enfouie dans un repli du terrain, au milieu d'une si funèbre région de pierres. Et bientôt, perdant de vue tout cet ossuaire des antiques magnificences, perdant de vue aussi l'ombreuse petite vallée, nous retrouvons l'habituelle et monotone solitude: la plaine sans arbres, tapissée d'herbes courtes et de fleurs pâles, qui se déroule à deux mille mètres de haut, unie comme l'eau d'un fleuve, entre deux chaînes de montagnes chaotiques, couleur de cendre, ou bien couleur de cuir et de bête morte.

Nous cheminons là jusqu'à l'heure tout à coup froide du crépuscule.

Et cependant le soleil est encore très haut et brûlant quand nous commençons d'apercevoir, au bout de cette nappe verte, le village d'Ali-Abad qui sera notre étape de nuit. Mais quantité de ravins sournois coupent de place en place la plaine qui semblait si facile; de dangereuses gerçures du sol, infranchissables pour des cavaliers, nous obligent à de continuels détours; pris comme dans un labyrinthe, nous n'avançons pas; et, au fond de ces creux, des cadavres de chevaux, d'ânes ou de mulets, semés par le passage incessant des caravanes, sont des rendez-vous d'oiseaux noirs. Ali-Abad reste toujours lointain, et on dirait un château fort du moyen âge: des murs de trente pieds de haut, crénelés et flanqués de tours, l'enferment par craintes des nomades et des panthères.

Voici maintenant, dans un ravin, un torrent qu'il nous faut franchir. Des paysans, accourus à notre aide, pour nous montrer le gué, retroussent au-dessus de la ceinture leurs longues robes de coton bleu, entrent dans l'eau bouillonnante et nous les suivons, mouillés nous-mêmes jusqu'au poitrail des chevaux. Ali-Abad, enfin, se rapproche; encore une demi-lieue de cimetières, de tombes effondrées; ensuite des clôtures de jardins, murailles en terre battue, au-dessus desquelles frissonnent des arbres de nos climats, cerisiers, amandiers ou mûriers, chargés de petits fruits verts; et enfin nous arrivons à la porte des remparts, une immense ogive sous laquelle, pour nous voir défiler, toutes les femmes se sont groupées. Ces donjons, ces murs, ces créneaux, ce terrifiant appareil de défense, tout cela, de près, fait l'effet d'un simulacre de forteresse; tout cela n'est qu'en terre battue, tient debout par miracle, suffit peut-être contre les fusils des nomades, mais, au premier coup de canon, s'effondrerait comme un château de cartes.

Au milieu de ces femmes qui regardent en silence, plaquées contre les battants des portes aux énormes clous de fer, nous entrons pêle-mêle avec un troupeau de bœufs. Ici, nous ne retrouvons plus les fantômes noirs à cagoule blanche qui endeuillaient les rues de Chiraz; les longs voiles sont en étoffe claire, semés de palmes ou de fleurs anciennes, et forment un harmonieux ensemble de nuances fanées; on les retient avec la main contre la bouche pour ne montrer que les yeux, mais le vent du soir, qui s'engouffre avec nous sous l'ogive, les relève, et nous apercevons plus d'un visage et plus d'un naïf sourire.

Le caravansérail est à la porte même, et ces trous à peu près réguliers, au-dessous des créneaux dont l'ogive se couronne, sont les fenêtres de notre logis. Nous grimpons par des escaliers de terre, suivis de la foule obligeante qui nous apporte nos bagages, qui nous monte des cruches d'eau, des jattes de lait, des faisceaux de ramilles pour faire du feu. Et bientôt nous nous chauffons délicieusement, devant une flambée qui répand une senteur d'aromates.

Nous avons aussi une terrasse intérieure, pour dominer le village, l'amas des toits en terre pressés entre les remparts. Et maintenant toutes les femmes, tous les humbles voiles à fleurs déteintes, sont sur ces toits, leur promenoir habituel; elles ne voient pas au loin, les dames d'Ali-Abad, puisque les très hautes murailles d'enceinte les tiennent là comme en prison, mais elles se regardent entre elles et bavardent d'une maison à l'autre; dans ce village emmuré et perdu, c'est l'heure de la flânerie du soir, qui serait douce et que l'on prolongerait s'il faisait moins froid.

Le muezzin chante. Et voici la rentrée des troupeaux; nous l'avons déjà tant vue partout, cette rentrée compacte et bêlante, que nous ne devrions plus nous y complaire; mais ici, dans ce lieu resserré, vraiment elle est spéciale. Par l'ogive d'entrée, le vivant flot noir fait irruption, déborde comme un fleuve après les pluies. Et, tout de suite, il se divise en une quantité de branches, de petits ruisseaux qui coulent dans les ruelles étroites; chaque troupeau connaît sa maison, se trie de lui-même et n'hésite pas; les chevreaux, les agnelets suivent leur maman qui sait où elle va; personne ne se trompe, et très vite c'est fini, les bêlements font silence, le fleuve de toisons noires s'est absorbé, laissant dans l'air l'odeur des pâturages; toutes les dociles petites bêtes sont rentrées.

Alors, nous rentrons nous-mêmes, impatients de nous étendre et de dormir, sous le vent glacé qui souffle par les trous de nos murs.

Samedi, 5 mai.

Les mêmes voiles à fleurs, dès le soleil levé, sont à la porte du village pour nous voir partir, et les hommes s'assemblent aussi, tous en robe bleue, en bonnet noir. De longs rayons roses, traversant l'air limpide et froid, font resplendir les créneaux, le faîte des tours, tandis qu'en bas l'ombre matinale demeure sur ces groupes immobiles, tassés au pied des remparts, qui nous suivent des yeux jusqu'à l'instant où nous disparaissons, dans un repli de la très proche montagne.

Tout de suite nous voici engagés dans des gorges sauvages, étroites et profondes, que surplombent des roches penchées, des cimes menaçantes. Chose rare en Perse, il y a là des broussailles, des aubépines fleuries qui embaument le printemps, et même des arbres, de grands chênes; cela nous change pour une heure de nos éternelles solitudes d'herbages et de pierres. Comme le lieu, paraît-il, est un repaire de brigands, mes cavaliers de Chiraz ont jugé bon de s'adjoindre trois vigoureux jeunes hommes d'Ali-Abad. Ils vont à pied, ceux-ci, chargés de longs fusils à silex, de poires à poudre, de coutelas et d'amulettes; cependant ils retardent à peine notre marche, tant ils sont alertes et bons coureurs. "Allez, allez, – nous disent-ils tout le temps, – trottez, ne vous gênez en rien, cela ne nous fatigue pas." Pour courir mieux, ils ont relevé, dans une lanière de cuir qui leur serre les reins, les deux pans de leur robe bleue, mettant à nu leurs cuisses brunes et musclées; ainsi ils ressemblent aux princes en chasse des bas reliefs de Persépolis, qui arrangeaient exactement de la même manière leur robe dans leur ceinture, pour aller combattre les lions ou les monstres.

Et ils gambadent en route, trouvant le moyen de poursuivre les cailles, les perdrix qui se lèvent de tous côtés, – et encore de nous apporter en courant des brins de basilic, des petits bouquets d'aromates, présentés avec des sourires à belles dents blanches. C'est à peine si la sueur perle sous leurs bonnets lourds.

Brusquement les gorges s'ouvrent, et le désert se déploie devant nous, lumineux, immense, infini. Le danger, nous dit-on, est passé, les détrousseurs n'opérant que dans les ravins de la montagne. Nous pouvons donc ici remercier nos trois gardes d'Ali-Abad, et prendre le galop dans l'espace; nos chevaux d'ailleurs ne demandent pas mieux, agacés qu'ils étaient de se sentir retenus à cause de ces piétons, coureurs à deux jambes seulement; ils partent comme pour une fantasia; ceux que montent mes cavaliers de Chiraz, moins rapides et plus capricieux, ont l'air de galoper voluptueusement et recourbent leur cou très long avec la grâce des cygnes. Pas de routes tracées, pas de clôtures, pas de limites, rien d'humain nulle part; vive l'espace libre qui est à tout le monde et n'est à personne! Le désert, que bordent au loin, très au loin, de droite et de gauche, des cimes neigeuses, s'en va devant nous, s'en va comme vers des horizons fuyants que l'on n'atteindra jamais. Le désert est traversé d'ondulations douces, pareilles aux longues houles de l'Océan quand il fait calme. Le désert est d'une pâle nuance verte, qui semble çà et là saupoudrée d'une cendre un peu violette; – et cette cendre est la floraison d'étranges et tristes petites plantes qui, au soleil trop brûlant et au vent trop froid, ouvrent des calices décolorés, presque gris, mais qui embaument, dont la sève même est un parfum. Le désert est attirant, le désert est charmeur, le désert sent bon; son sol ferme et sec est tout feutré d'aromates.

L'air est si vivifiant que l'on dirait nos chevaux infatigables; ils galopent ce matin, légers et joyeux, avec un cliquetis d'ornements de cuivre et avec de fantasques envolées de crinière. Nos cavaliers de Chiraz ne peuvent pas suivre; les voilà distancés, bientôt invisibles derrière nous, dans les lointains de l'étendue pâlement verte et pâlement irisée qui n'a pas l'air de finir. Tant pis! On voit si loin de tous côtés, et le vide est si profond, quelle surprise pourrions-nous bien craindre?

Rencontré une nombreuse compagnie de taureaux noirs et de vaches noires, qu'aucun berger ne surveille; quelques-uns des jeunes mâles, en nous voyant approcher, commencent à sauter et à décrire des courbes folles, mais rien que par gaieté et pour faire parade, sans la moindre idée de foncer sur nous, qui ne leur en voulons pas.

Vers neuf heures du matin, à une lieue peut-être sur la gauche, dans une plaine en contre-bas, de grandes ruines surgissent; des ruines Achéménides sans doute, car les colonnes encore debout, sur les éboulis de pierres, sont fines et sveltes comme à Persépolis (7). Qu'est-ce que ce palais, et quel prince magnifique habitait là, dans les temps? Les connaît-on, ces ruines, quelqu'un les a-t-il explorées? Nous dédaignons de faire le détour et de nous arrêter; ce matin, il nous faut fournir une rapide étape de cinq heures, et nous sommes tout à l'ivresse physique d'aller en avant dans l'espace. Le soleil qui monte brûle un peu nos têtes; mais, pour nous rafraîchir, un vent souffle, qui a passé sur les neiges; des cimes blanches continuent de nous suivre des deux côtés de ces plaines, qui sont comme une sorte d'avenue mondiale, large de plusieurs lieues, et longue, on ne sait combien...

A onze heures, une tache plus franchement verte se dessine là-bas, et vite grandit; pour nos yeux déjà habitués aux oasis de l'Iran, cela indique un coin où passe un ruisseau, un coin que l'on cultive, un groupement humain. En effet, des remparts, des créneaux se mêlent à ces verdures toutes fraîches et frileuses; c'est un pauvre hameau, qui s'appelle Kader-Abad, et qui se donne des airs de citadelle avec ses murailles en terre croulante. Là, nous prenons le repas de midi, sur des tapis de Chiraz, dans le jardinet de l'humble caravansérail, à l'ombre de mûriers grêles, effeuillés par les gelées du printemps. Et le mur, derrière nous, se garnit peu à peu de têtes de femmes et de petites filles, qui émergent timidement une à une, pour nous regarder.

Nous allions repartir, quand une rumeur emplit le village; tout le monde court; il se passe quelque chose... C'est, nous dit-on, une grande dame qui arrive, une très grande dame, même une princesse, avec sa suite. Elle voyage depuis une semaine, elle se rend à Ispahan, et, pour cette nuit, elle compte demander à Kader-Abad la protection de ses murs.

.

En effet, voici une troupe de cavaliers, ses gardes, qui la précèdent, montés sur de beaux chevaux, avec des selles brodées, frangées d'or. Et, dans la porte à donjon du rempart, une chose tout à fait extraordinaire s'encadre: un carrosse! Un carrosse

---

(7) Il s'agit, sans doute, du tombeau de Cyrus, sur le site de l'ancien Pasargadé.

à rideaux de soie pourpre, qui roule dételé, traîné par une équipe de bergers; il est venu de Chiraz, paraît-il, par des chemins plus longs mais moins dangereux que les nôtres; cependant une roue s'est rompue, il a fallu renforcer tous les ressorts avec des cordes, le trajet n'a pas été sans peine. Et, derrière la voiture endommagée, la belle mystérieuse s'avance d'un pas tranquille. Jeune ou vieille, qui pourrait le dire? Bien entendu, c'est un fantôme, mais un fantôme qui a de la grâce; elle est tout enveloppée de soie noire, avec un loup blanc sur le visage, mais ses petits pieds sont élégamment chaussés, et sa main fine, qui retient le voile, est gantée de gris perle. Pour mieux voir, toutes les femmes de Kader-Abad viennent de monter sur les toits, et les filles brunes d'une tribu nomade, par là campée, accourent à toutes jambes. Après la dame, ses suivantes, voilées aussi impénétrablement, arrivent deux par deux sur des mules blanches, dans des espèces de grandes cages à rideaux rouges. Et enfin une vingtaine de mulets ferment la marche, portant des ballots ou des coffres que recouvrent d'anciens et somptueux tissus aux reflets de velours.

Nous repartons, nous, tout de suite replongés dans le vaste désert. Du haut de chacune de ces ondulations, qu'il nous faut constamment gravir et redescendre, nous apercevons toujours des étendues nouvelles, aussi vides, aussi inviolées et sauvages, dans une clarté aussi magnifique. On respire un air suave, froid sous un soleil de splendeur. Le ciel méridien est d'un bleu violent, et les quelques nuages nacrés qui passent promènent leurs ombres précises sur le tapis sans fin qui recouvre ici la terre, un tapis fait de graminées délicates, de basilics, de serpolets, de petites orchidées rares dont la fleur ressemble à une mouche grise... Nous cheminons entre deux et trois mille mètres de haut. Pas une caravane, ce soir, pas une rencontre.

Sur la fin du jour, les deux chaînes de montagnes qui nous suivaient depuis le matin se rapprochent (8); avec une netteté qui déroute les yeux, elles nous montrent la tourmente de leurs sommets, dans des bleus sombres et des violets admirables passant au rose; on dirait des châteaux pour les génies, des tours de Babel, des temples, des cités apocalyptiques, les ruines d'un monde; et les neiges, qui dorment là dans tous les replis des abîmes, nous envoient du vrai froid.

Cependant une nouvelle tache verte, dans le lointain, nous appelle, nous indique le gîte du soir: la toujours pareille petite oasis, les blés, les quelques peupliers, et, au milieu, les créneaux d'un rempart.

C'est Abas-Abad. Mais le caravansérail est plein, il abrite une riche caravane de marchands, et, à prix d'or, nous n'y trouverions pas place. Il faut donc chercher asile chez de très humbles gens, qui possèdent deux chambres en terre au-dessus d'une étable, et consentent à nous en céder une; la famille, qui est nombreuse, les garçons, les filles, se transporteront dans l'autre, abandonnée à cause d'un trou dans

---

(8) Celle de *Chinaru* et celle de *Kuh Khataun*.

le toit, qui laisse entrer la froidure. Par un escalier usé où l'on glisse, nous montons à ce gîte sauvage, enfumé et noir; on s'empresse d'enlever les pauvres matelas, les cruches, les jarres, les gâteaux de froment, les fusils à pierre, les vieux sabres, et de chasser les poules avec leurs petits. Ensuite, il s'agit de nous faire du feu, car l'air est glacé. En ce pays sans forêts, sans broussailles, on se chauffe avec une espèce de chardon, qui pousse comme les madrépores en forme de galette épineuse; les femmes vont le ramasser dans la montagne et le font sécher pour l'hiver. Dans l'âtre, on en jette plusieurs pieds, qui pétillent et brûlent avec mille petites flammes gaies. Le chat de la maison, qui d'abord avait déménagé avec ses maîtres, prend le parti de revenir se chauffer à notre feu et accepte de souper avec nous. Les deux plus jeunes filles, de douze à quinze ans, que notre déballage avait rendues muettes de stupeur, arrivent aussi sur la pointe des pieds et ne peuvent plus s'arracher à la contemplation de notre repas. D'ailleurs si drôles, toutes deux, qu'il n'y a pas moyen de leur en vouloir, et si impeccablement jolies, sous leurs voiles de perse aux dessins surannés, avec leurs joues rouges et veloutées comme des pêches de septembre, leurs yeux presque trop longs et trop grands, dont les coins se perdent dans leurs noirs bandeaux à la Vierge, – et surtout leur mine honnête, chaste et naïve. Au moment de notre coucher seulement, elles se retirent, après avoir jeté de nouveaux pieds de chardon dans le feu; alors le froid et le solennel silence, qui émanent des cimes proches et de leurs neiges, s'épandent avec la nuit sur les solitudes alentour, enveloppent bientôt le petit village de terre, notre chambrette misérable, et notre bon sommeil sans rêves.

Dimanche, 6 mai.

Dès le matin, nous retrouvons la joie de la vitesse et de l'espace, dans le désert toujours pareil, entre les deux chaînes de hauts sommets garnis de neige. Le désert est comme marbré par ses différentes zones de fleurs. Mais ce n'est plus l'éclat des plaines du Maroc ou de la Palestine, qui, au printemps, se couvrent de glaïeuls roses, de liserons bleus, d'anémones rouges. Il semble qu'ici tout se décolore, sous les rayons d'un soleil trop rapproché et trop clair: des serpolets d'une nuance indécise, des pâquerettes d'un jaune atténué, de pâles iris dont le violet tourne au gris perle, des orchidées à fleurs grises, et mille petites plantes inconnues, que l'on dirait passées dans la cendre.

Nous avons pris le parti de laisser derrière nous nos bêtes de charge, avec nos inutiles et flâneurs cavaliers de Chiraz; la confiance entière nous est venue, et nous allons de l'avant.

Voici cependant là-bas une multitude en marche, qui va croiser notre route; ce sont des nomades, gens de mauvais renom, c'est une tribu qui change de pâturage. En tête s'avancent les hommes armés, qui ont de belles allures de bandits; nos Persans imaginent de passer ventre à terre au milieu d'eux, en jetant de grands cris sauvages pour exciter les chevaux; et on se range, on nous fait place. En traversant la cohue du bétail qui vient ensuite, nous reprenons le trot tranquille. Au petit pas, enfin, nous croisons l'arrière-garde, composée des femmes et des petits, – petits enfants, petits chameaux, petits cabris, pêle-mêle dans une promiscuité comique et gentille; – d'un même panier, sur le dos d'une mule, nous voyons sortir la tête d'un bébé et celle d'un ânon qui vient de naître, et on ne sait qui est le plus joli, du petit nomade qui roule ses yeux noirs, ou du petit âne au poil encore tout frisé qui remue ses grandes oreilles, l'un et l'autre du reste nous regardant avec la même candeur étonnée.

Après quatre heures de route, halte au village désolé de Dehbid (deux mille six cents mètres d'altitude (9). Au milieu de la plaine grise, une lourde forteresse antique, datant des rois Sassanides, contre laquelle de misérables huttes en terre se tiennent blotties, comme par crainte des rafales qui balayent ces hauts plateaux. Un vent glacé, des neiges proches, et une étincelante lumière.

Cependant nos bêtes de charge, distancées depuis le matin, ne nous rejoignent point, non plus que nos cavaliers de Chiraz. Tout le jour, nous les attendons comme sœur Anne, montés sur le toit du caravansérail, interrogeant l'horizon: des caravanes apparaissent, des mules, des chameaux, des ânes, des bêtes et des gens de toute espèce, mais les nôtres point. A l'heure où les ombres des grandes montagnes s'allongent démesurément sur le désert, l'un des cavaliers enfin arrive: "Ne vous inquiétez pas, dit-il, ils ont pris un autre chemin, de nous connu; dormez ici, comme je vais faire moi-même; demain vous les retrouverez à quatre heures plus loin, au caravansérail de Khan-Korrah."

Donc, dormons à Dehbid; il n'y a que ce parti à prendre, en effet, car voici bientôt l'enveloppement solennel de la nuit. Mais qu'on apporte beaucoup de chardons secs, dans l'âtre où nous allumerons notre feu.

Le muezzin jette ses longs appels chantés. Les oiseaux, cessant de tournoyer, se couchent dans les branches de quelques peupliers rabougris, qui sont les seuls arbres à bien des lieues alentour. Et des petites filles d'une douzaine d'années se mettent à danser en rond, comme celles de chez nous les soirs de mai; petites beautés persanes que l'on voilera bientôt, petites fleurs d'oasis destinées à se faner dans ce village perdu. Elles dansent, elles chantent; tant que dure le transparent crépuscule, elles continuent leur ronde, et leur gaîté détonne, dans l'âpre tristesse de Dehbid...

Lundi, 7 mai.

Le soleil va se lever quand nous jetons notre premier regard au dehors, par les

---

(9) Dehbid, *village des saules*, réputé un des endroits les plus froids de l'Iran (Kharegat, *op.cit.*).

trous de notre mur de terre. Une immense caravane, qui vient d'arriver, est au repos sur l'herbe toute brillante de gelée blanche; les dos bossus des chameaux, les pointes de leurs selles se détachent sur l'Orient clair, sur le ciel idéalement pur du matin, et, pour nos yeux mal éveillés, tout cela d'abord se confond avec les montagnes pointues – qui sont pourtant si loin, là-bas, au bout des vastes plaines.

Nous repartons dans le désert monotone, où quelques asphodèles commencent d'apparaître, dressant leurs quenouilles blanches au-dessus des petites floraisons grisâtres ou violacées que nous avions coutume de voir.

A midi, sous un soleil devenu tout à coup torride, nous retrouvons au point indiqué nos bêtes et nos gens qui étaient perdus. Mais quel sinistre lieu de rendezvous que ce caravansérail de Khan-Korrah! Pas le moindre village dans les environs. Au milieu d'une absolue solitude et d'un steppe de pierre, ce n'est qu'une haute enceinte crénelée, une place où l'on peut dormir à l'abri des attaques nocturnes, derrière des murs. Aux abords, gisent une douzaine de squelettes, carcasses de cheval ou de chameau, et quelques bêtes plus fraîchement mortes, sur lesquelles des vautours sont posés. D'énormes molosses et trois hommes à figure farouche, armés jusqu'aux dents, gardent cette forteresse, où nous entrons pour un temps de repos à l'ombre. Intérieurement la cour est jonchée d'immondices, et des carcasses de mules achèvent d'y pourrir: les bêtes avaient agonisé là, après quelque étape forcée, et on n'a pas pris la peine de les jeter dehors, s'en remettant aux soins des vautours; à cette heure brûlante, un essaim de mouches les enveloppe.

Il gèlera sans doute cette nuit, mais la chaleur en ce moment est à peine tolérable, et notre sommeil méridien est troublé par ces mêmes mouches bleues qui, avant notre venue, étaient assemblées sur les pourritures.

Cinq heures de route l'après-midi, à travers les solitudes grises, sous un soleil de plomb, pour aller coucher au caravansérail de Surmah, près d'une antique forteresse Sassanide, au pied des neiges.

Mardi, 8 mai.

Les taches vertes des petites oasis aujourd'hui se font plus nombreuses, des deux côtés de notre chemin. Sur le sol aride, une quantité de ruisseaux de cristal, issus de la fonte des neiges, et canalisés, divisés jalousement par la main des hommes, s'en vont çà et là porter la vie aux quelques défrichements épars dans ces hautes plaines.

Vers dix heures du matin, nous arrivons dans une ville, la première depuis Chiraz. Elle s'appelle Abadeh(10). Ses triples remparts, en terre cuite et en

(10) Autrefois célèbre à cause de la sculpture sur bois qui s'y faisait (Kharegat, *op.cit.*).

terre battue, qui commencent de crouler par endroits, sont d'une hauteur excessive, surmontés de créneaux féroces et ornés de briques d'émail bleu qui dessinent des arcades. Ses portes s'agrémentent de cornes de gazelle, disposées en couronne au-dessus de l'ogive. Il y a un grand bazar couvert, où l'animation est extrême; on y vend des tapis, des laines tissées et en écheveaux, des cuirs travaillés, des fusils à pierre, des grains, des épices venues de l'Inde. Aujourd'hui se tient aussi, dans les rues étroites, une foire au bétail; tout est encombré de moutons et de chèvres. Les femmes d'Abadeh ne portent point le petit masque blanc percé de trous, mais leur voile est on ne peut plus dissimulateur: il n'est pas noir comme à Chiraz, ni à bouquets et à ramages comme dans les campagnes, mais toujours bleu, très long, s'élargissant vers le sol et formant traîne; pour se conduire, on risque un coup d'œil, de temps à autre, entre les plis discrets. Les belles ainsi voilées ressemblent à de gracieuses madones n'ayant pas de figure. On nous regarde naturellement beaucoup dans cette ville, mais sans malveillance, et les enfants nous suivent en troupe, avec de jolis yeux de curiosité contenue. ———————

Nous pensions repartir après une halte de deux heures, mais le maître de nos chevaux s'y refuse, déclarant que ses bêtes sont trop fatiguées et qu'il faut coucher ici.

Donc, le mélancolique soir nous trouve au caravansérail d'Abadeh, assis devant la porte que surmonte une rangée de cornes de gazelle. Derrière nous, les grands murs crénelés qui s'assombrissent découpent leurs dents sur le ciel d'or vert. Et nous avons vue sur la plaine des sépultures: un sol gris où aucune herbe ne pousse d'humbles mausolées en brique grise, petites coupoles ou simples tables funéraires; jusqu'au lointain, toujours des tombes, pour la plupart si vieilles que personne sans doute ne les connaît plus. Des madones bleues au voile traînant se promènent là par groupes; dans le crépuscule qui vient, elles prennent plus que jamais leurs airs de fantôme. L'horizon est fermé là-bas par des cimes de quatre ou cinq mille mètres de haut, dont les neiges, à cette heure, bleuissent et donnent froid à regarder.

Dès que la première étoile s'allume au ciel limpide, les madones se dispersent lentement vers la ville, et les portes, derrière elles, se ferment. En ces pays, quand la nuit approche, la vie se glace; tout de suite on sent rôder la tristesse et l'indéfinissable peur...

Mercredi, 9 mai.

Nos chevaux reposés reprennent dès le matin leur vitesse, dans l'étendue toujours morne et claire. La floraison des asphodèles et des acanthes donne par instants à ces solitudes des aspects de jardin; jardin funèbre et décoloré, qui se prolonge pendant des lieues sans que jamais rien ne change. A droite et à gauche, infiniment loin, les deux chaînes de montagnes continuent de nous suivre; elles forment à la surface de la terre comme une sorte de double arête, qui est l'une des plus hautes du monde. Mais aujourd'hui, dans la chaîne de l'Est, parfois des brèches nous laissent apercevoir l'entrée de ces immenses déserts de sable et de sel qui ont deux cents lieues de profondeur, et s'en vont jusqu'à la frontière afghane.

Après quatre heures de route, dans les chaudes grisailles de l'horizon plein d'éblouissements, apparaît une chose bleue, d'un bleu tellement bleu que c'est tout à fait anormal; vraiment cela rayonne et cela fascine; quelque énorme pierre précieuse, dirait-on, quelque turquoise géante... Et ce n'est que le dôme émaillé d'une vieille petite mosquée en ruines, dans un lugubre hameau à l'abandon, où les huttes ressemblent à d'anciens terriers de bête fauve. A l'ombre d'une voûte de boue séchée, nous nous arrêtons là, pour le repos de midi.

Comme il est long et austère, ce chemin d'Ispahan! Le soir, nos sept ou huit lieues d'étape se font à travers le silence, et nulle part nous n'apercevons trace humaine. Deux fois, il y a un nuage de poussière qui passe très vite devant nous, qui court sur le pâle tapis des basilics et des serpolets: des gazelles en fuite! A peine reconnues, aussitôt invisibles, elles ont détalé comme le vent. Et c'est tout jusqu'à la fin du jour.

Mais, au coucher du soleil, nous arrivons au bord d'une gigantesque coupure dans nos plateaux désolés, et, au fond, c'est la surprise d'une fertile plaine où une rivière passe, où des caravanes sont assemblées, mules et chameaux sans nombre, où une espèce de cité fantastique trône en l'air, sur un rocher comme on n'en voit nulle part.

Elle n'a qu'une demi-lieue de large, cette vallée en contre-bas, mais elle paraît indéfiniment longue entre les parois verticales qui, de chaque côté, l'enferment et la dissimulent.

Tout en y descendant, par de dangereux lacets, on est dans la stupeur de cette ville perchée. Une ville qui n'a pas besoin de murailles, celle-là; mais ses habitants, comment peuvent-ils bien s'y introduire?... Un grand rocher solitaire, qui se lève à plus de soixante mètres de hauteur, lui sert de base; il a la forme exacte du cimier d'un casque, très évidé par le bas, très creusé de ravines et de grottes, mais si élargi par le haut qu'il en est déjà inquiétant; et là-dessus les hommes ont édifié une incroyable superposition de boue séchée au soleil, qui semble une gageure contre l'équilibre et le sens commun, des maisons, qui grimpent les unes sur les autres, qui toutes, comme le rocher, s'élargissent par le haut, s'épanouissant au-dessus de l'abîme en balcons avancés et en terrasses. Cela s'appelle Yezdi-Khast(11), et on

---

(11) Yezdi-Khast occupe un site vraiment remarquable, sur une falaise escarpée au dessus d'un ravin d'une trentaine de mètres en profondeur. Le ravin ou fossé démarquait

dirait une de ces invraisemblables villes d'oiseaux marins, accrochées en surplomb aux falaises d'un rivage. Tout cela est si téméraire, et d'ailleurs si desséché et si vieux, que la chute ne peut manquer d'être prochaine. Cependant, à chaque balcon, à chacune des petites fenêtres en pisé ou des simples meurtrières, on voit du monde, des enfants, des femmes, qui se penchent et regardent tranquillement ce qui se passe en bas.

Au pied de la vieille cité fantastique, prête à crouler en cendre, il y a des cavernes, des souterrains, des trous profonds et béants, d'où l'on a tiré jadis cette prodigieuse quantité de terre pour l'échafauder si imprudemment là-haut. Il y a aussi une mosquée, un monumental caravansérail aux murs décorés d'arceaux en faïence bleue; il y a la rivière, avec son pont courbé en arc de cercle; il y a la fraîcheur des ruisseaux, des blés, des jeunes arbres; il y a la vie des caravanes, le gai remuement des chameliers et des muletiers, l'amas sur l'herbe des ballots de marchandises, toute l'animation d'un grand lieu de passage. Voici même, dans un champ, quelques centaines de pains de sucre qui se reposent par terre, et remonteront ce soir à dos de chameau pour se rendre dans les villages les plus reculés des oasis, – de très vulgaires pains de sucre enveloppés de papier bleu comme ceux de chez nous; les Persans en font une consommation considérable, pour ces petites tasses de thé très sucré qu'ils s'offrent les uns aux autres du matin au soir. – (Et ces pains, qui, jusqu'à ces dernières années, étaient fournis par la France, viennent maintenant tous de l'Allemagne et de la Russie: j'apprends cela en causant avec des tcharvadars, qui ne me cachent pas leur pitié un peu dédaigneuse pour notre décadence commerciale.)

Des groupes compacts de chameaux entourent notre caravansérail, et c'est l'instant où ils jettent ces affreux cris de fureur ou de souffrance, qui ont l'air de passer à travers de l'eau, qui ressemblent à des gargouillements de noyé: nous soupons dans ce vacarme, comme au milieu d'une ménagerie.

Cependant le silence revient à l'heure de la lune, de la pleine lune, coutumière de fantasmagories et d'éclairages trompeurs, qui magnifie étrangement la vieille cité saugrenue juchée là-haut dans notre ciel, et la fait paraître toute rose, mais rigide et glacée.

Jeudi, 10 mai.

Le matin, pour sortir de la grande oasis en contre-bas du désert, il nous faut cheminer au milieu des trous et des cavernes, au pied même de la ville perchée, presque dessous, tant elle surplombe; la retombée du rocher qui la supporte nous maintient là dans une ombre froide, quand le beau soleil levant rayonne déjà partout. Au-dessus de nos têtes, beaucoup de ces gens, qui nichent comme les aigles, sont au

---

l'ancienne frontière entre le Fars et l'Iraq.

bord de leurs terrasses menaçantes, ou bien se penchent à leurs fenêtres avancées, et laissent tomber à pic leurs regards sur nous.

Contre l'autre paroi de la vallée, l'étroit sentier qui remonte vers les solitudes est encombré par quelques centaines d'indolents bourriquots qui ne se garent pas. Nos Persans, en cette occurrence et comme chaque fois qu'il y a obstacle, nous font prendre le galop en jetant de grands cris. Effroi et déroute alors parmi les âniers, et, avec tapage, nous arrivons en haut, dans la plaine aride et grisâtre, au niveau ordinaire de nos chevauchées.

C'est aujourd'hui la matinée des ânes, car nous en croisons des milliers, des cortèges d'une lieue de long, qui s'en reviennent d'Ispahan où ils avaient charroyé des marchandises, et s'en reviennent en flâneurs, n'ayant plus sur le dos que leur couverture rayée de Chiraz. Quelques-uns, il est vrai, portent aussi leur maître qui continue son somme de la nuit, enveloppé dans son caftan de feutre, étendu à plat ventre sur le dos de la bonne bête, et les bras noués autour de son cou. Il y a aussi des mamans bourriques, chargées d'un panier dans lequel on a mis leur petit, né de la veille. Et enfin d'autres ânons, déjà en état de suivre, gambadent espièglement derrière leur mère.

Pas trop déserte, la région d'aujourd'hui. Pas trop espacées, les vertes petites oasis, ayant chacune son hameau à donjons crénelés, au milieu de quelques peupliers longs et frêles.

La halte de midi est au grand village de Makandbey, où plusieurs dames-fantômes, perchées au faîte des remparts, regardent dans la triste plaine, entre les créneaux pointus. Sous les arceaux du caravansérail, dans la cour, il y a quantité de beaux voyageurs en turban et robe de cachemire, avec lesquels il faut échanger de cérémonieux saluts; sur des coussins, des tapis aux couleurs exquises, ils sont assis par groupes autour des samovars et cuisinent leur thé en fumant leur kalyan.

Nous sommes à l'avant-dernier jour du carême de la Perse, et ce sera demain l'anniversaire de la mort d'Ali(12); aussi l'enthousiasme religieux est-il extrême à Makandbey. Sur la place, devant l'humble mosquée aux ogives de terre battue, une centaine d'hommes, rangés en cercle autour d'un derviche qui psalmodie, poussent des gémissements et se frappent la poitrine. Ils ont tous mis à nu leur épaule et leur sein gauches; ils se frappent si fort que la chair est tuméfiée et la peau presque sanglante; on entend les coups résonner creux dans leur thorax profond. Le vieil homme qu'ils écoutent leur raconte, en couplets presque chantés, la Passion de leur

---

(12) Ali, Khalife de l'Islam, le quatrième en date après Mahomet, particulièrement vénéré en Perse. Ali tomba sous le poignard d'un assassin, et ses deux fils, Hassan et Hussein, furent massacrés. [*Note de l'auteur*]

prophète, et ils soulignent les phrases plus poignantes de la mélopée en jetant des cris de désespoir ou en simulant des sanglots. De plus en plus il s'exalte, le vieux derviche au regard de fou; voici qu'il se met à chanter comme les muezzins, d'une voix fêlée qui chevrote, et les coups redoublent contre les poitrines nues. Toutes les dames-fantômes maintenant sont arrivées sur les toits alentour; elles couronnent les terrasses et les murs branlants. Le cercle des hommes se resserre, pour une sorte de danse terrible, avec des bonds sur place, des trépignements de frénésie. Et tout à coup, ils s'étreignent les uns les autres, pour former une compacte chaîne ronde, chacun enlaçant du bras gauche son voisin le plus proche, mais continuant à se meurtrir furieusement de la main droite, dans une croissante ivresse de douleur. Il en est dont le délire est hideux à faire pitié; d'autres, qui arrivent au summum de la beauté humaine, tous les muscles en paroxysme d'action, et les yeux enflammés pour la tuerie ou le martyre. Des cris aigus et de caverneux rauquements de bête sortent ensemble de cet amas de corps emmêlés; la sueur et les gouttes de sang coulent sur les torses fauves. La poussière se lève du sol et enveloppe de son nuage ce lieu où darde un cuisant soleil. Sur les murs de la petite place sauvage, les femmes à cagoule sont comme pétrifiées. Et, au-dessus de tout, les cimes des montagnes, les neiges montent dans le ciel idéalement bleu.

Durant l'après-midi, nous voyageons à travers un pays de moins en moins désolé, rencontrant des villages, des champs de blé et d'orge, des vergers enclos de murs. Le soir, enfin, nous apercevons une grande ville, dans un simulacre d'enceinte formidable, et c'est Koumichah(13), qui n'est plus qu'à huit ou neuf heures d'Ispahan.

En Perse, les abords d'une ville sont toujours plus difficiles et dangereux pour les chevaux que la rase campagne. Et, avant d'arriver à la porte des remparts, nous peinons une demi-heure dans des sentiers à se rompre le cou, semés de carcasses de chameaux ou de mulets; c'est au milieu des ruines, des éboulis, des détritus; et, toujours, à droite ou à gauche, nous guettent ces trous béants d'où l'on a retiré la terre à bâtir, pour les forteresses, les maisons et les mosquées.

Le soleil est couché lorsque nous passons cette porte ogivale, qui semblait tout le temps se dérober devant nous. La ville, alors, que ses murailles dissimulaient presque, enchante soudainement nos yeux. Elle est de ce même gris rose que nous avions déjà vu à Chiraz, à Abadeh, et aussi dans chacun des villages du chemin, puisque c'est toujours la même terre argileuse qui sert à tout construire, mais elle se développe et s'étage sur les ondulations du sol à la manière d'un décor de féerie. Et comment peut-on oser, avec de la terre, édifier tant de petits dômes, et les

---

(13) Koumichah abrite le tombeau de Chah Reza, petit-fils de l'Imam Reza et est donc un centre de pèlerinage. Les Afghans l'ont mis à sac en 1722 au cours de leur avance vers Ispahan (Kharegat, *op.cit.*).

enchevêtrer, les superposer en pyramides? Comment tiennent debout, et résistent aux pluies, tant d'arcades, de grandes ogives élégantes, qui ne sont que de la boue séchée, et tant de minarets, avec leurs galeries comme frangées de stalactites? Tout cela, bien entendu, est sans arêtes vives, sans contours précis; l'ombre et la lumière s'y fondent doucement, parmi des formes toujours molles et rondes. Sur les monuments, pas de faïences bleues, pas d'arbres dans les jardins, rien pour rompre la teinte uniforme de ce déploiement de choses, toutes pétries de la même argile rosée. Mais le jeu des nuances est en bas, dans les rues pleines de monde: des hommes en robe bleue, des hommes en robe verte; des groupes de femmes voilées, groupes intensément noirs, avec ces taches d'un blanc violent que font les masques cachant les visages. Et il est surtout en haut, le jeu magnifique, le heurt des couleurs, il est au-dessus de l'amas des coupoles grises et des arcades grises: à ce crépuscule, les inaccessibles montagnes alentour étalent des violets somptueux de robe d'évêque, des violets zébrés d'argent par des coulées de neige; et, sur le ciel qui devient vert, des petits nuages orange semblent prendre feu, se mettent à éclairer comme des flammes... Nous sommes toujours à près de deux mille mètres d'altitude, dans l'atmosphère pure des sommets, et le voisinage des grands déserts sans vapeur d'eau augmente encore les transparences, avive fantastiquement l'éclat des soirs.

C'est donc aujourd'hui la grande solennité religieuse des Persans, l'anniversaire du martyre de leur khalife. Dans les mosquées, des milliers d'hommes gémissent ensemble; on entend de loin leurs voix, en un murmure confus qui imite le bruit de la mer.

Aussitôt l'arrivée au caravansérail, il faut se hâter vers le lieu saint, pour voir encore un peu de cette fête, qui doit se terminer avant la nuit close. Personne, d'abord, ne veut me conduire. Deux hommes, de figure énergique et d'épaules solides, longtemps indécis, consentent cependant à prix d'or. Mais l'un estime que je dois prendre une robe à lui et un de ses bonnets d'astrakan; l'autre déclare que ce sera plus périlleux, et qu'il faut bravement garder mon costume d'Europe. Après tout, je reste comme je suis, et nous partons ensemble pour la grande mosquée, marchant vite, car il se fait tard. Nous voici, à la nuit tombante, dans le dédale sinistre dont j'avais prévu les aspects: murs sans fenêtres, murs de hautes prisons, avec, de loin en loin seulement, quelque porte bardée de fer; murs qui de temps à autre se rejoignent par le haut, vous plongeant dans cette obscurité souterraine si chère aux villes persanes. Montées, descentes, puits sans margelle, précipices et oubliettes. Aux premiers moments, nous ne rencontrons personne, et c'est comme une course crépusculaire dans des catacombes abandonnées. Et puis, approchant du foyer d'une de ces clameurs, semblables au bruit des plages, dont la ville ce soir est remplie, nous commençons de croiser des groupes d'hommes, qui viennent tous du même côté, et dont la rencontre est presque terrible. Ils sortent de la grande mosquée, principal centre des cris et des lamentations, où la fête de deuil va bientôt finir; par dix, par vingt ou trente, ils s'avancent en masse compacte, enlacés et courant, tête renversée en arrière, ne regardant rien; on voit le blanc de leurs yeux, ouverts démesurément, dont la prunelle trop levée semble entrer dans le front. Les bouches aussi sont ouvertes et exhalent un rugissement continu; toutes les mains droites frappent à grands coups les poitrines sanglantes. On a beau se ranger le long des murs, ou dans les portes si l'on en trouve, on est lourdement frôlé. Ils sentent la sueur et le fauve; ils passent d'un élan irrésistible et aveugle comme la poussée de la houle.

Après les ruelles étroites, lorsqu'un arceau ogival nous donne accès dans la cour de la mosquée, ce lieu nous paraît immense. Deux ou trois mille hommes sont là, pressés les uns contre les autres et donnant de la voix: "Hassan, Hussein! Hassan, Hussein!"(14) hurlent-ils tous ensemble, avec une sorte de cadence formidable. Au fond, dominant tout, la seconde grande ogive, ornée des inévitables faïences bleues, s'ouvre sur le sanctuaire obscur. Au faîte des murailles d'enceinte et au bord de toutes les terrasses d'alentour, les femmes perchées, immobiles et muettes, semblent un vol d'oiseaux noirs qui se serait abattu sur la ville. Dans un coin, un vieillard, abrité du remous humain par le tronc d'un mûrier centenaire, frappe comme un possédé sur un monstrueux tambour: trois par trois, des coups assourdissants, et battus très vite comme pour faire danser on ne sait quoi d'énorme; – or, la chose qui danse en mesure est une sorte de maison soutenue en l'air, au bout de longs madriers, par des centaines de bras, et agitée frénétiquement malgré sa lourdeur. La maison dansante est toute recouverte de vieux velours de Damas et de soies aux broderies archaïques; elle oscille à dix pieds au-dessus de la foule, au-dessus des têtes levées, des yeux égarés, et par instants elle tourne, les fidèles qui la portent se mettant à courir en cercle dans la mêlée compacte, elle tourne, elle tourbillonne à donner le vertige. Dedans, il y a un muezzin en délire, qui se cramponne pour ne pas tomber et dont les vocalises aiguës percent tout le fracas d'en dessous; chaque fois qu'il prononce le nom du prophète de l'Iran, un cri plus affreux s'échappe de toutes les gorges, et des poings cruels s'abattent sur toutes les poitrines, d'un heurt caverneux qui couvre le son du tambour. Des hommes, qui ont jeté leur bonnet, se sont fait au milieu de la chevelure des entailles saignantes; la sueur et les gouttes de sang ruissellent sur toutes les épaules; près de moi, un jeune garçon, pour s'être frappé trop fort, vomit une bave rouge dont je suis éclaboussé.

D'abord on n'avait pas pris garde à ma présence, et je m'étais plaqué contre le mur, derrière mes deux guides inquiets. Mais un enfant lève par hasard les yeux vers moi, devine un étranger et donne l'alarme; d'autres visages aussitôt se retournent, il y a une minute d'arrêt dans les plus proches lamentations, une minute de silence et de stupeur... "Viens!" disent mes deux hommes, m'entourant de leurs bras pour m'entraîner dehors, et nous sortons à reculons, face à la foule, comme les dompteurs,

---

(14) Hassan, Hussein, les deux fils du khalife Ali. [*Note de l'auteur*]

lorsqu'ils sortent des cages, font face aux bêtes... Dans la rue, on ne nous poursuit pas...

Le soir, vers neuf heures, quand un silence de cimetière est retombé sur la ville, épuisée par tant de cris et de lamentations, je sors à nouveau du caravansérail, ayant obtenu d'être convié, chez un notable bourgeois, à une veillée religieuse très fermée.

Koumichah, muette et toute rose sous la lune, est devenue solennelle comme une immense nécropole. Personne nulle part; c'est la lune seule qui est maîtresse de la ville en terre séchée, c'est la lune qui est reine sur les mille petites coupoles aux contours amollis, sur le labyrinthe des passages étroits, sur les amas de ruines et sur les fondrières.

Mais, si les rues sont désertes, on veille dans toutes les maisons, derrière les doubles portes closes; on veille, on se lamente, et on prie.

Après un long trajet dans le silence, entre deux porteurs de lanterne, j'arrive à la porte mystérieuse de mon hôte. C'est dans son petit jardin muré que se tient la veillée de deuil, à la lueur de la lune et de quelques lampes suspendues aux branches des jasmins ou des treilles. Devant la maison cachée, par terre, on a étendu des tapis, sur lesquels vingt ou trente personnages, coiffés du haut bonnet noir, fument leur kalyan, assis en cercle; au milieu d'eux, un large plateau, contenant une montagne de roses sans tige, – roses persanes, toujours délicieusement odorantes, – et un samovar, pour le thé que des serviteurs renouvellent sans cesse, dans les tasses en miniature. Vu le caractère religieux de cette soirée, ma présence directe au jardin serait une inconvenance; aussi m'installe-t-on seul, avec mon kalyan, dans l'appartement d'honneur, d'où je puis tout voir et tout entendre par la porte laissée ouverte.

L'un des invités monte sur un banc de pierre, au milieu des rosiers tout roses de fleurs, et raconte avec des larmes dans la voix la mort de cet Ali, khalife si vénéré des Persans, en mémoire duquel nous voici assemblés. Les assistants, il va sans dire, soulignent son récit par des plaintes et des sanglots, mais surtout par des exclamations de stupeur incrédule; ils ont entendu cela mille fois, et cependant ils ont l'air de s'écrier: "En croirai-je mes oreilles? Une telle abomination, vraiment est-ce possible?" Le conteur, quand il a fini, se rassied près du samovar, et, tandis qu'on renouvelle le feu des kalyans, un autre prend sa place sur le banc du prêche, pour recommencer dans tous ses détails l'histoire de l'inoubliable crime.

Le petit salon, où je veille à l'écart, est exquis d'archaïsme non voulu; si on l'a ainsi arrangé, tout comme on aurait pu le faire il y a cinq cents ans, c'est qu'on ne connaît pas, à Koumichah, de mode plus récente; aucun objet de notre

camelote occidentale n'est encore entré dans cette demeure, et on n'y voit pas trace
de ces cotonnades imprimées dont l'Angleterre a commencé d'inonder l'Asie; les
yeux peuvent s'amuser à inventorier toutes choses sans y rencontrer un indice de
nos temps. Par terre, ce sont les vieux tapis de Perse; pour meubles, des coussins,
et de grands coffres en cèdre, incrustés de cuivre ou de nacre. Dans l'épaisseur des
murs, blanchis à la chaux, ces espèces de petites niches, de petites grottes à cintre
ogival ou frangé, qui remplacent en ce pays les armoires, sont garnies de coffrets
d'argent, d'aiguières, de coupes; tout cela ancien, tout cela posant sur des carrés
de satin aux broderies surannées. Les portes intérieures, qui me sont défendues,
ont des rideaux baissés, en ces soies persanes si étranges et si harmonieuses, dont
les dessins, volontairement estompés, troubles comme des cernes, ne ressemblent
d'abord qu'à de grandes taches fantasques, mais finissent par vous représenter, à la
façon impressionniste, des cyprès funéraires.

Dans le jardin, où la veillée se continue, des narrateurs de plus en plus habiles,
ou plus pénétrés, se succèdent sur le banc de pierre; ceux qui déclament à présent ont
des attitudes, des gestes de vraie douleur. A certains passages, les assistants, avec un
cri désolé, se jettent en avant et heurtent le sol de leur front; ou bien ils découvrent
tous ensemble leur poitrine, déjà meurtrie à la mosquée, et recommencent à se
frapper, en clamant toujours les deux mêmes noms: "Hassan! Hussein!...Hassan!
Hussein!" d'une voix qui s'angoisse. Quelques-uns, une fois prosternés, ne se relèvent
plus. Dans l'allée du fond, sous la retombée des jasmins du mur, se tiennent les
dames-fantômes toutes noires, que l'on aperçoit à peine, qui jamais ne s'approchent,
mais que l'on sait là, et dont les lamentations prolongent en écho le concert lugubre.
Comme pour les chanteurs du jardin, on a apporté pour moi des roses dans un
plateau, et elles débordent sur les vieux tapis précieux; les jasmins du dehors aussi
embaument, malgré le froid de cette nuit de mai, trop limpide, avec des étoiles trop
brillantes...Et c'est une scène de très vieux passé oriental, dans un décor intact,
défendu par tant de murs, aux portes verrouillées à cette heure: murs doubles et
contournés de cette maison; murs plus hauts qui enferment le quartier et l'isolent;
murs plus hauts encore qui enveloppent toute cette ville et son immobilité séculaire,
– au milieu des solitudes ambiantes, sans doute abîmées en ce moment dans l'infini
silence et où les neiges doivent être livides sous la lune...

Vendredi, 11 mai.

Il fait un froid à donner l'onglée, quand notre départ s'organise, au lever d'un
soleil de fête. C'est sur une place, d'où l'on voit les mille petites coupoles de terre
rosée s'arranger en amphithéâtre, avec les minarets, les ruines, et, tout en haut, les
âpres montagnes violettes.

La ville, qui vibrait hier du délire des cris et des lamentations, se repose à
présent dans le frais silence du matin. Un derviche exalté prêche encore, au coin

d'une rue, s'efforçant d'attrouper les quelques laboureurs qui s'en vont aux champs, la pelle sur le dos, suivis de leurs ânes. Mais non, personne ne s'arrête plus: il y a temps pour tout, et aujourd'hui c'est fini.

Les belles dames de Koumichah sont vraiment bien matineuses; en voici déjà de très élégantes qui commencent à sortir, chacune montée sur son ânesse blanche, et chacune enveloppant de son voile noir un bébé à califourchon sur le devant de la selle, qui ne montre que son bout de nez au petit vent frisquet. C'est vendredi, et on s'en va prendre la rosée de mai hors de la ville, dans les jardins frissonnants, entourés de hauts murs dissimulateurs.

Nos chevaux sont fatigués, bien qu'on ait passé la nuit à leur frictionner les pattes, et surtout à leur étirer les oreilles, – ce qui est, paraît-il, l'opération la plus réconfortante du monde. Aussi partons-nous d'une allure indolente, le long de ces jardins clos, dont les murs de terre sont flanqués à tous les angles d'une tourelle d'émail bleu. A la limite des solitudes, une mosquée très sainte mire dans un étang son merveilleux dôme, qui, auprès des constructions en terre battue, semble une pièce de fine joaillerie; il luit au soleil d'un éclat poli d'agate; l'émail dont il est revêtu représente un fol enchevêtrement d'arabesques bleues, parmi lesquelles s'enlacent des fleurs jaunes à cœur noir.

Et puis, derrière une colline aride, ce prodigieux ouvrage de terre qu'est Koumichah disparaît d'un coup, avec ses tours, ses cinquante minarets, ses mille petites coupoles bossues; voici encore devant nous l'espace vide, et le tapis sans fin des fleurettes incolores, qui s'écrasent sous nos pas en répandant leur parfum. Nous pensions en avoir fini avec le désert triste et suave; nous le retrouvons plus monotone que jamais, pendant nos sept ou huit heures de route, avec une chaleur croissante et de continuels mirages.

On aurait pu, en forçant un peu l'étape, arriver enfin ce soir à Ispahan; mais la tombée de la nuit nous a paru un mauvais moment pour aborder une ville où l'hospitalité est problématique, et nous avons décidé de nous arrêter dans un caravansérail, à trois lieues des murs.

Des mirages, des mirages partout: on se croirait dans les plaines mortes de l'Arabie. Un continuel tremblement agite les horizons, qui se déforment et changent. De différents côtés, des petits lacs, d'un bleu exquis, reflétant des rochers ou des ruines, vous appellent et puis s'évanouissent, reparaissent ailleurs et s'en vont encore... Une caravane d'animaux étranges s'avance vers nous; des chameaux qui ont deux têtes, mais qui n'ont pas de jambes, qui sont dédoublés par le milieu, comme les rois et les reines des jeux de cartes... De plus près, cependant, ils redeviennent tout à coup des bêtes normales, d'ordinaires et braves chameaux qui marchent tranquillement vers cette Chiraz, déjà lointaine derrière nous. Et ce qu'ils portent, en ballots cordés suspendus à leurs flancs, c'est de l'opium, qui s'en ira ensuite très loin vers l'Orient extrême; c'est une ample provision de rêve et de mort, qui a poussé dans les champs de la Perse sous forme de fleurs blanches, et qui est destinée aux hommes à petits yeux du Céleste-Empire(15).

Sur le soir, ayant traversé des défilés rugueux, entre des montagnes pointues et noirâtres comme des tentes bédouines, nous retombons dans une Perse plus heureuse; au loin reparaissent partout les taches vertes des blés et des peupliers.

Notre gîte pour la nuit est cependant un assez farouche petit château fort, isolé au milieu des landes stériles. D'innombrables ballots de marchandises et quelques centaines de chameaux accroupis entourent ce caravansérail, quand nous y arrivons au déclin rouge du soleil; c'est une de ces immenses caravanes, plus lentes que les files de mulets ou d'ânons, qui font les gros transports et mettent de cinquante à cinquante-cinq jours entre Téhéran et Chiraz. Comme d'habitude, nous occupons le logis des hôtes de marque, au-dessus de l'ogive d'entrée: une chambre aux murs de terre, perchée en vedette, avec promenoir sur les toits et sur le faîte crénelé du rempart. – Ispahan, la désirée, n'est plus qu'à trois heures de marche, mais des replis du terrain nous la cachent encore.

Aussitôt le soleil couché, la grande caravane s'ébranle sous nos murs, pour faire son étape de nuit, à la belle lune, aux belles étoiles. Le vent nous apporte la puanteur musquée des chameaux et les horribles cris de malice ou de souffrance qu'ils jettent chaque fois qu'il s'agit de les charger; nous sommes au milieu d'une ménagerie en fureur, on ne s'entend plus.

La clarté rouge et or, au couchant, s'éteint devant la lune ronde, qui commence de dessiner sur le sol les ombres de nos murs crénelés et de nos tours. Peu à peu, ces amas d'objets qui étaient par terre se hissent et s'équilibrent sur le dos des chameaux, qui cessent de crier; redevenus des bêtes dociles, à présent ils sont tous debout, agitant leurs clochettes. La caravane va partir.

Ils ne crient plus, les chameaux, et les voilà qui s'éloignent à la queue leu leu, avec un carillon de sonnailles douces. Vers les pays du Sud, d'où nous venons, ils s'en retournent lentement; toutes les fondrières, tous les gouffres d'où nous sommes sortis, ils vont les retraverser; étape par étape, caillou par caillou, refaire le même pénible chemin. Et ils recommenceront indéfiniment, jusqu'à ce qu'ils tombent de fatigue et que sur place les vautours les mangent. Le vent n'apporte plus leur puan-

(15) La production de l'opium s'est beaucoup accrue à la suite des guerres sino-anglaises et de l'ouverture du marché de Hong-Kong. Voir George N. Curzon, *Persia and the Persian Question*, (1892), London, Frank Cass, 1966, 2 vols. Vol. II, p.242.

teur, mais le parfum des herbes. A la file, ils s'éloignent, petits riens maintenant, qui se traînent sur l'étendue obscure; le bruit de leurs sonnailles est bientôt perdu. – C'est du haut de nos remparts, entre nos créneaux, que nous regardons la plaine, comme des châtelains du moyen âge. – La fuite de cette caravane a fait la solitude absolue dans nos profonds entours. Toutes les dents de notre petit rempart sont maintenant dessinées sur la lande, en ombres lunaires, précises et dures. Au-dessous de nous, on verrouille avec fracas la porte ferrée qui nous protégera des surprises nocturnes. Au chant des grillons, la nuit de plus en plus s'établit en souveraine, mais il y a de telles transparences que l'on continue de voir infiniment loin de tous côtés. On sent de temps à autre un souffle encore chaud, qui promène l'odeur des serpolets et des basilics. Et puis, sous la lumière spectrale de la lune, un frisson passe; tout à coup il fait très froid.

Samedi, 12 mai.

Départ au lever du jour, enfin pour Ispahan! Une heure de route, dans un sinistre petit désert, aux ondulations d'argile brune, – qui sans doute est placé là pour préparer l'apparition de la ville d'émail bleu, et de sa fraîche oasis.

Et puis, avec un effet de rideau qui se lève au théâtre, deux collines désolées s'écartent devant nous et se séparent; alors un éden, qui était derrière, se révèle avec lenteur. D'abord des champs de larges fleurs blanches qui, après la monotonie terreuse du désert, semblent éclatants comme de la neige. Ensuite une puissante mêlée d'arbres, – des peupliers, des saules, des yeuses, des platanes, – d'où émergent tous les dômes bleus et tous les minarets bleus d'Ispahan!... C'est un bois et c'est une ville; cette verdure de mai, plus exubérante encore que chez nous, est étonnamment verte; mais surtout cette ville bleue, cette ville de turquoise et de lapis, dans la lumière du matin, s'annonce invraisemblable et charmante autant qu'un vieux conte oriental.

Les myriades de petites coupoles en terre rosée sont là aussi parmi les branches. Mais tout ce qui monte un peu haut dans le ciel, minarets svelt es et tournés comme des fuseaux, dômes tout ronds, ou dômes renflés comme des turbans et terminés en pointe, portiques majestueux des mosquées, carrés de muraille qui se dressent percés d'une ogive colossale, tout cela brille, étincelle dans des tons bleus, si puissants et si rares que l'on songe à des pierres fines, à des palais en saphir, à d'irréalisables splendeurs de féerie. Et au loin, une ceinture de montagnes neigeuses enveloppe et défend toute cette haute oasis, aujourd'hui délaissée, qui fut en son temps un des centres de la magnificence et du luxe sur la Terre.

Ispahan!... Mais quel silence aux abords!... Chez nous, autour d'une grande ville, il y a toujours des kilomètres de gâchis enfumé, des charbons, de tapageuses machines en fonte, et surtout des réseaux de ces lignes de fer qui établissent la communication affolée avec le reste du monde. – Ispahan, seule et lointaine dans son oasis, semble n'avoir même pas de routes. De grands cimetières abandonnés où paissent des chèvres, de limpides ruisseaux qui courent librement partout et sur lesquels on n'a même pas fait de pont, des ruines d'anciennes enceintes crénelées, et rien de plus. Longtemps nous cherchons un passage, parmi les débris de remparts et les eaux vives, pour ensuite nous engager entre des murs de vingt pieds de haut, dans un chemin droit et sans vue, creusé en son milieu par un petit torrent. C'est comme une longue souricière, et cela débouche enfin sur une place où bourdonne la foule. Des marchands, des acheteurs, des dames-fantômes, des Circassiens en tunique serrée, des Bédouins de Syrie venus avec les caravanes de l'Ouest (têtes énormes, enroulées de foulards), des Arméniens, des Juifs... Par terre, à l'ombre des platanes, les tapis gisent par monceaux, les couvertures, les selles, les vieux burnous ou les vieux bonnets; des ânons, en passant, les piétinent, – et nos chevaux aussi, qui prennent peur. Cependant, ce n'est pas encore la ville aux minarets bleus. Ce n'est pas la vraie Ispahan, que nous avions aperçue en sortant du désert, et qui nous avait semblé si proche dans la limpidité du matin; elle est à une lieue plus loin, au delà de plusieurs champs de pavots et d'une rivière très large. Ici, ce n'est que le faubourg arménien, le faubourg profane où les étrangers à l'Islam ont le droit d'habiter. Et ces humbles quartiers, pour la plupart en ruines, où grouille une population pauvre, représentent les restes de la Djoulfa qui connut tant d'opulence à la fin du XVIe siècle, sous Chah-Abbas. (On sait comment ce grand empereur, – par des procédés un peu violents, il est vrai, – avait fait venir de ses frontières du Nord toute une colonie arménienne pour l'implanter aux portes de la capitale, mais l'avait ensuite comblée de privilèges, si bien que ce faubourg commerçant devint une source de richesse pour l'Empire. Aux siècles d'après, sous d'autres Chahs, les Arméniens, qui s'étaient rendus encombrants, se virent pressurés, persécutés, amoindris de toutes les manières(16). De nos jours, sous le Vizir actuel de l'Irak, ils ont cependant recouvré le droit d'ouvrir leurs églises et de vivre en paix).

On nous presse de rester à Djoulfa: les chrétiens, nous dit-on, ne sont pas admis à loger dans la sainte Ispahan. Nos chevaux, d'ailleurs, ne nous y conduiront point, leur maître s'y refuse; ça n'est pas dans le contrat, et puis ça ne se fait jamais. Des Arméniens s'avancent pour nous offrir de nous louer des chambres dans leurs maisons. Nous sommes là, nos bagages et nos armes par terre, au milieu de la foule, qui de plus en plus nous cerne et s'intéresse. – Non; moi je tiens à habiter la belle

---

(16) A côté des exactions et des violences qu'ils avaient à subir, des édits très comiques étaient lancés contre eux, entre autres la défense de venir en ville quand il pleuvait et qu'ils étaient crottés, parce que, dans le bazar, le frôlement de leurs habits pouvait alors souiller les robes des Musulmans. [*Note de l'auteur*]. La population de Djoulfa avait été transportée des bords de l'Aras dans le Caucase en 1604. Les Arméniens ont été moins bien traités par les successeurs de Chah-Abbas, surtout sous le règne de Nadir Chah, à la mort de qui en 1747 beaucoup d'entre eux ont émigré en Géorgie, en Inde et en Iraq (Karegat, *op.cit.*).

ville bleue; je suis venu exprès; en dehors de cela, je ne veux rien entendre! Qu'on me procure des mules, des ânes, n'importe quoi, et allons-nous-en de ce mercantile faubourg, digne tout au plus des infidèles.

Les mules qu'on m'amène sont de vilaines bêtes rétives, je l'avais prévu, qui jettent deux ou trois fois leur charge par terre. Les gens, du reste, regardent nos préparatifs de départ avec des airs narquois, des airs de dire: On les mettra à la porte et ils nous reviendront. Ça ne fait rien! En route, par les petits sentiers, les petites ruelles, où passe toujours quelque ruisseau d'eau vive, issu des neiges voisines. Bientôt nous nous retrouvons dans les blés ou les pavots en fleurs. Et la voici, cette rivière d'Ispahan, qui coule peu profonde sur un lit de galets; elle pourrait cependant servir de voie de communication, si, au lieu de se rendre à la mer, elle n'allait s'infiltrer dans les couches souterraines et finir par se jeter dans ce lac, perdu au milieu des solitudes, que nous avons aperçu au commencement du voyage; sur ses bords, sèchent au soleil des centaines de ces toiles murales, qui s'impriment ici de dessins en forme de porte de mosquée et puis qui se répandent dans toute la Perse et jusqu'en Turquie.

C'est un pont magnifique et singulier qui nous donne accès dans la ville; il date de Chah-Abbas, comme tout le luxe d'Ispahan; il a près de trois cents mètres de longueur et se compose de deux séries superposées d'arcades ogivales, en briques grises, rehaussées de bel émail bleu(17). En même temps que nous, une caravane fait son entrée, une très longue caravane, qui arrive des déserts de l'Est et dont les chameaux sont tous coiffés de plumets barbares. Des deux côtés de la voie qui occupe le milieu du pont, des passages, pour les gens à pied, s'abritent sous de gracieuses arcades ornées de faïences, et ressemblent à des cloîtres gothiques.

Toutes les dames-fantômes noires, qui cheminent dans ces promenoirs couverts, ont un bouquet de roses à la main. Des roses, partout des roses. Tous les petits marchands de thé ou de sucreries postés sur la route ont des roses plein leurs plateaux, des roses piquées dans la ceinture, et les mendiants pouilleux accroupis sous les ogives tourmentent des roses dans leurs doigts.

Les dômes bleus, les minarets bleus, les donjons bleus commencent de nous montrer le détail de leurs arabesques, pareilles aux dessins des vieux tapis de prière. Et, dans le ciel merveilleux, des vols de pigeons s'ébattent de tous côtés au-dessus d'Ispahan, se lèvent, tourbillonnent, puis se posent à nouveau sur les tours de faïence.

Le pont franchi, nous trouvons une avenue large et droite, qui est pour confon-

---

(17) Le pont d'*Ali Verdi Khan* ou de *Pul-i-Chehar Bagh* fait 360 mètres de long et 13 mètres 75 centimètres de large. Il comporte 33 ogives.

dre toutes nos données sur les villes orientales. De chaque côté de la voie, d'épais buissons de roses forment bordure; derrière, ce sont des jardins où l'on aperçoit, parmi les arbres centenaires, des maisons ou des palais, en ruines peut-être, mais on ne sait trop, tant la feuillée est épaisse. Ces massifs de rosiers en pleine rue, que les passants peuvent fourrager, ont fleuri avec une exubérance folle, et, comme c'est l'époque de la cueillette pour composer les parfums, des dames voilées sont là dedans, ciseaux en main, qui coupent, qui coupent, qui font tomber une pluie de pétales; il y a de pleines corbeilles de roses posées de côté et d'autre, et des montagnes de roses par terre... Qu'est-ce qu'on nous racontait donc à Djoulfa, et comment serions-nous mal accueillis, dans cette ville des grands arbres et des fleurs, qui est si ouverte et où les gens nous laissent si tranquillement arriver?

Mais l'enfermement, l'oppression des ruines et du mystère nous attendaient au premier détour du chemin; tout à coup nous nous retrouvons, comme à Chiraz, dans le labyrinthe des ruelles désertes, sombres entre de grands murs sans fenêtres, avec des immondices par terre, des carcasses, des chiens morts. Tout est inhabité, caduc et funèbre; çà et là, des parois éventrées nous laissent voir des maisons, bonnes tout au plus pour les revenants ou les hiboux. Et, dans l'éternelle uniformité grise des murailles, les vieilles portes toujours charmantes, aux cadres finement émaillés, sèment en petites parcelles bleues leurs mosaïques sur le sol, comme les arbres sèment leurs feuilles en automne. Il fait chaud et on manque d'air, dans ces ruines où nous marchons à la débandade, perdant de vue plus d'une fois nos bêtes entêtées qui ne veulent pas suivre. Nous marchons, nous marchons, sans trop savoir nous-mêmes où nous pourrons bien faire tête, notre guide à présent n'ayant pas l'air beaucoup plus rassuré que les Arméniens de Djoulfa sur l'accueil que l'on nous réserve. Essayons dans les caravansérails d'abord, et, si l'on nous refuse, nous verrons ensuite chez les habitants!...

Sans transition, nous voici au milieu de la foule, dans la pénombre et la fraîcheur; nous venons d'entrer sous les grandes nefs voûtées des bazars. La ville n'est donc pas morte dans tous ses quartiers, puisqu'on peut y rencontrer encore un grouillement pareil. Mais il fait presque noir, et toute cette agitation de marchands en burnous, de dames-fantômes, de cavaliers, de caravanes, qui se révèle ainsi d'un seul coup, après tant de ruines et de silence, au premier abord paraît à moitié fantastique.

C'est un monde, ces bazars d'Ispahan, qui furent à leur époque les plus riches marchés de l'Asie. Leurs nefs de briques, leurs séries de hautes coupoles, se prolongent à l'infini, se croisent en des carrefours réguliers, ornés de fontaines, et, dans leur délabrement, restent grandioses. Des trous, des cloaques, des pavés pointus où l'on glisse; péniblement nous avançons, bousculés par les gens, par les bêtes, et sans cesse préoccupés de nos mules de charge, qui se laissent distancer dans la mêlée étrange.

Les caravansérails s'ouvrent le long de ces avenues obscures, et y jettent chacun son flot de lumière. Ils ont tous leur cour à ciel libre, où les voyageurs fument le kalyan à l'ombre de quelque vieux platane, auprès d'une fontaine jaillissante, parmi des buissons de roses roses et d'églantines blanches; sur ces jardins intérieurs, deux ou trois étages de petites chambres pareilles prennent jour par des ogives d'émail bleu.

Nous nous présentons à la porte de trois, quatre, cinq caravansérails, où la réponse invariable nous est faite, que tout est plein.

En voici un cependant où il n'y a visiblement personne; mais quel bouge sombre et sinistre, au fond d'un quartier abandonné qui s'écroule! – Tant pis! Il est midi passé, nous mourons de faim, nous n'en pouvons plus, entrons là. – D'ailleurs, nos mules et nos muletiers de Djoulfa, refusant d'aller plus loin, jettent tout sur le pavé, devant la porte, dans la rue déserte et de mauvaise mine où il fait presque nuit sous l'épaisseur des voûtes. – "Tout est plein," nous répond l'hôte avec un mielleux sourire... Alors, que faire?...

Un vieil homme à figure futée, qui depuis un instant nous suivait, s'approche pour me parler en confidence: "Un seigneur, qui se trouve dans la gêne, me dit-il à l'oreille, l'a chargé de louer sa maison. Un peu cher peut-être, cinquante tomans (deux cent cinquante francs)(18) par mois; cependant, si je veux voir..." Et il m'emmène loin, très loin, à travers une demi-lieue de ruines et de décombres, pour m'ouvrir enfin, au bout d'une impasse, une porte vermoulue qui a l'air de donner dans un caveau de cimetière...

Oh! l'idéale demeure! Un jardin, ou plutôt un nid de roses: des rosiers élancés et hauts comme des arbres; des rosiers grimpants qui cachent les murailles sous un réseau de fleurs. Et, au fond, un petit palais des Mille et une Nuits, avec une rangée de colonnes longues et frêles, en ce vieux style persan qui s'inspire encore de l'architecture achéménide et des élégances du roi Darius. A l'intérieur, c'est de l'Orient ancien et très pur; une salle élevée, qui jadis fut blanche et or, aujourd'hui d'un ton d'ivoire rehaussé de vermeil mourant; au plafond, des mosaïques en très petites parcelles de miroir, d'un éclat d'argent terni, et puis des retombées de ces inévitables ornements des palais de la Perse, qui sont comme des grappes de stalactites ou des amas d'alvéoles d'abeilles. Des divans garnis d'une soie vert jade, aux dessins d'autrefois imitant des flammes roses. Des coussins, des tapis de Kerman et de Chiraz. Dans les fonds, des portes, au cintre comme frangé de stalactites,

---

(18) Si le toman valait dix crans et un cran valait un franc, cinquante tomans vaudraient cinq cents francs. Voir note 21, p.26.

donnant sur de petits lointains où il fait noir. En tout cela, un inquiétant charme de vétusté, de mystère et d'aventure. Et le parfum des roses du jardin, mêlé aux senteurs d'on ne sait quelles essences de harem, dont les tentures sont imprégnées...

Vite, que je retourne chercher mes gens et mes bagages, pendant que le bonhomme futé préviendra son seigneur que le marché est conclu à n'importe quel prix. Pour moi, étranger qui passe, quel amusement rêvé d'habiter une telle maison, cachée parmi les ruines et enveloppée de silence, au cœur d'une ville comme Ispahan!

Mais, hélas! bientôt j'entends courir derrière moi dans la rue, et c'est le bonhomme qui me rappelle effaré: le seigneur dans la gêne refuse avec indignation. "Des chrétiens! a-t-il répondu, non pas même pour mille tomans la journée; qu'ils s'en aillent à Djoulfa ou au diable!"

Il est une heure et demie. A toute extrémité, nous accepterions n'importe quel gîte, pour nous reposer à l'ombre et en finir.

Dans une maison de pauvres, au-dessus d'une cour où grouillent des enfants loqueteux, une vieille femme consent à nous louer un taudis, quatre murs en pisé et un toit de branches, rien de plus; encore désire-t-elle l'autorisation de son père, fort longue à obtenir, car le vieillard est en enfance sénile, aveugle et sourd, et il faut lui hurler longtemps la chose, dans les deux oreilles l'une après l'autre.

A peine étions-nous là, étendus pour un peu de repos, une clameur monte et commence à nous troubler: la cour est pleine de monde, la rue aussi; et nous apercevons la vieille femme en sanglots, au milieu de gens qui vocifèrent et la menacent du poing.

– Qu'est-ce que c'est? lui dit-on, loger des chrétiens! Qu'elle rende l'argent! Dehors, leurs bagages! Et qu'ils sortent sur l'heure!

– Ça, non, par exemple, nous ne sortirons pas!

Je fais barricader la porte et informer la foule, par la voix d'un héraut, que je suis prêt à subir toutes les horreurs d'un siège plutôt que de descendre; ensuite, aux deux lucarnes de la fenêtre, mon serviteur français et moi, nous montrons braqués nos revolvers, – après avoir eu soin d'enlever les cartouches pour éviter tous risques d'accident.

QUATRIEME PARTIE

Sur un bout de papier, confié à mon Persan le plus fidèle, dans la première minute du siège, j'ai griffonné ma détresse à l'unique Européen qui habite Ispahan, le prince D..., consul général de Russie (1). Ma maison assiégée se trouve par hasard assez voisine de la sienne, et je vois arriver aussitôt deux grands diables de cosaques, vêtus de la livrée officielle russe devant quoi tous les assaillants s'inclinent. Ils me sont dépêchés en hâte, m'apportant la plus aimable invitation de venir demeurer chez le prince, et, malgré la crainte d'être indiscret, il ne me reste vraiment d'autre parti que celui d'accepter. Je consens donc à rendre la place, et à suivre tête haute mes deux libérateurs galonnés d'argent, tandis que la foule, en somme pas bien méchante, enfantine plutôt, s'emploie d'elle-même à transporter mes bagages.

Au fond d'un grand jardin, – plein de roses, il va sans dire, et haut muré, bien entendu, – se retrouver tout à coup dans un logement vaste, propre et clair, avec le confort européen dans un cadre oriental, c'est tout de même un bien-être exquis, un repos inappréciable, après tant de jours passés dans les niches en terre et la promiscuité des caravansérails. Le prince et la princesse D... sont d'ailleurs des hôtes si charmants qu'ils savent, dès la première minute, vous donner l'illusion qu'on n'est point un chemineau recueilli par aventure, mais un ami attendu et ne gênant pas.

Dimanche, 13 mai.

Je m'éveille tard, au chant des oiseaux, avec, tout de suite, avant le retour complet de la pensée, une impression de sécurité et de loisir: le tcharvadar ne viendra pas ce matin me tourmenter pour le départ; il n'y aura pas à se remettre en route, par les sentiers mauvais et les fondrières. Autour de moi, ce ne sont plus les murs troués et noirâtres, la terre et les immondices; la chambre est spacieuse et blanche, avec les divans larges et les gais tapis de l'Orient. Le jardin devant ma porte est une véritable nappe de roses, éclaircie par quelques genêts jaunes, qui jaillissent çà et là en gerbes d'or, sous un ciel de mai d'une pureté et d'une profondeur à peu près inconnues à d'autres climats. Les oiseaux, qui viennent jusqu'au seuil de ma porte faire leur tapage de fête, sont des mésanges, des bergeronnettes, des rossignols. Il y a comme un délire de renouveau dans l'air; c'est la pleine magnificence de ce printemps de la Perse, qui est si éphémère avant l'été torride; c'est la folle exaltation de cette saison des roses à Ispahan, qui se hâte d'épuiser toutes les sèves, de donner en quelques jours toutes les fleurs et tout le parfum.

Par ailleurs, j'ai le sentiment, au réveil, que la partie difficile du voyage est accomplie, que c'est presque fini pour moi, – heureusement et hélas! – de la Perse

---

(1) S'agit-il du Prince Nicolai Dolgorukov?

des déserts. Ispahan est l'étape à peu près dernière de la route dangereuse, car elle a des communications établies avec le Nord, avec Téhéran et la mer Caspienne par où je m'en irai; plus de brigands sur le parcours, et les sentiers de caravane ne seront même plus tout à fait impossibles, car on cite des voyageurs ayant réussi à faire le trajet en voiture.

Quant à mon séjour ici, maintenant que je suis sous la protection du drapeau russe, il sera exempt de toute préoccupation. Mais les gens d'Ispahan, paraît-il, étant moins favorables aux étrangers que ceux de Chiraz ou de Koumichah, une garde me sera donnée chaque fois que je me promènerai, autant pour la sécurité que pour le décorum: deux soldats armés de bâtons ouvrant la marche; derrière eux, un cosaque galonné portant la livrée du prince. Et c'est dans cet équipage que je fais aujourd'hui ma première sortie, par la belle matinée de mai, pour aller visiter d'abord la place Impériale (2), qui est la merveille de la ville, et dont s'ébahirent tant, au XVIIe siècle, les premiers Européens admis à pénétrer ici.

Après avoir suivi plusieurs ruelles tortueuses, au milieu des trous et des ruines, nous retombons bientôt dans l'éternelle pénombre des bazars. La nef où nous voici entrés est celle des tailleurs; les burnous, les robes bleues, les robes vertes, les robes de cachemire chamarré, se cousent et se vendent là dans une sorte de cathédrale indéfiniment longue, qui a bien trente ou quarante pieds de haut. Et une ogive tout ornée de mosaïques d'émail, une énorme ogive, ouverte depuis le sol jusqu'au sommet de la voûte, nous révèle soudain cette place d'Ispahan, qui n'a d'égale dans aucune de nos villes d'Europe, ni comme dimensions, ni comme magnificence. C'est un parfait rectangle, bordé d'édifices réguliers, et si vaste que les caravanes, les files de chameaux, les cortèges, tout ce qui le traverse en ce moment, sous le beau soleil et le ciel incomparable, y semble perdu; les longues nefs droites des bazars en forment essentiellement les quatre côtés, avec leurs deux étages de colossales ogives murées, d'un gris rose, qui se suivent en séries tristes et sans fin; mais, pour interrompre cette rectitude trop absolue dans les lignes, des monuments étranges et superbes, émaillés de la tête au pied, resplendissent de différents côtés comme de précieuses pièces de porcelaine. D'abord, au fond là-bas, dans un recul majestueux et au centre de tout, c'est la mosquée Impériale (3) entièrement en bleu lapis et bleu turquoise, ses dômes, ses portiques, ses ogives démesurées, ses quatre minarets qui pointent dans l'air comme des fuseaux géants. Au milieu de la face de droite, c'est le palais du grand empereur, le palais du Chah-Abbas (4), dont la svelte colonnade, en

---

(2) Meïdan Chah. [*Note de l'auteur*]

(3) La Masjed Chah. [*Note de l'auteur*] La mosquée fut érigée en 1612-1613 par Chah Abbas.

(4) Le Palais d'*Ali Kapou*. Chah Abbas (1587-1629) chassa les Uzbeks du Khorassan en 1597, les Turcs de l'Azerbaïdjan en 1603 et de Bagdad en 1623.... Il réalisa l'unité persane, enrichit son royaume et entretint beaucoup de relations avec l'Europe. Voir R.Furon, *op.cit.*, pp.133 *et seq.*

vieux style d'Assyrie, surélevée par une sorte de piédestal de trente pieds de haut, se découpe dans le vide comme une chose aérienne et légère. Sur la face où nous sommes, ce sont les minarets et les coupoles d'émail jaune de l'antique mosquée du Vendredi (5), l'une des plus vieilles et des plus saintes de l'Iran. Ensuite, un peu partout, dans les lointains, d'autres dômes bleus se mêlent aux cimes des platanes, d'autres minarets bleus, d'autres donjons bleus, autour desquels des vols de pigeons tourbillonnent. Et enfin, aux plans extrêmes, les montagnes entourent l'immense tableau d'une éclatante dentelure de neiges.

En Perse où, de temps immémorial, les hommes se sont livrés à de prodigieux travaux d'irrigation pour fertiliser leurs déserts, rien ne va sans eaux vives; donc, le long des côtés de cette place grandiose, dans des conduits de marbre blanc, courent de clairs ruisseaux, amenés de très loin, qui entretiennent une double allée d'arbres et de buissons de roses. Et là, sous des tendelets, quantité d'indolents rêveurs fument des kalyans et prennent du thé; les uns accroupis sur le sol, d'autres assis sur des banquettes, qu'ils ont mises en travers par-dessus le ruisseau pour mieux sentir la fraîcheur du petit flot qui passe. Des centaines de gens et de bêtes de toute sorte circulent sur cette place, sans arriver à la remplir tant elle est grande; le centre demeure toujours une quasi-solitude, inondée de lumière. De beaux cavaliers y paradent au galop, – ce galop persan, très ramassé, qui donne au cou du cheval la courbure d'un cou de cygne. Des groupes d'hommes en turban sortent des mosquées après l'office du matin, apparaissent d'abord dans l'ombre des grands portiques follement bleus, et puis se dispersent au soleil. Des chameaux processionnent avec lenteur; des théories de petits ânes trottinent, chargés de volumineux fardeaux. Des dames-fantômes (6) se promènent, sur leurs ânesses blanches, qui ont des houssines

---

(5) La Masjed Djummah. [*Note de l'auteur*] La mosquée du Vendredi remonte au onzième siècle, mais il y a une mosquée sur le même site depuis le huitième siècle. Elle donne accès au tombeau de Mujtahid Majlissi. Cf. pourtant, Claude Anet, *Les Roses d'Ispahan. La Perse en automobile*, Paris, Juven, 1906, p.242 : "En face d'Ali Kapou est une mosquée qui n'est pas la mosquée Djouma, comme le croit Pierre Loti, mais celle du Cheik Lutfallah".

(6) Cf. "Pierre Loti désigne, à chaque page de son livre sur Ispahan, les femmes persanes sous le nom de 'fantômes noirs et blancs'; l'appellation n'est certes pas sans justesse, mais ces fantômes manquent totalement d'élégance", Henry-René d'Allemagne, *Du Khorassan au Pays des Backhtiaris. Trois mois de voyage en Perse*, Paris, Hachette, 1911, 4 vols. Tome II, pp.7-8. Et plus loin: "Les souliers des personnes que Pierre Loti a appelées 'les dames fantômes' sont tous fabriqués sur un même modèle: c'est une sorte de babouche dont le talon est dépourvu de quartier, et la partie antérieure fort large se termine en une pointe hardiment relevée. Le dessous de la semelle est complètement rond, et le talon tout en bois est souvent garni d'incrustation d'os ou de fils de cuivre. On comprend, à voir un soulier aussi incommode, qu'il soit à peu près impossible à une femme de circuler, car elle doit avoir à peu près l'impression de marcher sur des coquilles de noix, tant l'équilibre est instable", *Ibidem*, Tome IV, p.95.

tout à fait pompeuses, en velours brodé et frangé d'or. – Cependant, combien seraient pitoyables cette animation, ces costumes d'aujourd'hui, auprès de ce que l'on devait voir ici même, lorsque régnait le grand empereur, et que le faubourg de Djoulfa regorgeait de richesses! En ce temps-là, tout l'or de l'Asie affluait à Ispahan; les palais d'émail y poussaient aussi vite que l'herbe de mai; et les robes de brocart, les robes lamées se portaient couramment dans la rue, ainsi que les aigrettes de pierreries. Quand on y regarde mieux, quel délabrement dans tous ces édifices, qui, au premier aspect, jouent encore la splendeur! – Là-haut, cette belle colonnade aérienne de Chah-Abbas est toute déjetée, sous la toiture qui commence de crouler. Du côté où soufflent les vents d'hiver, tous les minarets des mosquées, tous les dômes sont à moitié dépouillés de leurs patientes mosaïques de faïence et semblent rongés d'une lèpre grise; avec l'incurie orientale, les Persans laissent la destruction s'accomplir; et d'ailleurs tout cela, de nos jours, serait irréparable: on n'a plus le temps ni l'argent qu'il faudrait, et le secret de ces bleus merveilleux est depuis longues années perdu. Donc, on ne répare rien, et cette place unique au monde, qui a déjà plus de trois cents ans. ne verra certainement pas finir le siècle où nous venons d'entrer.

De même que Chiraz était la ville de Kerim-Khan, Ispahan est la ville de Chah-Abbas. Avec cette facilité qu'ont eue de tout temps les souverains de la Perse à changer de capitale, ce prince, vers l'an 1565, décida d'établir ici sa cour, et de faire de cette ville, déjà si vieille et du reste à peu près anéantie depuis le passage effroyable de Tamerlan, (7) quelque chose qui étonnerait le monde. A une époque où, même en Occident, nous en étions encore aux places étroites et aux ruelles contournées, un siècle avant que fussent conçues les orgueilleuses perspectives de Versailles, cet Oriental avait rêvé et créé des symétries grandioses, des déploiements d'avenues que personne après lui n'a su égaler. L'Ispahan nouvelle qui sortit de ses mains était au rebours de toutes les idées d'alors sur le tracé des plans, et aujourd'hui ses ruines font l'effet d'une anomalie sur cette terre persane.

Il me semblerait naturel, comme j'en avais l'habitude à Chiraz, de m'asseoir à l'ombre, parmi ces gens si paisibles, qui tiennent une rose entre leurs doigts; mais ma garde d'honneur me gêne, et puis cela ne se fait pas ici, paraît-il: on me servirait mon thé avec dédain, et le kalyan me serait refusé.

Continuons donc de marcher, puisque la douce flânerie des musulmans m'est interdite.

Rasant les bords de la place, pour éviter le petit Sahara du centre, longeant les

---

(7) Tamerlan avait fait égorger ici plus de cent mille habitants en deux journées. [*Note de l'auteur*] Tamerlan a pillé Ispahan lors de son passage en 1387. Le nombre des massacrés proposé dans *Persia*, *op.cit.*, p.519, est seulement de l'ordre de 70.000.

alignements sans fin des grandes arcades murées, que je m'approche au moins de la mosquée Impériale, dont la porte gigantesque, tout là-bas, m'attire comme l'entrée magique d'un gouffre bleu! A mesure que nous avançons, les minarets et le dôme du sanctuaire profond, – toutes choses qui sont plus loin, derrière le parvis, dans une zone sacrée et défendue, – ont l'air de s'affaisser pour disparaître, tandis que monte toujours davantage cet arceau du porche, cette ogive aux dimensions d'arc triomphal, dans son carré de mur tout chamarré de faïences à reflets changeants. Lorsqu'on arrive sous ce porche immense, on voit comme une cascade de stalactites bleues, qui tombe du haut des cintres; elle se partage en gerbes régulières, et puis en myriades symétriques de gouttelettes, pour glisser le long des murailles intérieures, qui sont merveilleusement brodées d'émaux bleus, verts, jaunes et blancs. Ces broderies d'un éclat éternel représentent des branches de fleurs, enlacées à de fines inscriptions religieuses blanches, par-dessus des fouillis d'arabesques en toutes les nuances de turquoise. Les cascades, les traînées de stalactites ou d'alvéoles, descen-dues de la voûte, coulent et s'allongent jusqu'à des colonnettes, sur quoi elles finis-sent par reposer, formant ainsi des séries de petits arceaux, dentelés délicieusement, qui s'encadrent, avec leurs harmonieuses complications, sous le gigantesque arceau principal. L'ensemble de cela, qui est indescriptible d'enchevêtrement et de magni-ficence, dans des couleurs de pierreries, produit une impression d'unité et de calme, en même temps qu'on se sent enveloppé là de fraîche pénombre. Et, au fond de ce péristyle, s'ouvre la porte impénétrable pour les chrétiens, la porte du saint lieu, qui est large et haute, mais que l'on dirait petite, tant sont écrasantes les proportions de l'ogive d'entrée; elle plonge dans des parois épaisses, revêtues d'émail couleur lapis; elle a l'air de s'enfoncer dans le royaume du bleu absolu et suprême.

Quand je reviens à la maison de Russie, le portique, seule entrée de l'enclos, que gardent les bons cosaques, est décoré de vieilles broderies d'or et de vieux tapis de prière, piqués au hasard sur le mur avec des épingles, comme pour un passage de procession. Et c'est pour me tenter, paraît-il; des marchands arméniens et juifs, ayant eu vent de l'arrivée d'un étranger, se sont hâtés de venir. Je demande pour eux la permission d'entrer dans le jardin aux roses, – et cela devient un des amusements réguliers de chaque matin, sous la véranda de mon logis, le déballage des bibelots qui me sont offerts, et les marchandages en toute sorte de langues.

L'après-midi, mon escorte à bâtons me promène dans les bazars, où règnent perpétuellement le demi-jour et l'agréable fraîcheur des souterrains. Toutes leurs avenues menacent ruine, et il en est beaucoup d'abandonnées et de sinistres; celles où les vendeurs continuent de se tenir sont bien déchues de l'opulence ancienne; cependant on y trouve encore des foules bruyantes, et des milliers d'objets curieux ou éclatants; les places où ces avenues se croisent sont toujours recouvertes d'une large et magnifique coupole, très haut suspendue, avec une ouverture au milieu, par où tombent les rayons clairs du soleil de Perse: chacun de ces carrefours est aussi orné d'une fontaine, d'un bassin de marbre où trempent les belles gerbes des marchands de roses, et où viennent boire les gens, les ânes, les chameaux et les chiens.

Le bazar des teinturiers, monumental, obscur et lugubre, donne l'idée d'une église gothique démesurément longue et tendue de deuil, avec toutes les pièces d'étoffe ruisselantes de teinture qui s'égouttent, accrochées partout jusqu'en haut des voûtes, – bleu sombre pour les robes des hommes, noir pour les voiles des dames-fantômes.

Dans le bazar des marteleurs de cuivre, d'une demi-lieue de long et sans cesse vibrant au bruit infernal des marteaux, les plus gracieuses aiguières, les buires de cuivre des formes les plus sveltes et les plus rares, brillent toutes neuves aux devantures des échoppes, à travers la pénombre enfumée.

Comme à Chiraz, c'est le bazar des selliers qui est, dans toute son étendue, le plus miroitant de broderies, de dorures, de perles et de paillettes. Les fantaisies orientales pour voyageurs de caravane s'y étalent innombrables: sacs de cuir, chamarrés de broderies de soie; poires à poudre très dorées, gourdes surchargées de pendeloques; petites coupes de métal ciselé pour boire l'eau fraîche aux fontaines du chemin. Et puis viennent les houssines de velours et d'or, destinées aux ânesses blanches des dames; les harnais pailletés pour les chevaux ou les mules; les guirlandes de sonnettes, dont le carillon épouvante les bêtes fauves. Et enfin tout ce qui est nécessaire à la vraie élégance des chameaux: rangs de perles pour passer dans les narines, bissacs frangés de vives couleurs; têtières ornées de verroteries, de plumets et de petits miroirs où joueront pendant la marche les rayons du soleil ou les rayons de la lune.

Une des ogives immenses nous envoie tout à coup son flot de lumière, et la place Impériale nous réapparaît, toujours saisissante de proportions et de splendeur, avec ses enfilades d'arceaux réguliers, ses mosquées qui semblent se coiffer de monstrueux turbans d'émail, ses minarets fuselés, où du haut en bas s'enroulent en spirale des torsades blanches et des arabesques prodigieusement bleues.

Vite, traversons ce lieu vaste, désert à cette heure sous le soleil torride, et de l'autre côté, par une ogive semblable, abritons-nous à nouveau, reprenons la fraîcheur des voûtes,

Le bazar où nous nous retrouvons à l'ombre est celui des pâtissiers. Il y fait chaud; des fourneaux y sont allumés partout dans les échoppes; et on y sent l'odeur des bonbons qui cuisent. Beaucoup de bouquets de roses, aux petits étalages, parmi les sucres d'orge et les tartes; des sirops de toutes couleurs dans des carafes; des confitures dans de grandes vieilles potiches chinoises, arrivées ici au siècle de Chah-Abbas; une nuée de mouches. Des groupes nombreux de dames noires au masque blanc. Et surtout des enfants adorables, drôlement habillés comme de grandes personnes; petits garçons en longue robe et trop haut bonnet; petites filles aux yeux peints, jolies comme des poupées, en veste à basques retombantes, jupe courte et culotte par-dessous.

Au suivant carrefour, qui montre une vétusté caduque, des groupes stationnent auprès de la fontaine: assis sur le bord de la vasque de marbre, un vieux derviche est là qui prêche, tout blanc de barbe et de cheveux dans le rayon qui tombe du haut de la coupole, l'air d'avoir cent ans, et, du bout de ses doigts décharnés, tenant une rose.

Ensuite, c'est le bazar des bijoutiers, très archaïque, très souterrain, et où ne passe personne. On y vend des objets d'argent repoussé, coffrets, coupes, miroirs, carafes pour le kaylan; dans des boîtes vitrées, aux verres ternis, qu'enveloppe toujours par surcroît de précautions un filet en mailles de soie bleue, on vend aussi des parures anciennes, en argent ou en or, en pierreries vraies ou fausses, et quantité de ces agrafes pour attacher derrière la tête le petit voile blanc percé de deux trous qui masque le visage des femmes. Les marchands, presque tous, sont des vieillards à la barbe neigeuse, accroupis dans des niches sombres, chacun tenant sa petite balance pour peser les turquoises et chacun poursuivant son rêve que les acheteurs ne viennent guère troubler. La poussière, les chauves-souris, les toiles d'araignée, les décombres noirs ont envahi ce bazar délaissé, où sommeillent pourtant d'exquises choses.

Nous finissons la journée dans un Ispahan de ruines et de mort, qui se fait de plus en plus lugubre à mesure que le soleil baisse. C'est l'immense partie de la ville qui a cessé de vivre depuis l'invasion afghane (8), depuis les horreurs de ce grand siège, mis sous ses murs par le sultan Mahmoud (9) il y aura deux cents ans bientôt. Ispahan ne s'est plus relevée après cette seconde terrible tourmente, qui réduisit ses habitants, de sept cent mille qu'ils étaient, à soixante milliers à peine; et d'ailleurs Kerim-Khan, presque aussitôt, consacra sa déchéance en transportant à Chiraz la capitale de l'Empire. Sur un parcours de plus d'une lieue, maisons, palais, bazars. tout est désert et tout s'écroule; le long des rues ou dans les mosquées, les renards et les chacals sont venus creuser leurs trous et fixer leurs demeures; et çà et là l'émiettement des belles mosaïques, des belles faïences, a saupoudré comme d'une cendre bleu céleste les éboulis de briques et de terre grise. A part un chacal, qui nous montre à la porte d'un terrier son museau pointu, nous ne rencontrons rien de

_____

(8) En 1722.

(9) Mahmoud Chah (1722-1725) premier des deux rois afghans, remplaça Hussein Chah déposé en 1722.

vivant nulle part; nous marchons à travers le froid silence, n'entendant que nos pas et le heurt des bâtons de mes deux gardes contre les pierres. Cependant des fleurs de mai, des marguerites, des pieds-d'alouette, des coquelicots, des églantines blanches forment des petits jardins partout, sur le faîte des murs; le déclin du jour est limpide et doré; les neiges lointaines, là-bas sur les cimes, deviennent délicieusement roses; au-dessus de cette désolation, la fête de lumière bat son plein à l'approche du soir.

Il faut être rentré au plus tard pour le crépuscule, car la vieille capitale de Chah-Abbas n'a point de vie nocturne. Le portail de la maison du prince se ferme hermétiquement dès qu'il commence à faire noir. Les vieilles portes bardées de fer, qui séparent les uns des autres les différents quartiers, se ferment aussi partout; l'inextricable labyrinthe de la ville, où l'obscurité sera bientôt souveraine, se divise en une infinité de parties closes qui, jusqu'au retour du soleil, ne communiqueront plus ensemble: le suaire de plomb de l'Islam retombe sur Ispahan.

Les roses embaument dans la nuit, les roses du jardin très muré et défendu sur lequel mon logis s'ouvre. On n'entend venir aucun bruit du dehors, puisque personne ne circule plus; aucun roulement, puisqu'il n'existe point de voitures; l'air limpide et sonore ne vous apporte de temps à autre que des sons de voix, tous glapissants, tous tristes; appels chantés des muezzins, longs cris des veilleurs de nuit qui se répondent d'un quartier fermé à un autre, aboiements des chiens de garde, ou plaintes lointaines des chacals. Et les étoiles scintillent étrangement clair, car nous sommes toujours très haut, à peu près à l'altitude des sommets de nos plus grandes montagnes françaises.

Lundi, 14 mai.

Le Chah-Abbas voulut aussi dans sa capitale d'incomparables jardins et de majestueuses allées. L'avenue de Tscharbag, qui est l'une des voies conduisant à Djoulfa et qui fait suite à ce pont superbe par lequel nous sommes entrés le premier jour, fut en son temps une promenade unique sur la terre, quelque chose comme les Champs-Elysées d'Ispahan: une quadruple rangée de platanes, longue de plus d'une demi-lieue, formant trois allées droites; l'allée du centre, pour les cavaliers et les caravanes, pavée de larges dalles régulières; les allées latérales, bordées, dans toute leur étendue, de pièces d'eau, de plates-bandes fleuries, de charmilles de roses; et, des deux côtés, sur les bords, des palais ouverts,(10) aux murs de faïence, aux plafonds tout en arabesques et en stalactites dorées. A l'époque où resplendissait chez nous la cour du Roi-Soleil, la cour des Chahs de Perse était sa seule rivale en magnificence; Ispahan, près d'être investie par les barbares de l'Est, atteignait l'apogée de son luxe, de ses raffinements de parure, et le Tscharbag était un rendez-vous d'élégances telles que Versailles même n'en dut point connaître. Aux heures

---

(10) **Ces palais à balcons, destinés surtout aux dames du harem, étaient au nombre de huit et s'appelaient les "Huit Paradis".** [*Note de l'auteur*]

de parade, les belles voilées envahissaient les balcons des palais, pour regarder les seigneurs caracoler sur les dalles blanches, entre les deux haies de rosiers arborescents qui longeaient l'avenue. Les chevaux fiers, aux harnais dorés, devaient galoper avec ces attitudes précieuses, ces courbures excessives du col que les Persans de nos jours s'étudient encore à leur donner. Et les cavaliers à fine taille portaient très serrées, très collantes, leurs robes de cachemire ou de brocart d'or sur lesquelles descendaient leurs longues barbes teintes; ils avaient des bagues, des bracelets, des aigrettes à leur haute coiffure, ils étincelaient de pierreries; les fresques et les miniatures anciennes nous ont transmis le détail de leurs modes un peu décadentes, qui cadraient bien avec le décor du temps, avec l'ornementation exquise et frêle des palais, avec l'éternelle transparence de l'air et la profusion des fleurs.

Le Tscharbag, tel qu'il m'apparaît au soleil de ce matin de mai, est d'une indicible mélancolie, voie de communication presque abandonnée entre ces deux amas de ruines, Ispahan et Djoulfa. Les platanes, plus de trois fois centenaires, y sont devenus des géants qui se meurent, la tête découronnée; les dalles sont disjointes et envahies par une herbe funèbre. Les pièces d'eau se dessèchent ou bien se changent en mares croupissantes; les plates-bandes de fleurs ont disparu et les derniers rosiers tournent à la broussaille sauvage. Entre qui veut dans les quelques palais restés debout, dont les plafonds délicats tombent en poussière et où les Afghans, par fanatisme, ont brisé dès leur arrivée le visage de toutes les belles dames peintes sur les panneaux de faïence. Avec ses allées d'arbres qui vivent encore, ce Tscharbag, témoin du faste d'un siècle si peu distant du nôtre, est plus nostalgique cent fois que les débris des passés très lointains.

Rentrés dans Ispahan, au retour de notre visite à la grande avenue morne, nous repassons par les bazars, qui sont toujours le lieu de la fraîcheur attirante et de l'ombre. Là, mon escorte me conduit d'abord chez les gens qui tissent la soie, qui font les brocarts pour les robes de cérémonie, et les *taffetas*(11); cela se passe dans une demi-nuit, les métiers tendus au fond de tristes logis en contre-bas qui ne prennent de lumière que sur la rue voûtée et sombre. Et puis, chez ceux qui tissent le coton récolté dans l'oasis alentour, et chez ceux qui l'impriment, par des procédés séculaires, au moyen de grandes plaques de bois gravées; c'est aussi dans une quasi-obscurité souterraine que se colorient ces milliers de panneaux d'étoffe (représentant toujours des portiques de mosquée), qui, de temps immémorial, vont ensuite se laver dans la rivière, et sécher au beau soleil, sur les galets blancs des bords.

Nous terminons par le quartier des émailleurs de faïence, qui travaillent encore avec une grande activité à peinturlurer, d'après les vieux modèles inchangeables,

---

(11) On sait que le *taffetas* est d'origine persane, comme du reste son nom. [*Note de l'auteur*]

des fleurs et des arabesques sur les briques destinées aux maisons des Persans de nos jours. Mais ni les couleurs ni l'émail ne peuvent être comparés à ceux des carreaux anciens; les bleus surtout ne se retrouvent plus, ces bleus lumineux et profonds, presque surnaturels, qui dans le lointain, font ressembler à des blocs de pierre précieuse les coupoles des vieilles mosquées. Le Chah-Abbas, qui avait tant vulgarisé l'art des faïences, faisait venir du fond de l'Inde ou de la Chine des cobalts et des indigos rares, que l'on cuisait par des procédés aujourd'hui perdus. Il avait aussi mandé d'Europe et de Pékin des maîtres dessinateurs, qui, malgré le Coran, mêlèrent à la décoration persane des figures humaines. – Et c'est pourquoi, dans les palais de ce prince, sur les panneaux émaillés, on voit des dames de la Renaissance occidentale, portant fraise à la Médicis, et d'autres qui ont de tout petits yeux tirés vers les tempes et minaudent avec une grâce chinoise.

Mes deux soldats à bâtons et mon beau cosaque galonné m'ennuyaient vraiment beaucoup. Cet après-midi, je me décide à les remercier pour circuler seul. Et, quoi qu'on m'en ait dit, je tente de m'asseoir, maintenant que je commence à être connu dans Ispahan, sur l'une des petites banquettes des marchands de thé, au bord d'un des frais ruisseaux de la place Impériale, du côté de l'ombre. J'en étais certain: on m'apporte de très bonne grâce ma tasse de thé miniature, mon kalyan et une rose; avec mes amis les musulmans, si l'on s'y prend comme il faut, toujours on finit par s'entendre.

Le soleil de mai, depuis ces deux ou trois jours, devient cuisant comme du feu, rendant plus désirables la fraîcheur de cette eau courante devant les petits cafés, et le repos à l'abri des tendelets ou des jeunes arbres. Il est deux heures; au milieu de l'immense place, dévorée de clarté blanche, restent seulement quelques ânes nonchalants étendus sur la poussière et quelques chameaux accroupis. Aux deux extrémités de ce lieu superbe et mort, se faisant face de très loin, les deux grandes mosquées d'Ispahan étincellent en pleine lumière, avec leurs dômes tout diaprés et leurs étonnants fuseaux enroulés d'arabesques: l'une, la très antique et la très sainte, la mosquée du Vendredi, habillée de jaune d'or que relève un peu de vert et un peu de noir; l'autre, la reine de tous les bleus, des bleus intenses et des pâles bleus célestes, la mosquée Impériale.

Quand commence de baisser le soleil, je prends le chemin de l'antique école de théologie musulmane, appelée l'*Ecole de la Mère du Chah*(12), le prince D... ayant eu la bonté de me donner un introducteur pour me présenter au prêtre qui la dirige.

---

(12) Les *Medressehs* sont les écoles traditionnelles où l'on enseignait la théologie, la philosophie et la littérature, aussi bien que les sciences et les mathématiques. L'arrière grand'mère de Chah Abbas avait fondé deux écoles dans le quartier des bazars, *Djadde-ye-Borzorg* et *Djadde-ye-Kouchik* (Kharegat, *op.cit.*).

L'avenue large et droite qui y conduit, inutile de demander qui l'a tracée: c'est le Chah-Abbas, toujours le Chah-Abbas; à Ispahan, tout ce qui diffère des ruelles tortueuses coutumières aux villes de Perse, fut l'œuvre de ce prince. La belle avenue est bordée par des platanes centenaires, dont on a émondé les branches inférieures, à la mode persane, pour faire monter plus droit leurs troncs blancs comme de l'ivoire, leur donner l'aspect de colonnes, épanouies et feuillues seulement vers le sommet. Et des deux côtés de la voie s'ouvrent quantité de portiques délabrés, qui eurent jadis des cadres de faïence, et que surmontent les armes de l'Iran: devant le soleil, un lion tenant un glaive.

Cette université – qui date de trois siècles et où le programme des études n'a pas varié depuis la fondation – a été construite avec une magnificence digne de ce peuple de penseurs et de poètes, où la culture de l'esprit fut en honneur depuis les vieux âges. On est ébloui dès l'abord par le luxe de l'entrée; dans une muraille lisse, en émail blanc et émail bleu, c'est une sorte de renfoncement gigantesque, une sorte de caverne à haute ouverture ogivale, en dedans toute frangée d'une pluie de stalactites bleues et jaunes. Quant à la porte elle-même, ses deux battants de cèdre, qui ont bien quinze ou dix-huit pieds de hauteur, sont entièrement revêtus d'un blindage d'argent fin, d'argent repoussé et ciselé, représentant des entrelacs d'arabesques et de roses, où se mêlent des inscriptions religieuses en vermeil; ces orfèvreries, bien entendu, ont subi l'injure du temps et de l'invasion afghane; usées, bossuées, arrachées par place, elles évoquent très mélancoliquement la période sans retour des luxes fous et des raffinements exquis.

Lorsqu'on entre sous cette voûte, à franges multiples, dans cette espèce de vestibule monumental qui précède le jardin, on voit le ruissellement des stalactites se diviser en coulées régulières le long des parois intérieures, dont les émaux représentent de chimériques feuillages bleus, traversés d'inscriptions, de sentences anciennes aux lettres d'un blanc bleuâtre; le jardin apparaît aussi au fond, encadré dans l'énorme baie de faïence: un éden triste, où des buissons d'églantines et de roses fleurissent à l'ombre des platanes de trois cents ans. Le long de ce passage, qui a l'air de mener à quelque palais de féerie, les humbles petits marchands de thé, de bonbons et de fraises, ont installé leurs tables, leurs plateaux ornés de bouquets de roses. Et nous croisons un groupe d'étudiants qui sortent de leur école, jeunes hommes aux regards de fanatisme et d'entêtement, aux figures sombres sous de larges turbans de prêtre.

Le jardin est carré, enclos de murs d'émail qui ont bien cinquante pieds, et maintenu dans la nuit verte par ces vénérables platanes grands comme des baobabs qui recouvrent tout de leurs ramures; au milieu, un jet d'eau dans un bassin de marbre, et partout, bordant les petites allées aux dalles verdies, ces deux sortes de fleurs qui se mêlent toujours dans les jardins de la Perse: les roses roses, doubles, très parfumées, et les simples églantines blanches. Eglantiers et rosiers, sous l'oppression de ces hautes murailles bleues et de ces vieux platanes, ont allongé sans mesure leurs branches trop frêles, qui s'accrochent aux troncs géants et puis retombent comme éplorées, mais qui toutes s'épuisent à fleurir. L'accès du lieu étant permis à chaque musulman qui passe, les bonnes gens du peuple, attirés par la fraîcheur et l'ombre, sont assis ou allongés sur des dalles et fument des kalyans, dont on entend de tous côtés les petits gargouillis familiers. Tandis qu'en haut, c'est un tapage de volière; les branches sont pleines de nids; mésanges, pinsons, moineaux ont élu demeure dans cet asile du calme, et les hirondelles aussi ont accroché leurs maisons partout le long des toits. Ces murs qui enferment le jardin ne sont du haut en bas qu'une immense mosaïque de tous les bleus, et trois rangs d'ouvertures ogivales s'y étagent, donnant jour aux cellules pour la méditation solitaire des jeunes prêtres. Au milieu de chacune des faces du quadrilatère, une ogive colossale, pareille à celle de l'entrée, laisse voir une voûte qui ruisselle de gouttelettes de faïence, de glaçons couleur lapis ou couleur safran.

Et l'ogive du fond, la plus magnifique des quatre, est flanquée de deux minarets, de deux fuseaux bleus qui s'en vont pointer dans le ciel; elle mène à la mosquée de l'école, dont on aperçoit là-haut, au-dessus des antiques ramures, le dôme en forme de turban. Le long des minarets, de grandes inscriptions religieuses d'émail blanc s'enroulent en spirale, depuis la base jusqu'au sommet où elles se terminent éblouissantes, en pleine lumière; quant au dôme, il est semé de fleurs d'émail jaune et de feuillages d'émail vert, qui brodent des complications de kaléidoscope par-dessus les arabesques bleues. Levant la tête, du fond de l'ombre où l'on est, à travers les hauts feuillages qui dissimulent la décrépitude et la ruine, on entrevoit sur le ciel limpide tout ce luxe de joaillerie, que le soleil de Perse éclaire fastueusement, à grands flots glorieux.

Décrépitude et ruine, quand on y regarde attentivement; derniers mirages de magnificence qui ne dureront plus que quelques années; le dôme est lézardé, les minarets se découronnent de leurs fines galeries à jours; et le revêtement d'émail, dont la couleur demeure aussi fraîche qu'au grand siècle, est tombé en maints endroits, découvrant les grisailles de la brique, laissant voir des trous et des fissures où l'herbe, les plantes sauvages commencent de s'accrocher. On a du reste le sentiment que tout cela s'en va sans espoir, s'en va comme la Perse ancienne et charmante, est à jamais irréparable.

Par des petits escaliers roides et sombres, où manque plus d'une marche, nous montons aux cellules des étudiants. La plupart sont depuis longtemps abandonnées, pleines de cendre, de fiente d'oiseau, de plumes de hibou; dans quelques-unes seulement, de vieux manuscrits religieux et un tapis de prière témoignent que l'on vient méditer encore. Il en est qui ont vue sur le jardin ombreux, sur ses dalles verdies et ses buissons de roses, sur tout le petit bocage triste où l'on entend la chanson des oiseaux et le gargouillis tranquille des kalyans. Il en est aussi qui regardent la vaste campagne, la blancheur des champs de pavots, avec un peu de désert à l'horizon, et ces autres blancheurs là-bas, plus argentées: les neiges des sommets. Quelles retraites choisies, pour y suivre des rêves de mysticisme oriental, ces cellules, dans le calme de cette ville en ruines, et entourée de solitudes!...

———————

Un dédale d'escaliers et de couloirs nous conduit auprès du vieux prêtre qui dirige ce fantôme d'école. Il habite la pénombre d'une grotte d'émail bleu, sorte de loggia avec un balcon d'où l'on domine tout l'intérieur de la mosquée. Et c'est une impression saisissante que de voir apparaître ce sanctuaire et ce mihrab, ces choses que je croyais interdites à mes yeux d'infidèle. Le prêtre maigre et pâle, en robe noire et turban noir, est assis sur un tapis de prière, en compagnie de son fils, enfant d'une douzaine d'années, vêtu de noir pareil, figure de petit mystique étiolé dans l'ombre sainte; deux ou trois graves vieillards sont accroupis alentour, et chacun tient sa rose à la main, avec la même grâce un peu maniérée que les personnages des anciennes miniatures. Ils étaient là à rêver ou à deviser de choses religieuses; après de grands saluts et de longs échanges de politesse, ils nous font asseoir sur des coussins, on apporte pour nous des kalyans, des tasses de thé, et puis la conversation s'engage, lente, eux sentant leurs roses avec une affectation vieillotte, ou bien suivant d'un œil atone la descente d'un rayon de soleil le long des émaux admirables, dans le lointain du sanctuaire. Les nuances de cette mosquée et le chatoiement de ces murailles me détournent d'écouter; il me semble que je regarde, à travers une glace bleue, quelque palais du Génie des cavernes, tout en cristallisations et en stalactites. Lapis et turquoise toujours, gloire et apothéose des bleus. Les coulées de petits glaçons bleus, de petits prismes bleus affluent de la coupole, s'épandent çà et là sur les multiples broderies bleues des parois... Une complication effrénée dans le détail, arrivant à produire de la simplicité et du calme dans l'ensemble: tel est, ici comme partout, le grand mystère de l'art persan.

Mais quel délabrement funèbre! Le prêtre au turban noir se lamente de voir s'en aller en poussière sa mosquée merveilleuse. "Depuis longtemps, dit-il, j'ai défendu à mon enfant de courir, pour ne rien ébranler. Chaque jour, j'entends tomber, tomber de l'émail... Au temps où nous vivons, les grands s'en désintéressent, le peuple de même... Alors, que faire?" Et il approche sa rose de ses narines émaciées, qui sont couleur de cire.

Avec eux, on était dans un songe d'autrefois et dans une immobile paix, tellement qu'au sortir des belles portes d'argent ciselé, on trouve presque moderne et animée l'avenue de platanes, où passent des êtres vivants, quelques cavaliers, quelques files de chameaux ou d'ânons...

Avant la tombée de la nuit, un peu de temps me reste pour faire station sur la grande place, où l'heure religieuse du Moghreb s'accompagne d'un cérémonial très antérieur à l'Islam et remontant à la primitive religion des Mages. Aussitôt que la mosquée Impériale, de bleue qu'elle était tout le jour, commence à devenir, pour une minute magique, intensément violette sous les derniers rayons du couchant, un orchestre apparaît, à l'autre bout de la place, dans une loggia au-dessus de la grande porte qui est voisine de la mosquée d'émail jaune: de monstrueux tambours, et de longues trompes comme celles des temples de l'Inde. C'est pour un salut, de tradition plusieurs fois millénaire, que l'on offre ici au soleil de Perse, à l'instant précis où il meurt. Quand les rayons s'éteignent, la musique éclate, soudaine et sauvage; grands coups caverneux, qui se précipitent, bruit d'orage prochain qui se répand sur tout ce lieu bientôt déserté où reste seulement quelque caravane accroupie, et sons de trompe qui semblent les beuglements d'une bête primitive aux abois devant la déroute de la lumière... (13).

Demain matin les musiciens remonteront à la même place, pour sonner une terrible aubade au soleil levant. – Et on fait ainsi au bord du Gange; le pareil salut à la naissance et à la mort de l'astre souverain retentit deux fois chaque jour au-dessus de Bénarès...

Au crépuscule, lorsqu'on est rentré dans la maison de Russie, la porte refermée, plus rien ne rappelle Ispahan, c'est fini de la Perse jusqu'au lendemain. Et l'impression est singulière, de retrouver là tout à coup un coin d'Europe, aimable et raffiné: le prince et la princesse parlent notre langue comme la leur; le soir, autour du piano, vraiment on ne sait plus qu'il y a tout près, nous séparant du monde contemporain, une ville étrange et des déserts.

Je ne reproche à cette maison, d'hospitalité si franche et gracieuse, que ses chiens de garde, une demi-douzaine de vilaines bêtes qui persistent à me traiter en chemineau, tellement qu'une fois la nuit tombée, franchir, avec cette meute à ses trousses, l'allée de jardin, les cent mètres de roses qui séparent mon logis de celui de mes hôtes, est une aventure plus périlleuse que de traverser tous les déserts du Sud par où je suis venu.

Mardi, 15 mai.

C'est ce matin que le prince D... me présente à Son Altesse Zelleh-Sultan, frère de Sa Majesté le Chah, vizir d'Ispahan et de l'Irak(14). Des jardins en séries mènent

---

(13) D'après Lesley Blanch, *Pierre Loti, Portrait of an Escapist*, London, Collins, 1983, la cérémonie s'appelle le Nagareh-Khaneh et, de nos jours, n'a lieu que dans la ville sainte de Meshed (p.251).

(14) En 1900 le Chah de Perse était Mosaffer al Din Chah (1896-1907). "A son avènement, Mosaffer ed Din Shah trouve les coffres strictement vides de toute finance. Il suit

à sa résidence, et sont naturellement remplis d'églantines blanches et de roses roses; ils communiquent ensemble par des portiques où stationnent des gardes et qui tous sont marqués aux armes de Perse: au-dessus du couronnement, un lion et un soleil.

J'attendais un luxe de Mille et une Nuits, chez ce puissant satrape, d'une richesse proverbiale; mais la déception est complète, et son palais moderne paraîtrait quelconque, n'étaient les tapis merveilleux que l'on profane en marchant dessus. Dans le salon, où Son Altesse nous reçoit, des livres français encombrent la table à écrire, et des cartes géographiques françaises sont encadrées aux murs. Courtois et spirituel, Zelleh-Sultan a le regard incisif, le sourire amer. Et voici une courte appréciation, qui est textuellement de lui, sur deux peuples du voisinage: "De la part des Russes, nous n'avons jamais reçu que de bons offices. De la part des Anglais, dans le sud de notre pays, perpétuelle tentative d'envahissement, par ces moyens que l'univers entier leur connaît."

Dans la même zone de la ville, sont les grands jardins et le palais abandonné des anciens rois Sophis(15), successeurs du Chah-Abbas, dont la dynastie se continua, de plus en plus élégante et raffinée, jusqu'à l'époque de l'invasion afghane (1721 de notre ère). Là encore, c'est le domaine des églantines, surtout des roses roses, et aussi de toutes ces vieilles fleurs de chez nous, que l'on appelle "fleurs de curé", gueules-de-lion, pieds-d'alouette, soucis, jalousies et giroflées. Les rosiers y deviennent hauts comme des arbres; les platanes géants, – émondés par le bas toujours, taillés en colonne blanche, – y forment des avenues régulières, pavées de grandes dalles un peu funèbres, le long des pièces d'eau, qui sont droites et alignées, à la mode ancienne. Le palais, qui trône au milieu de ces ombrages et de ces parterres de deux ou trois cents ans, s'appelle le *Palais des miroirs*(16). Quand on l'aperçoit, c'est toujours au-dessus de sa propre image réfléchie par une pièce d'eau immobile, c'est pourquoi on l'appelle aussi le *Palais des quarante colonnes*, bien qu'il n'en ait en réalité que vingt, mais les Persans font compter ces reflets renversés qui, depuis des siècles, n'ont cessé d'apparaître dans l'espèce de grande glace mélancolique étendue devant le seuil.

---

l'exemple paternel: il emprunte de l'argent, le dilapide en Europe et fait un second emprunt à son tour...le 5 août 1906 Quant à son frère, le vizir, cf. Cl. Anet, *op.cit.*, p.236: "Zil es Sultan est le frère aîné du Chah. Mais il n'était pas fils d'une femme légitime et n'a pas succédé à son père. C'est grand dommage pour la Perse, car c'est un homme fort intelligent, très renseigné, et qui ne manque pas d'énergie...Le chargé d'affaires de Russie nous présente et nous voici assis en cercle dans un salon persan, allongé, étroit, dont les fenêtres des deux côtés sont ouvertes. Il est meublé à l'européenne". Notons le titre du vizir; l'Iraq, qui a fait partie jusqu'en 1918 de l'Empire ottoman, avait était occupé par Chah Abbas de 1623 à 1658.

(15) C'est-à-dire, Chah Safi (1629-1642), Chah Abbas II (1642-1667), Chah Suleiman (1667-1694) et Sultan Hussein (1694-1722), dernier des Séfévides. Voir R. Furon, *op.cit.*

(16) Ou le *Chitil Sutun*, terminé sous Chah Abbas II.

Pour nos yeux, ce palais a l'étrangeté de lignes et la sveltesse outrée de l'architecture achéménide; colonnades singulièrement hautes et frêles, soutenant une toiture plate; et les longs platanes taillés qui l'entourent prolongent dans le parc la même note élancée. D'immenses draperies, qui ont disparu depuis l'invasion barbare, servaient, paraît-il, de clôture à ces salles, où la vue plonge aujourd'hui jusqu'au fond, comme dans des espèces de hangars, prodigieusement luxueux; au temps des réceptions magnifiques, lorsque tous les rideaux étaient ouverts, on pouvait contempler du dehors, dans un lointain miroitant et doré, le chah assis comme une idole sur son trône. La nuance générale est un mélange d'or atténué et de rouge pâli; mais les colonnes, revêtues de mosaïques en parcelles de miroir, que le temps a oxydées, semblent être en vieil argent.

Ce palais, tout ouvert et silencieux, n'a déjà pas l'air réel; mais l'image tristement réfléchie dans la pièce d'eau est d'une invraisemblance plus exquise encore. Sur les bords de ce bassin carré, où se mire depuis si longtemps cette demeure de rois disparus, il y a de naïves petites statues, en silex gris comme à Persépolis, soutenant des pots de fleurs; le pourtour est pavé de larges dalles verdies, que foulèrent jadis tant de babouches perlées et dorées. Et, partout, les roses, les églantines grimpent aux troncs lisses et blancs des platanes.

Intérieurement, on est dans les ors rouges, et dans les patientes mosaïques de miroirs, qui par places étincellent encore comme des diamants; aux petits dômes des voûtes, s'enchevêtrent des complications déroutantes d'arabesques et d'alvéoles. Tout au fond et au centre, derrière les colonnades couleur d'argent, il y a l'immense encadrement ogival qui auréolait le trône et le souverain; il est comme tapissé de glaçons et de givre. et des tableaux, d'un fini de miniature, se succèdent en série au-dessus des corniches, représentant des scènes de fête ou de guerre; on y voit d'anciens chahs trop jolis, aux longs yeux frangés de cils, aux longues barbes de soie noire, le corps gainé dans des brocarts d'or et des entrelacs de pierreries.

Derrière ces salles de rêve, éternellement dédoublées à la surface du bassin, d'interminables dépendances s'en vont parmi les arbres, jusqu'au palais que Zelleh-Sultan habite aujourd'hui. C'étaient les harems pour les princesses, les harems pour les dames inférieures, et enfin tous les dépôts pour les réserves amoncelées et les fantastiques richesses: dépôt des coffres, dépôt des flambeaux, dépôt des costumes, etc., et ce dépôt des vins, que Chardin, au XVIIᵉ siècle, nous décrivit comme tout rempli de coupes et de carafons en "cristal de Venise, en porphyre, en jade, en corail, en pierre précieuse"(17). – Il y a même des salles souterraines, de marbre blanc, qui étaient construites en prévision des grandes chaleurs de l'été et où, le long des parois, ruisselaient des cascades d'eau véritable.

---

(17) Voir Jean Chardin, *Voyage de Paris à Ispahan*, (1686), éd. Stéphane Yerasimos, 2 vols, Paris, La Découverte, 1983, vol. 2, p.266, n.168 et pp.279-280.

Après mes courses matinales, je suis toujours rentré pour l'instant où les muezzins appellent à la prière du milieu du jour (midi, ou peu s'en faut). A Ispahan, ce sont les muezzins qui donnent l'heure, comme chez nous la sonnerie des horloges, et ils chantent sur des notes graves, inusitées en tout autre pays d'Islam. Dans la plus voisine mosquée, ils sont plusieurs qui appellent ensemble, plusieurs qui répètent; en longues vocalises, le nom d'Allah, au milieu du silence, à ces midis de torpeur et de lumière, plus brûlants chaque jour. Et, en les écoutant, il semble que l'on suive la traînée de leur voix; on la sent passer au-dessus de toutes les mystérieuses demeures d'alentour, au-dessus de tous les jardins pleins de roses, où ces femmes, que l'on ne verra jamais, sont assises à l'ombre, dévoilées et démasquées, confiantes dans la hauteur des murs.

Mercredi, 16 mai.

On m'emmène l'après-midi à la découverte des bibelots rares, qui ne s'étalent point dans les échoppes, mais s'enferment dans des coffres, au fond des maisons, et ne se montrent qu'à certains acheteurs privilégiés. Par de vieux escaliers étroits et noirs, dont les marches sont toujours si hautes qu'il faut lever les pieds comme pour une échelle, par de vieux couloirs contournés et resserrés en souricière, nous pénétrons dans je ne sais combien de demeures d'autrefois, aux aspects clandestins et méfiants. Les chambres toutes petites, où l'on nous fait asseoir sur des coussins, ont des plafonds en arabesques et en alvéoles; elles s'éclairent à peine, sur des cours sombres, aux murs ornés de faïences ou bizarrement peinturlurés de personnages, d'animaux et de fleurs. D'abord nous acceptons la petite tasse de thé, qu'il est de bon ton de boire en arrivant. Ensuite les coffres de cèdre, pleins de vieilleries imprévues, sont lentement ouverts devant nous, et on en tire un à un les objets à vendre, qu'il faut démailloter d'oripeaux et de guenilles. Tout cela remonte au grand siècle du Chah-Abbas, ou au moins aux époques des rois Sophis qui lui succédèrent, et ces déballages, ces exhumations dans la poussière et la pénombre, vous révèlent combien fut subtil, distingué, gracieux, l'art patient de la Perse. Boîtes de toutes les formes, en vernis Martin(18), dont le coloris adorable a résisté au temps, et sur lesquelles des personnages de Cour sont peints avec une grâce naïve et une minutieuse conscience, le moindre détail de leurs armes ou de leurs pierreries pouvant supporter qu'on le regarde à la loupe; toute cette partie de la population iranienne qu'il m'est interdit de voir est figurée là avec une sorte de dévotion amoureuse: belles du temps passé, dont on a visiblement exagéré la beauté, sultanes aux joues bien rondes et bien carminées, aux trop longs yeux cerclés de noir, qui penchent la tête avec excès de grâce, en tenant une rose dans leur main trop petite... Et parfois, à côté de peintures purement persanes, on en rencontre une autre qui rappelle tout à coup la Renaissance hollandaise: œuvre de quelque artiste occidental, aventureusement venu ici jadis, à l'appel du grand empereur d'Ispahan.

---

(18) Terme général pour désigner tous les laques et vernis français appliqués au mobilier et à la décoration.

Des émaux délicats sur de l'argent ou de l'or, des armes d'Aladin, des brocarts lamés ayant servi à emprisonner des gorges de sultane, des parures, des broderies. De ces tapis comme on n'en trouve qu'en Perse, que composaient jadis les nomades et qui demandaient dix ans d'une vie humaine; tapis plus soyeux que la soie et plus veloutés que le velours, dont les dessins serrés, serrés, ont pour nous je ne sais quoi d'énigmatique comme les vieilles calligraphies des Corans. Et enfin de ces faïences, introuvables bientôt, dont l'émail a subi au cours des siècles cette lente décomposition qui donne des reflets d'or ou de cuivre rouge.

En sortant de ces maisons délabrées, où les restes de ce luxe mort finissent par donner je ne sais quel désir de silence et quelle nostalgie du passé, je retourne, seul aujourd'hui, à l' "Ecole de la Mère du Chah", me reposer à l'ombre séculaire des platanes, dans le vieux jardin cloîtré entre des murs de faïence. Et j'y trouve plus de calme encore que la veille, et plus de détachement. Devant l'entrée fabuleuse, un derviche mendie, vieillard en haillons, qui est là adossé, la tête appuyée aux orfèvreries d'argent et de vermeil, tout petit au pied de ces portes immenses, presque nu, à demi mort et tout terreux, plus effrayant sur ce fond d'une richesse ironique. Après le grand porche d'émail, voici la nuit verte du jardin, et la discrète symphonie habituelle à ce lieu: tout en haut vers le ciel et la lumière, chants d'hirondelles ou de mésanges; en bas, gargouillis léger des fumeurs couchés et bruissement du jet d'eau dans le bassin. Les gens m'ont déjà vu et ne s'inquiètent plus; sans conteste, je m'assieds où je veux sur les dalles verdies. Devant moi, j'ai des guirlandes, des gerbes, des écroulements d'églantines blanches le long des platanes, dont les énormes troncs, presque du même blanc que les fleurs, ressemblent aux piliers d'un temple. Et dans la région haute où se tiennent les oiseaux, à travers les trouées des feuillages, quelques étincellements d'émail çà et là maintiennent la notion des minarets et des dômes, de toute la magnificence éployée en l'air. Dans Ispahan, la ville de ruines bleues, je ne connais pas de retraite plus attirante que ce vieux jardin.

Quand je rentre à la maison du prince, il est l'heure par excellence du muezzin, l'heure indécise et mourante où on l'entend chanter pour la dernière fois de la journée. Chant du soir, qui traîne dans le long crépuscule de mai, en même temps que les martinets tourbillonnent en l'air; on y distingue bien toujours le nom d'Allah, tant de fois répété; mais, avec les belles sonorités de ces voix et leur diction monotone, on croirait presque entendre des cloches, l'éveil d'un carillon religieux sur les vieilles terrasses et dans les vieux minarets d'Ispahan.

Jeudi, 17 mai.

Des roses, des roses; en cette courte saison qui mène si vite à l'été dévorant, on vit ici dans l'obsession des roses. Dès que j'ouvre ma porte le matin, le jardinier s'empresse de m'en apporter un bouquet, tout frais cueilli et encore humide de la rosée de mai. Dans les cafés, on vous en donne, avec la traditionnelle petite tasse de thé. Dans les rues, les mendiants vous en offrent, de pauvres roses que par pitié on ne refuse pas, mais qu'on ose à peine toucher sortant de telles mains.

Aujourd'hui, dans Ispahan, pour la première fois de l'année, apparition des petits ânes porteurs de glace, pour rafraîchir les boissons anodines ou l'eau claire; un garçon les conduit, les promène de porte en porte, les annonçant par un cri chanté. Cette glace, on est allé la ramasser là-bas dans ces régions toutes blanches, que l'on aperçoit encore au sommet des montagnes; sur le dos des ânons, les paniers dans lesquels on l'a mise sont abrités sous des feuillages, – où l'on a piqué quelques roses, il va sans dire.

Beaucoup de ces petits ânes sur ma route, quand je me rends ce matin chez un marchand de babouches, duquel j'ai obtenu, à prix d'or, la promesse de me faire entrevoir trois dames d'Ispahan, par escalade. Nous grimpons ensemble sur des éboulis de muraille, pour regarder par un trou dans un jardin où se fait aujourd'hui la cueillette des roses. En effet, trois dames sont là, avec de grands ciseaux à la main, qui coupent les fleurs et en remplissent des corbeilles, sans doute pour composer des parfums. Je les espérais plus jolies; celles qui sont peintes sur les boîtes des antiquaires m'avaient gâté, et aussi les quelques paysannes sans voile aperçues dans les villages du chemin. Très pâles, un peu trop grasses, elles ont du charme cependant, et des yeux de naïveté ancienne. Des foulards brodés et pailletés enveloppent leur chevelure. Elles portent des vestes à longues basques et, par-dessus leurs pantalons, des jupes courtes et bouffantes, comme les jupes des ballerines; tout cela paraît être en soie, avec des broderies rappelant celles du siècle de Chah-Abbas. Mon guide, d'ailleurs, se fait garant que ce sont des personnes du meilleur monde.

Vendredi, 18 mai.

Vendredi aujourd'hui, Dimanche à la musulmane; il faut aller dans les champs pour faire comme tout le monde. Dimanche de mai, toujours même fête inaltérable de printemps et de ciel bleu. Les larges avenues du Chah-Abbas, bordées de platanes, de peupliers et de buissons de roses, sont pleines de promeneurs qui vont se répandre dans les jardins, ou simplement dans les blés verts. Groupes d'hommes à turbans ou à bonnets d'astrakan noir, qui cheminent, l'allure indolente et rêveuse, chacun sa rose à la main. Groupe de dames-fantômes, qui tiennent aussi des roses, bien entendu, mais qui pour la plupart, portent au cou un bébé en calotte dorée, dont la petite tête sort à demi de leur voile entr'ouvert. Ispahan se dépeuple aujourd'hui, déverse dans son oasis tout ce qui lui reste d'êtres vivants parmi ses ruines.

En plus de tant de promeneurs qui font route avec moi, la campagne où nous arrivons bientôt est déjà envahie par des dames toutes noires, qui ont dû se mettre en route dès le frais matin. On en trouve d'assises par compagnies au milieu des pavots blancs, au milieu des blés tout fleuris de bleuets et de coquelicots. Jamais nulle part je n'ai vu si générale flânerie de dimanche, sous une lumière si radieuse, dans des champs si intensément verts.

Je suis à cheval, et je vais sans but. M'étant par hasard joint à un groupe de cavaliers persans, qui ont l'air de savoir où ils vont, me voici dans les ruines d'un palais(19), ruines étincelantes de mosaïques de miroir, ruines exquises et fragiles que personne ne garde. – Au siècle du grand Chah, il y en avait tant, de ces palais de féerie! – La cour d'honneur est devenue une espèce de jungle, pleine de broussailles, de fleurs sauvages; et un petit marchand de thé, en prévision de la promenade du vendredi, a installé ses fourneaux dans une salle aux fines colonnes, dont le plafond est ouvragé, compliqué, doré avec le luxe le plus prodigue et la plus frêle délicatesse. C'était un palais impérial, une fantaisie de souverain, car l'emplacement du trône est là, facile à reconnaître: dans le recul d'une seconde salle un peu sombre, l'estrade où il reposait, et l'immense ogive destinée à lui servir d'auréole. Elle est très frangée de stalactites, il va sans dire, cette ogive, que surmontent deux chimères d'or, d'une inspiration un peu chinoise; mais le fond en est tout à fait inattendu; au lieu de se composer, comme ailleurs, d'une plus inextricable mêlée de rosaces ou d'alvéoles, aux moindres facettes serties d'or, il est vide; il est ouvert sur un tableau lointain, plus merveilleux en vérité que toutes les ciselures du monde: dans l'éclat et dans la lumière, c'est un panorama d'Ispahan, choisi avec un art consommé; c'est la ville de terre rose et de faïence bleue, déployée au-dessus de son étrange pont aux deux étages d'arceaux; coupoles, minarets et tours de la plus invraisemblable couleur, miroitant au soleil, en avant des montagnes et des neiges. Tout cela, vu de la somptueuse pénombre rouge et or où l'on est ici, et encadré dans cette ogive, a l'air d'une peinture orientale très fantastique, d'une peinture transparente, sur un vitrail.

Et il n'y a plus personne pour regarder cela, qui dut charmer jadis des yeux d'empereur; le petit marchand de thé, à l'entrée, n'a pas même de clients. Sous les beaux plafonds prêts à tomber en poussière, je reste longuement seul, pendant qu'un berger tient mon cheval dans la cour, parmi les ronces, les coquelicots et les folles avoines.

A une demi-lieue plus loin, dans les champs de pavots blancs et violets, autre palais encore, autre fantaisie de souverain, avec encore l'emplacement d'un trône. Il s'appelle *la Maison des miroirs*(20), celui-ci, et, en son temps, il devait ressembler à un palais de glaçons et de givre; son délabrement est extrême; cependant, aux parties de voûte qui ont résisté, des milliers de fragments de miroir, oxydés par les années,

---

(19) S'agit-il de *Haft Dast*, où se trouvait le sérail de Chah Abbas II?
(20) Il s'agit sans doute de l'*Aineh Khaneh*, maintenant disparu, qui ressemblait au *Chitil Sutun, le Palais des Miroirs*.

continuent de briller comme du sel. Un humble marchand de thé et de gâteaux est venu aussi s'installer à l'ombre de cette ruine, et mon arrivée dérange une compagnie de dames-fantômes qui commençaient gaîment leur dînette sur l'herbe de la cour, mais qui font silence et se dépêchent de baisser leurs voiles dès que j'apparais.

Il faut rentrer avant le coucher du soleil, comme toujours. D'ailleurs, la soirée est maussade, après un si radieux midi; un vent s'est levé, qui a passé sur les neiges et ramène une demi-impression d'hiver, en même temps que des nuages traversent le ciel.

Dans l'étroit sentier que je prends pour revenir, au milieu des blés, des bleuets et des coquelicots, une femme arrive en face de moi, toute noire, bien entendu, avec une cagoule blanche; elle marche lentement, tête baissée, on dirait qu'elle se traîne: quelque pauvre vieille sans doute, qui voit son dernier mois de mai, et je sens la tristesse de son approche... La voici à deux pas, la traînante et solitaire promeneuse... Une rafale tourmente son long voile de deuil; son masque blanc se détache et tombe!... Oh! le sourire que j'aperçois, entre les austères plis noirs... Elle a vingt ans, elle est une petite beauté espiègle et drôle, avec des joues bien rondes, bien roses; des yeux d'onyx, entre des cils qui ont l'air faits en barbes de plume de corbeau, – absolument comme les sultanes peintes sur les boîtes anciennes... A quoi pouvait-elle bien rêver, pour avoir l'allure si dolente, cette petite personne, ou qui attendait-elle?... Moitié confuse de sa mésaventure, moitié amusée, elle m'a adressé ce gentil sourire; mais bien vite elle rattache son loup blanc, et prend sa course dans les blés, plus légère qu'une jeune chevrette de six mois.

Il y a foule sur le pont d'Ispahan, vers cinq heures du soir, lorsque j'y arrive; tous les promeneurs du vendredi rentrent chez eux sans s'attarder davantage, car en Perse on a toujours peur de la nuit; à droite et à gauche de la grande voie, dans ces deux passages couverts aux aspects de cloître gothique, c'est un défilé ininterrompu de dames noires, ramenant par la main des bébés fatigués qui se font traîner.

Dans les bazars, que je dois traverser, le retour des champs, à cette heure, met aussi du monde et de la vie, heureusement pour moi, car je ne sais rien de lugubre comme ces trop longues nefs sombres, les jours de fête, quand elles sont désertes d'un bout à l'autre, sans l'éclat des étoffes, des harnais, des armes, toutes les échoppes fermées.

J'ai pris par les nefs les plus imposantes, celles du grand empereur; en haut de leurs voûtes, des fresques le représentent lui-même, en couleurs restées vives; aux coupoles surtout, aux larges coupoles abritant les carrefours, on voit son image multipliée: le Chah-Abbas, avec sa longue barbe qui pend jusqu'à la ceinture, rendant la justice, le Chah-Abbas à la chasse, le Chah Abbas à la guerre, partout le

Chah-Abbas. Je chemine en la mystérieuse et muette compagnie des dames voilées, qui rapportent au logis des églantines et des roses. De temps à autre, l'ogive d'une cour de caravansérail, ou l'ogive bleue d'une cour de mosquée, jette une traînée de jour, qui rend l'ombre ensuite plus crépusculaire. Voici, dans une niche, à moitié caché par une grille toute dorée, un personnage à barbe blanche et à figure de cent ans, devant lequel font cercle une douzaine de dames-fantômes; c'est un vieux saint homme de derviche; il est gardien d'une petite source miraculeuse, qui suinte là d'une roche, derrière cette grille si belle; il remplit d'eau des bols de bronze et, de sa main desséchée, à travers les barreaux, il les offre à tour de rôle aux dames, qui relèvent un peu leur voile et boivent par-dessous, en prenant les précautions qu'il faut pour ne point montrer leur bouche.

Tout cela se passait dans une demi-obscurité, et maintenant, au sortir des bazars, la grande place Impériale fait l'effet d'être éclairée par quelque feu de Bengale rose. Le soleil va se coucher, car les musiciens sont là, avec les longues trompes et les énormes tambours, postés à leur balcon habituel, guettant l'heure imminente, tout prêts pour le salut terrible. Mais où donc sont passés les nuages? Sans doute les temps couverts, en ce pays, ne tiennent pas; dans cette atmosphère sèche et pure, les vapeurs s'absorbent. Le ciel jaune pâle est net et limpide comme une immense topaze, et toute cette débauche d'émail, de différents côtés de la place, change de couleur, rougit et se dore autant qu'aux plus magiques soirs.

Mon Dieu! je suis en retard, car voici le grand embrasement final des minarets et des dômes, le dernier tableau de la fantasmagorie; tout est splendidement rouge, le soleil va s'éteindre... Et, quand je traverse cette vaste solitude qui est la place, le fracas des trompes éclate là-haut, gémissant, sinistre, rythmé à grands coups d'orage par les tambours.

Afin de raccourcir la route qui me reste d'ici la maison de Russie, essayons de traverser les jardins de Zelleh-Sultan; on doit commencer à me connaître là pour l'étranger recueilli par le prince D..., et peut-être me laissera-t-on entrer.

En effet, aux portes successives, les gardiens, qui fument leur kalyan assis parmi les buissons de roses, me regardent sans rien dire. Mais je n'avais pas prévu combien l'heure était choisie, ensorcelante et rare pour pénétrer dans ces allées de fleurs, et voici que j'ai une tendance à m'y attarder. On y est grisé par ces milliers de roses, dont le parfum se concentre le soir sous les arbres. Et le chant des muezzins, qui plane tout à coup sur Ispahan, après la sonnerie des trompes, paraît doux et céleste; on croirait des orgues et des cloches, s'accordant ensemble dans l'air.

Comme c'est mon dernier soir (je pars demain), j'ai demandé exceptionnellement la permission de me promener à nuit close, et mes hôtes ont bien voulu faire prévenir les veilleurs, sur le chemin que je compte parcourir, pour qu'ils ouvrent devant moi ces lourdes portes, au milieu des rues, que l'on verrouille après le coucher du soleil et qui empêchent de communiquer d'un quartier à un autre.

Il est environ dix heures quand je quitte la maison du prince, à l'étonnement des cosaques, gardiens de la seule sortie. Et, tout de suite, c'est la plongée dans le silence et l'obscurité. Aucune nécropole ne saurait donner davantage le sentiment de la mort qu'Ispahan la nuit. Sous les voûtes, les voix vibrent trop, et les pas sonnent lugubres contre les pavés, comme dans les caveaux funéraires. Deux gardes me suivent, et un autre me précède, portant un fanal de trois pieds de haut, qu'il promène à droite ou à gauche pour me dénoncer les trous, les cloaques, les immondices ou les bêtes mortes. D'abord nous rencontrions de loin en loin quelque autre fanal pareil, éclairant soit un cavalier attardé, soit un groupe de dames à cagoule sous la conduite d'un homme en armes; et puis bientôt plus personne. D'affreux chiens jaunâtres, de ces chiens sans maître qui se nourrissent d'ordures, dorment çà et là par tas, et grognent quand on passe; ils sont maintenant tout ce qui reste de vivant dans les rues, et ils ne se lèvent même pas, se contentent de dresser la tête et de montrer les crocs. Rien d'autre ne bouge. A part les ruines éventrées, pas une maison qui ne soit peureusement close. Armé jusqu'aux dents, le veilleur du quartier nous suit à pas de loup, en sourdes babouches. Quand on arrive à la porte cloutée de fer qui termine son domaine et barre le chemin, il appelle à longs cris le veilleur suivant, qui répond à voix d'abord lointaine, et puis se rapproche en criant toujours et finit par venir ouvrir, avec des grincements de clefs, de verrous, et de gonds rouillés. On entre alors dans une nouvelle zone d'ombre et de ruines croulantes, tandis que la porte derrière vous se referme, vous isolant tout à coup davantage du logis dont on s'éloigne. Et ainsi de suite, chaque tranche des catacombes que l'on traverse ne communiquant plus avec la précédente d'où l'on vient de sortir. Dans les parties voûtées, où se concentrent des odeurs de moisissures, de décompositions et de fientes, il fait noir comme si on cheminait à vingt pieds sous terre. Mais, dans les parties à ciel libre, on a l'émerveillement des étoiles, qui en Perse ne sont pas comparables aux étoiles d'ailleurs, et qui paraissent plus rayonnantes encore entre ces murailles crevées et ces masures, dans ce cadre de vétusté et de ténèbres. Tout concourt à ce que cette atmosphère soit quelque chose de ténu et de translucide, où aucun scintillement n'est intercepté: l'altitude, et le voisinage de ces déserts de sable qui jamais n'exhalent de vapeur. Elles jettent les mêmes feux que les purs diamants, ces étoiles de Perse, des feux colorés si l'on y regarde bien, des feux rouges, violets ou bleuâtres. Et puis elles sont innombrables; des milliers d'univers, qui en d'autres régions de notre monde ne seraient pas visibles, brillent en ce pays pour les yeux humains, du fond de l'infini.

Mais, par contraste, quelle lamentable décrépitude ici, sur la terre! Ecroulements, décombres et pourritures, c'est en somme tout ce qui reste de cette Ispahan qui, dans le lointain et sous les rayons de son soleil, joue encore la grande ville enchantée...

Au-dessus de nos têtes, les voûtes s'élèvent, deviennent majestueuses; nous arrivons aux quartiers construits par le Chah-Abbas, et nous voici arrêtés devant la porte d'une des principales artères du bazar. Là, le veilleur qui nous guide commence de héler à cris prolongés, et bientôt une voix de loin répond, une voix traînante et sinistre, répétée par un écho sans fin, comme si on jetait un appel d'alarme la nuit dans une église. Celui qui est derrière ces battants de cèdre dit qu'il veut bien ouvrir, mais qu'il cherche la clef sans la trouver, qu'un autre l'a gardée, etc. Et les chiens des rues, que cela inquiète, s'éveillent partout, entonnent un concert d'aboiements qui se propage au loin dans les sonorités du dédale couvert. Cependant la voix de l'homme, qui prétend chercher sa clef, va s'éloignant toujours; soit mauvaise volonté, soit frayeur, il est certain que celui-là ne nous ouvrira pas. Alors, essayons d'un grand détour, par d'autres rues, pour arriver quand même au but de notre course.

Le but, c'est la place Impériale que je veux voir une dernière fois avant de partir, et voir en pleine nuit.

Elle nous apparaît enfin, cette place, par la haute porte du bazar des teinturiers, que l'on consent à nous ouvrir, et, sous l'éclairage discret de tous les petits diamants qui scintillent là-haut, elle paraît trois fois plus grande encore qu'à la lumière du jour. Toute une caravane de chameaux accroupis y sommeille à l'un des angles, exhalant une buée qui trouble dans ce coin la pureté de l'air, et des veilleurs armés se tiennent alentour, comme si l'on était en rase campagne. Ailleurs, deux petits cortèges de dames-fantômes traversent cette solitude, chacun précédé d'un fanal et escorté de gardes: retours de quelque fête sans doute, de quelque fête de harem, interdite aux maris et cachée au fond d'une demeure farouchement close. L'une des deux mystérieuses compagnies passe si loin, si loin, à l'autre bout de la place, que l'on dirait une promenade de pygmées. On entend des heurts et des appels, aux portes des quartiers qu'il s'agit de faire ouvrir, et puis des grincements de verrous, et les deux groupes, l'un après l'autre, se plongent dans les couloirs voûtés; nous restons seuls avec la caravane endormie, dans ce lieu vaste, et très solennel à cette heure, entre ses alignements symétriques d'arcades murées.

Tandis que la place semble avoir grandi, la mosquée Impériale, là-bas, en silhouette très précise sur le ciel, s'est rapetissée et abaissée, – comme il arrive toujours aux montagnes ou aux monuments lorsqu'on les regarde la nuit et dans le lointain. Mais, dès qu'on s'en rapproche, dès qu'elle reprend son importance en l'air, elle redevient une merveille plus étonnante que pendant le jour, vue à travers cette limpidité presque anormale, au milieu de ce recueillement et de ce silence infinis. Les étoiles, les petits diamants colorés qui laissent tomber sur elle, du haut de l'incommensurable vide, leurs clartés de lucioles, font luire discrètement ses faïences, ses surfaces polies, les courbures de ses coupoles et de ses tours fuselées. Et elle trouve le moyen d'être encore bleue, alors qu'il ne reste plus de couleurs autre part sur la terre; elle s'enlève en bleu sur les profondeurs du ciel nocturne qui donnent presque du noir à côté de son émail, du noir saupoudré d'étincelles. De plus, on la dirait glacée; non seulement une paix, comme toujours, émane de ses abords, mais on a aussi l'illusion qu'elle dégage du froid.

Samedi, 19 mai.

Ce matin, au soleil de sept heures, je traverse pour la dernière fois ce jardin, rempli de roses d'Ispahan, où je me suis reposé une semaine. Je pars, je continue ma route vers le Nord. Et je ne reverrai sans doute jamais les hôtes aimables avec lesquels je viens de vivre dans une presque-intimité de quelques soirs.

Bien qu'il n'y ait guère de route, c'est en voiture que je voyagerai d'ici Téhéran; du reste, mon pauvre serviteur français, très endommagé par les fatigues précédentes, ne supporterait plus une chevauchée. Devant la porte, mon singulier équipage est déjà attelé: une sorte de victoria solide, dont tous les ressorts ont été renforcés et garnis avec des cordes; en France, on y mettrait un cheval, ou au plus deux; ici, j'en ai quatre, quatre vigoureuses bêtes rangées de front, aux harnais compliqués et pailletés de cuivre à la mode persane. Sur le siège, deux hommes, le revolver à la ceinture, le cocher, et son coadjuteur, qui se tiendra toujours prêt à sauter à la tête de l'attelage dans les moments critiques. Huit chevaux suivront, pour porter mes colis et mes Persans. Pour ce qui est des menus bagages, que j'avais fait attacher derrière la voiture, le conducteur exige que j'en retire la moitié, parce que, dit-il, *"quand nous verserons..."*

Il faut presque une heure pour sortir du dédale d'Ispahan, où nos chevaux, trop vifs au départ, font pas mal de sottises le long des ruelles étroites, accrochant des devantures, ou renversant des mules chargées. Tantôt dans l'obscurité des bazars, tantôt sous le beau soleil parmi les ruines, nous allons grand train, bondissant sur les dalles, cahotés à tout rompre. Et des mendiants suivent à la course, nous jetant des roses avec leurs souhaits de bon voyage.

Après cela, commence la campagne, la verdure neuve des peupliers et des saules, la teinte fraîche des orges, fleuries de bleuets, la blancheur des champs de pavots.

A midi, nous retrouvons la poussière et le délabrement habituel du caravansérail quelconque où l'on fait halte; – dans un définitif lointain, la ville aux dômes bleus, la ville aux ruines couleur tourterelle, s'est évanouie derrière nous.

Et, pendant l'étape de la soirée, le désert nous est rendu, le désert que nous ne pensions plus revoir sur cette route de Téhéran, le vrai désert avec ses sables, ses étincellements, ses caravanes et ses mirages, – ses jolis lacs bleus, qui durent trois minutes, vous tentent et s'évanouissent... Au milieu de tout cela, passer en voiture, rouler au grand trot sur des sentes de chameliers, c'est vraiment une incohérence tout à fait nouvelle pour mes yeux.

Dimanche, 20 mai.

Murchakar(21) est le village où nous avons dormi cette nuit, et notre voiture y a fait sensation; hier au soir, lorsqu'elle était dételée à la porte du caravansérail, les bêtes qui revenaient des champs se jetaient de côté par crainte d'en passer trop près,

Tout le jour, sans difficultés sérieuses, nous avons roulé grand train, dans un désert assez *carrossable*, sur ce vieux sol de Perse, sur cette argile dure, tapissée d'aromates, que nous avons déjà si longuement foulée depuis Chiraz. Les montagnes, qui nous suivaient de droite et de gauche avec leurs neiges, il nous semblait déjà les connaître; amas de roches tourmentées, sans jamais trace de verdure, elles rappelaient toutes celles que nous avons vues, depuis tant de jours, dérouler le long de notre route leurs chaînes monotones.

Et ce soir, dans une vallée, nous avons aperçu la fraîche petite oasis, où le village n'est plus fortifié, n'a plus l'air d'avoir peur, comme ceux des régions du Sud, s'étale au contraire tranquillement au bord d'un ruisseau, parmi les arbres fruitiers et les fleurs(22).

Mais quelle affluence extraordinaire aux abords, dans la prairie! Ce doit être quelque grand personnage, voyageant avec un train de satrape: six carrosses, une vingtaine de ces cages en bois recouvertes de drap rouge où s'enferment les dames sur le dos des mules, au moins cinquante chevaux, des tentes magnifiques dressées sur l'herbe; et des draperies clouées aux arbres, enfermant tout un petit bocage, évidemment pour mettre à l'abri des regards le harem du seigneur qui passe. – C'est, nous dit-on, un nouveau vizir, qui est envoyé de Téhéran pour gouverner la province du Fars, et qui se rend à son poste. Tout le caravansérail est pris par les gens de la suite; inutile d'y chercher place.

Mais jamais villageois n'ont été plus accueillants que ceux qui viennent faire cercle autour de nous, – tous en longues robes de "perse" à fleurs, bien serrées à la taille, mancherons flottants, et hauts bonnets rejetés en arrière sur des têtes

---

(21) A 50 kilomètres au nord d'Ispahan.
(22) Il s'agit, sans doute, de *Kuh Rud*.

presque toujours nobles et jolies. C'est à qui nous donnera sa maison, à qui portera nos bagages.

La chambrette d'argile que nous acceptons est sur une terrasse et regarde un verger plein de cerisiers, où bruissent des eaux vives. Elle est soigneusement blanchie à la chaux, et agrémentée d'humbles petites mosaïques de miroirs, çà et là incrustées dans le mur. Sur la cheminée, parmi les aiguières orientales et les coffrets de cuivre, on a rangé en symétrie des grenades et des pommes de l'an passé, tout comme auraient fait nos paysans de France. Ici, ce n'est plus la rudesse primitive des oasis du Sud; on commence à ne plus se sentir si loin; des choses rappellent presque les villages de chez nous.

Lundi, 21 mai.

Le matin, au petit vent frisquet qui agite les cerisiers et couche les blés verts, le camp du satrape s'éveille pour continuer son chemin. D'abord, les beaux cavaliers d'avant-garde, le fusil à l'épaule, montent l'un après l'autre sur leurs selles à pommeau d'argent et de nacre, frangées ou brodées d'or, et partent, séparément, au galop. Ensuite on prépare les carrosses, où quatre chevaux s'attellent de front; une vingtaine de laquais s'empressent, gens tout galonnés d'argent, en bottes et tuniques longues à la mode circassienne.

Le satrape, l'air distingué et las, accroupi sur l'herbe, à côté de sa belle voiture bientôt prête, fume avec nonchalance un kalyan d'argent ciselé que deux serviteurs lui soutiennent. On l'attelle à six chevaux, son carrosse, quatre de front aux brancards, deux autres devant, sur lesquels montent des piqueurs aux robes très argentées. Et dès que ce seigneur est installé, seul dans le pompeux équipage, tout cela part au triple galop vers le désert, où viennent déjà de s'engouffrer les éclaireurs.

Mais ce qui surtout nous intéresse, c'est le harem, le harem qui s'équipe aussi derrière ses rideaux jaloux; nous caressons le vague espoir que quelque belle, peut-être, grâce au laisser aller du campement, nous montrera sa figure. Le petit bocage, où on les a toutes enfermées, reste entouré encore de ses draperies impénétrables; mais on s'aperçoit que l'agitation y est extrême; les eunuques, en courant, entrent et sortent, portant des sacs, des voiles, des friandises sur des plateaux dorés. - Evidemment elles ne tarderont pas à paraître, les prisonnières...

Le soleil monte et commence à nous chauffer voluptueusement; autour de nous, l'herbe est semée de fleurs, on entend bruire les ruisseaux, on sent le parfum des menthes sauvages, et sur la montagne les neiges resplendissent; le lieu est agréable pour attendre, restons encore...

Les draperies, enfin, partout à la fois, sous la manœuvre combinée des eunuques, se décrochent et tombent... Déception complète, hélas! Elles sont bien là, les belles dames, une vingtaine environ, mais toutes debout, correctes, enveloppées de la tête aux pieds dans leurs housses noires, et le masque sur le visage: les mêmes éternels et exaspérants fantômes que nous avons déjà vus partout!

Au moins, regardons-les s'en aller, puisque nous avons tant fait que de perdre une heure. Dans les carrosses à quatre chevaux, celles qui montent d'abord, évidemment, sont des princesses; cela se devine aux petits pieds, aux petites mains gantées, et à ces pierreries, derrière la tête, qui agrafent le loup blanc. Tandis que ce sont des épouses inférieures ou des servantes, celles ensuite qui grimpent sur le dos des mules, deux par deux dans les cages de drap rouge. Et toutes, sous l'œil des eunuques, s'éloignent par les chemins du désert, dans la même direction que le satrape, dont les chevaux sans doute galopent toujours, car sa voiture n'est bientôt plus qu'un point perdu au fond des lointains éblouissants.

Alors nous partons nous-mêmes, en sens inverse. Et, tout de suite environnés de solitudes, nous recommençons à suivre ces sentes de caravanes, qui sont de plus en plus jalonnées de crânes et de carcasses, qui sont les cimetières sans fin des mules et des chameaux.

Là, nous croisons l'arrière-garde attardée du vizir: encore des cavaliers armés; encore des palanquins rouges enfermant des dames, de très larges palanquins qui sont posés chacun sur deux mules accouplées et où les belles voyageuses se mettent à leur petite fenêtre pour nous regarder passer; et, en dernier lieu, une file interminable de bêtes de charge, portant des coffres incrustés ou ciselés, des paquets recouverts de somptueux tapis, et de la vaisselle de cuivre, et de la vaisselle d'argent, des aiguières d'argent, de grands plateaux d'argent.

Ensuite, dans le désert d'argile durcie, plus rien jusqu'à l'étape méridienne, un triste caravansérail solitaire, entouré de squelettes, de mâchoires et de vertèbres, et où nous ne trouvons même pas de quoi faire manger nos chevaux.

Le désert de l'après-midi devient noirâtre, entre des montagnes de même couleur dont les roches ont des cassures et des luisants de charbon de terre. Et puis, tout à coup, on croirait voir l'Océan se déployer en avant de notre route, sous d'étranges nuées obscures: ce sont des plaines en contre-bas (par rapport à nous s'entend, car elles sont encore à plus de mille mètres d'altitude); et en l'air, ce sont des masses énormes de poussière et de sable, soulevées par un vent terrible qui commence de venir jusqu'à nous.

D'habitude, lorsqu'il se présente une côte trop raide et que notre attelage risque de ne pouvoir la gravir, le cocher y lance ses quatre chevaux à une allure furieuse, les excitant par des cris, et les fouaillant à tour de bras. Dans les descentes, au contraire, on les retient comme on peut, mais cette fois ils s'emballent comme pour une montée, et nous dégringolons au fond de cette plaine avec une vitesse à donner le vertige, la respiration coupée par le vent et les yeux brûlés par une grêle de poussière. Jamais nuages réels n'ont été aussi opaques et aussi noirs que ceux qui s'avancent pour nous recouvrir; çà et là des trombes de sable montent tout droit comme des colonnes de fumée, on dirait que ces étendues brûlent sourdement sans flammes. Ce nouveau désert, où nous descendons si vite, est plein d'obscurité et de mirages, toute sa surface tremble et se déforme; il a quelque chose d'apocalyptique et d'effroyable; d'ailleurs, ce vent est trop chaud, on ne respire plus; le soleil s'obscurcit, et on voudrait fuir; les chevaux aussi souffrent, et une vague épouvante précipite encore leur course.

En bas, où nous arrivons aveuglés, la gorge pleine de sable, voici, heureusement, le pauvre hameau sauvage qui sera notre étape de nuit; il était temps: à dix pas en avant de soi, on ne distinguait plus rien. Le soleil, encore très haut, n'est plus qu'un funèbre disque jaune, terne comme un globe de lampe vu à travers de la fumée. Une obscurité d'éclipse ou de fin de monde achève de descendre sur nous. Dans l'espèce de grotte en terre noircie, qui est la chambre du caravansérail, le sable entre en tourbillons par les trous qui servent de portes et de fenêtres; on suffoque, – et cependant il faut rester là, car dehors ce serait pire; ici, c'est le seul abri contre la tourmente chaude et obscure qui enveloppe autour de nous toutes ces vastes solitudes...

Mardi, 22 mai.

Ces ténèbres d'hier au soir, cette tempête lourde qui brûlait, c'était quelque mauvais rêve sans doute. Au réveil, ce matin, tout est calme, l'air a repris sa limpidité profonde, et le jour se lève dans la splendeur. Autour du hameau, s'étend un désert de sable rose; et des montagnes, que nous n'avions pas soupçonnées en arrivant, sont là tout près, dressant leurs cimes où brille de la neige.

L'étape d'aujourd'hui promet d'être facile, car les plaines de sable font devant nous comme une espèce de route plane, – une route de cinq ou six lieues de large et s'en allant à l'infini, entre ces deux chaînes de montagnes qui encore et toujours nous suivent.

Elle sera courte aussi, l'étape, une douzaine de lieues à peine, et nous arriverons ce soir dans cette grande ville de Kachan, que fonda jadis l'épouse du khalife Haroun-al-Raschid, la sultane Zobéide, popularisée chez nous par les *Mille et une Nuits*(23).

---

(23) Haroun-al-Raschid (766-809) avait épousé Zobéide en 785. Elle mourut en 831. Presque tous les contes des *Mille et une Nuits* se passent sous son règne, mais la ville est plus ancienne. Voir Kharegat, *op.cit.*

Toute la matinée nous suivons les sentes que jalonnent des ossements, nous roulons sans bruit sur ces sables doux, qui nous changent de l'argile habituelle et des pierrailles. Un tremblement continu, précurseur de mirages, agite les lointains surchauffés; en haut, les cimes s'enlèvent sur le ciel avec une netteté impeccable et une magnifique violence de couleurs, tandis qu'en bas, au niveau de ce sol qui s'enfonce sous les roues de notre voiture, tout est imprécision, éblouissement. Et, vers midi, commencent autour de nous les gentilles fantasmagories auxquelles nous avons fini de nous laisser prendre, le jeu de cache-cache de ces petits lacs bleus, qui sont là, qui n'y sont plus, qui s'escamotent, passent ailleurs et puis reviennent...

Mais quand la journée s'avance, le vent s'élève comme hier et tout de suite le sable vole; les dunes autour de nous semblent fumer par la crête; des tourbillons, des trombes se forment; le soleil jaunit et s'éteint; voici de nouveau une obscurité d'éclipse sous un ciel à faire peur. On est sur une planète morte, qui n'a plus qu'un fantôme de soleil. Le champ de la vue s'est rétréci avec une rapidité stupéfiante; à deux pas, tout est noyé dans le brouillard jaune, on distingue à peine les crinières des chevaux qui se tordent au vent comme des chevelures de furies. On ne reconnaît plus les sentes, on est aveuglé, on étouffe...

– Je ne vois pas, je ne vois pas Kachan, – nous crie le cocher, qui perd la tête, et qui d'ailleurs s'emplit la bouche de sable pour avoir voulu prononcer ces trois mots.

Nous le croyons sans peine, qu'il ne voit pas Kachan, car, même avant la bourrasque, on n'apercevait rien autre chose que le désert... L'attelage s'arrête. Qui nous dira où nous sommes, et que devenir?

Ce doit être une hallucination: il nous semble entendre carillonner des cloches d'église, de grosses cloches qui seraient innombrables et qui se rapprochent toujours ...jusqu'à sonner presque sur nous... Et, brusquement, à nous toucher, un chameau surgit, l'air d'une bête fantastique, estompée dans la brume. Le long de ses flancs, des marmites de cuivre se balancent et se heurtent avec un bruit de gros bourdon. Un second passe ensuite, attaché à la queue du premier, et puis trois, et puis cinquante et puis cent; tous chargés de plateaux, de marmites, de buires, d'objets de mille formes en cuivre rouge, qui mènent ce carillon d'enfer. Kachan est par excellence la ville des frappeurs de cuivre; elle approvisionne la province et les nomades d'ustensiles de ménage, martelés dans ses bazars; elle expédie journellement des caravanes pareilles, qui s'entendent ainsi fort loin à la ronde au milieu des solitudes.

– Où est Kachan? demande notre cocher à une apparition humaine, dessinée pour un instant, sur le dos d'un chameau, au-dessus d'une pile d'aiguières.

– Droit devant vous, à peine une heure! répond l'inconnu d'une voix étouffée, à travers le voile dont il s'est enveloppé la figure par crainte d'avaler du sable. Et il s'évanouit pour nos yeux dans la brume sèche.

Droit devant nous... Alors, fouaillons les chevaux, pour les remettre en marche si possible, essayons d'arriver. Du reste cela s'apaise, le vent diminue, il fait moins sombre; voici des vertèbres par terre, nous devons être en bonne direction dans les sentes.

Une demi-heure encore, à cheminer un peu à l'aveuglette. Et puis, une éclaircie soudaine, et la ville de la sultane Zobéide tout à coup s'esquisse, en l'air, beaucoup plus haut que nous ne la cherchions: des dômes, des dômes, des minarets, des tours. Elle est très proche, et on la croirait loin, tant ses lignes restent peu accentuées. Dans le brouillard encore, et en avant d'un ciel tout noir, illuminée par le soleil couchant, elle est rouge, cette vieille cité d'argile, rouge comme ses cuivres, qui tout à l'heure faisaient tant de bruit. Et, sur la pointe de chaque minaret, sur la pointe de chaque coupole, une cigogne se tient gravement perchée, une cigogne agrandie par la brume de sable et prenant à nos yeux des proportions d'oiseau géant.

CINQUIEME PARTIE

Derrière cette ville de la sultane Zobéide, qui vient de nous montrer si soudainement là-haut ses mille coupoles et qui a l'air d'une grande apparition tout en cuivre rose, ce sont bien de vrais nuages cette fois, qui forment ce fond si sombre; – des nuages où la foudre, à chaque minute, dessine des zigzags de feu pâle. La tourmente d'où nous sommes à peine sortis, la tourmente de poussière et de sable, continue sa route vers le désert; nous voyons fuir sur l'horizon derrière nous son voile lourd et son obscurité dantesque. De plus en plus, tout se précise et s'éclaire, les choses redeviennent réelles; nous roulons maintenant au milieu des champs de l'oasis, un peu dévastés par la bourrasque, des champs de blé, de pavots, de coton et de riz. Quant à la ville, d'un premier aspect merveilleux auquel nous ne nous sommes plus laissé prendre, ce n'est comme toujours qu'un amas de ruines. – Et il s'agit maintenant d'y entrer, ce qui n'est pas tout simple; pour un cavalier, ce serait déjà difficile; mais pour une voiture à quatre chevaux de front, cela devient un problème; il faut longtemps chercher, essayer d'un chemin, reculer, essayer d'un autre. Nulle part le travail de ces fourmis humaines, que sont les Iraniens, n'a été plus fouilleur que là, ni plus acharné, ni plus imprévoyant. Il n'y a vraiment pas de passage parmi les éboulis de tous ces murs d'argile, qui durent à peine et qu'on ne relève jamais, parmi ces torrents au lit creux et profond, surtout parmi ces excavations sans nombre d'où la terre à construire a été retirée et qui restent éternellement béantes. Un de mes chevaux de flanc tombe dans une cave, risque d'y entraîner l'attelage et nous-mêmes, reste suspendu par son harnais, réussit à regrimper, – et nous finissons cependant par arriver aux portes.

L'orage s'entend déjà sourdement quand nous pénétrons dans la ville, qui est immense et lugubre; des mosquées, des tours, d'archaïques et lourdes pyramides quadrangulaires, à étages gradués, comme celles de certains temples de l'Inde; un audacieux entassement d'argile qui joue encore le grandiose dans sa caducité dernière.

Voici un carrefour où un vieux derviche en robe blanche, en longue barbe teinte de rouge vermillon, explique le Coran à une vingtaine de bébés bien sages, assis en cercle sur des pierres.

Voici un minaret d'au moins soixante mètres, immense et isolé, qui penche plus que la tour de Pise, qui penche à faire peur. (Il est le lieu de supplice des femmes adultères; on les précipite d'en haut (1), – et du côté qui s'incline, afin de leur donner plus terribles, à l'instant qui précède la chute, les affres du vide où elles vont tomber.)

_____

(1) Cf. J. Dieulafoy, *op. cit.*, p.198, c'est du haut de la tour penchée que l'on précipit*ait*, il y a encore peu d'années, les femmes convaincues d'adultère.

Et puis voici les grandes ogives gothiques et l'obscurité des bazars. Tout ce qui reste de vie et de bruit à Kachan s'est concentré sous ces voûtes, dans ces longues et hautes nefs où l'on y voit si mal et qui sont encombrées par des centaines d'énormes chameaux, encore tout bourrus dans leurs poils d'hiver. Pour pénétrer là, nous avons dû dételer nos deux chevaux de flanc, nous prenions trop de place en largeur; et avec les deux qui restent, c'est encore plus qu'il n'en faudrait, car ils s'épouvantent à entendre toutes ces voix qui crient, à sentir de si près tous ces chameaux; malgré la fatigue de la journée, ils sont difficiles à tenir, n'avancent que par soubresauts et gambades. Le tonnerre gronde de plus en plus fort, et, quand nous passons par le bazar des cuivres, où les frappeurs donnent furieusement les derniers coups de marteau avant la nuit, le tapage devient si infernal que nos bêtes s'affolent; il faut mettre pied à terre et dételer. Alors nous nous trouvons sans défense contre les marchands, qui nous sollicitent et s'emparent de nos mains pour nous entraîner. Nulle part nous n'avions vu tant de longues barbes teintes en rouge, ni de si hauts bonnets noirs; tous ces gens ont l'air d'astrologues. Bon gré mal gré, il faut les suivre; tantôt dans des filatures de soie presque souterraines où les ouvriers pour travailler doivent avoir des yeux de chat; tantôt au fond de cours à ciel ouvert où un peu de clarté tombe sur des grenadiers tout rouges de fleurs, et là on déballe à nos pieds les trésors d'Aladin, les armes damasquinées, les brocarts, les parures, les pierres fines. Surtout chez les marchands de tapis, où il faut par force accepter un kalyan et une tasse de thé, nous sommes longtemps prisonniers; on déplie devant nous d'incomparables tissus de Kachan qui chatoient comme des plumages de colibri: chaque tapis de prière représente un buisson rempli d'oiseaux, qui étale symétriquement ses branches au milieu d'un portique de mosquée, et le coloris est toujours une merveille. Les prix commencent chaque fois par être exorbitants, et nous faisons mine de partir au comble de l'indignation; alors on nous retient par la manche, on rallume notre kalyan et on nous fait rasseoir. Telle est, du reste, toujours et partout, la comédie du marchandage oriental.

C'est donc en plein crépuscule que nous finissons par arriver au grand caravansérail, où nous a devancés notre voiture; un caravansérail très délabré, il va sans dire, mais tellement monumental qu'aucun porche de basilique ne pourrait se comparer, comme dimensions, à cette entrée revêtue de faïence bleue. Un vieux sorcier, dont la barbe est rouge comme du sang, nous conduit à des chambrettes hautes, que balaie à cette heure le vent d'orage.

Ici est le point de croisement des chemins qui viennent des déserts de l'Est à Kachan et de ceux qui conduisent à la mer Caspienne: aussi y a-t-il un continuel va-et-vient de caravanes dans cette ville. Au jour mourant, nous regardons s'engouffrer au-dessous de nous, dans l'ogive du portique, deux cents chameaux pour le moins, attachés à la file; d'étonnants chameaux parés avec une pompe barbare, ayant des plumets sur la bosse, des queues de coq sur le front, des queues de renard aux oreilles, des fausses barbes faites de coquillages enfilés. Les chameliers qui les conduisent, figures plates du type mongol, portent des petits sayons courts, rayés de mille couleurs, et d'énormes bonnets à poil. Tout cela, paraît-il, nous arrive en droite ligne de Djellahadah, en Afghanistan, à travers l'infini des plaines de sel, et tout cela, avec une lenteur majestueuse, entre en carillonnant. Il y en a tant, que la nuit est venue quand les derniers paraissent, animaux tout à fait fantastiques alors, vus à la lueur des éclairs.

Dans une mosquée voisine, on psalmodie à plusieurs voix, sur un air monotone comme le bruit de la mer. Et tout cela ensemble se fond pour bercer notre premier sommeil: les chants religieux, le nom d'Allah modulé avec une tristesse douce sur des notes très hautes, les sonnailles des caravanes, les grondements de l'orage qui s'éloigne, le tambourinement de la pluie, les plaintes flûtées du vent dans les trous du mur.

Mercredi, 23 mai.

Huit heures de route aujourd'hui, à travers de très mornes solitudes. Halte le soir dans un hameau misérable: une dizaine de vieilles maisonnettes d'argile auxquelles un ruisseau clair apporte la vie; quelques petits champs de blé, un bouquet de trois ou quatre mûriers chargés de mûres blanches; rien de plus, le désert à perte de vue tout autour. Les gens paraissent très pauvres, et sans doute le lieu est malsain, car ils ont la mine souffreteuse. Dans le terrier qui sera notre chambre, les hirondelles confiantes ont plusieurs nids au-dessus de la cheminée; en allongeant le bras, on toucherait les petits qui montrent tous leurs têtes au balcon.

Et nous arrivons précisément le jour où les anciens d'ici, – une dizaine de vieux desséchés, – ont décidé de faire la première cueillette des mûres. Cela se passe à l'heure du repos, du kalyan et de la rêverie, quand nous sommes assis, avec deux ou trois pâtres, devant la porte du gîte en ruine, à écouter le gentil murmure de ce ruisseau unique et précieux, à regarder le soleil disparaître au fond des solitudes. Les quelques enfants, tous bien dépenaillés et bien pâlots, font cercle autour des mûriers rabougris dont on va secouer les branches; pour une fois, la joie de cette attente anime leurs yeux, coutumiers de mélancolie. A chaque secousse donnée, les mûres tombent en pluie sur le triste sol durci, et les petits se précipitent comme des moineaux à qui l'on jette du grain, tandis que le plus décharné des vieillards arrête les trop gourmands, règle avec gravité le partage. Ces arbustes sont les seuls à bien des lieues à la ronde; et sans doute, dans ce hameau si perdu, on pense plusieurs semaines d'avance à ces cueillettes crépusculaires, réservées aux longs soirs de mai; on ne connaît pas au cours de l'année d'autre fête… Quand c'est fini, la nuit tombe avec le froid; les solitudes, semble-t-il, s'agrandissent partout alentour, l'isolement extrême s'indique davantage. Ce petit groupement humain n'a pas de murailles comme en avaient ceux des oasis du Sud; la porte de notre gîte enfumé ne ferme pas, et nous nous endormons le revolver à la main.

Jeudi, 24 mai.

Départ de grand matin, afin d'arriver ce soir dans la ville de Koum, réputée pour sa mosquée revêtue d'émail d'or, où repose la sainte Fatmah, petite-fille du Prophète (2).

Après cinq ou six heures de route dans un lumineux désert, dont les sentes sont jalonnées d'ossements, vers midi, à l'instant des fantasmagories et des mirages, quelque chose étincelle là-bas, dans l'inappréciable lointain, presque au delà des horizons; quelque chose qui n'est perceptible à l'œil que par son rayonnement, comme les étoiles; un astre qui se lève, un globe d'or, un feu, on ne sait quoi d'inusité et de jamais vu...

– Koum! dit le conducteur des chevaux, en indiquant cela du doigt... Alors, ce doit être le fameux dôme d'or, qui miroite au soleil méridien, qui est comme un phare de plein jour, appelant les caravanes du fond du désert... Cela paraît et disparaît, au hasard des ondulations du terrain et, après que nous avons trotté plus d'une heure dans cette direction sans nous en être rapprochés sensiblement, cela s'éclipse tout à fait.

Il est quatre heures du soir, quand nous apercevons les arbres de l'oasis de Koum, les champs de blé, et enfin la ville; amas sans fin de ruines grises, toujours et toujours, décombres et fondrières. Il y a naturellement des coupoles par milliers, des donjons, des minarets partout et de toutes les formes; des tours d'une couleur beige, des tours roses, qui sont comme coiffées d'un turban d'émail bleu. Et, sur chaque pointe dressée vers le ciel, se tient gravement une cigogne debout dans son nid. Il y a beaucoup de jardins à l'abandon, qui sont remplis de grenadiers en fleurs et dont le sol est empourpré par la jonchée des pétales... Mais ce dôme d'or, ce tombeau de Fatmah, entrevu de si loin, dans les mirages de midi, où donc est-il? Nous l'avions rêvé sans doute, car rien n'y ressemble.

De temps à autre, une porte s'ouvre, au roulement de notre voiture, au bruit de nos grelots, et quelque femme dévoilée risque un de ses yeux, une moitié de son visage toujours joli, pour regarder qui passe. Une vingtaine de petits enfants, tous adorables, couverts d'amulettes, la chevelure teinte en rouge de flamme, nous suivent à la course, dans l'ébahissement de notre attelage, et nous entrons avec ce cortège sous les voûtes des bazars. Alors, pénombre subite, difficultés et frôlements continuels, pendant vingt longues minutes, au milieu des chameaux velus, dont nos quatre bêtes reniflent avec dégoût la senteur musquée. Là se coudoient les nomades

_____

(2) La mosquée fut détruite par les Afghans en 1722 et c'est Fath Ali Chah (1797-1833) qui a fait construire la coupole dorée.

en haillons, les Iraniens en belle robe, les Afghans à bonnet pointu, les bédouins de Syrie la tête ornée de soies éclatantes et de cordelettes; toute sorte de monde, une foule énorme; et on y voit à peine.

La clarté du soir nous est cependant rendue, par l'ogive de sortie, et le dôme étincelant nous réapparaît enfin, tout proche, trônant au milieu d'un décor qui a l'air arrangé là par quelque magicien, pour nous éblouir. Le long d'une rivière desséchée, au lit de galets blancs, que traverse un pont courbe à balustres de faïence, un panorama de féerie se déploie; pêle-mêle, enchevêtrés, superposés, des portiques, des minarets, des dômes, ruisselants d'émail et d'or; tout ce qui avoisine le sol est d'émail bleu; tout ce qui s'élève est d'émail vert, à reflets métalliques comme la queue des paons; la décoration se fait de plus en plus dorée à mesure qu'elle s'éloigne de la base, et tout finit vers le ciel en pointes d'or. En plus des vrais minarets, assez larges pour que les muezzins y montent chanter, il y a quantités de minces fuseaux, évidemment impossibles à gravir, qui s'élancent aussi et brillent comme des orfèvreries. Et c'est si neuf, si beau, si flambant, si imprévu, au milieu de cette ville de débris et de poussière!... Parmi ces magnificences, croissent des arbres tout rouges, des grenadiers follement fleuris; on dirait qu'il a neigé dessus des perles de corail. Et derrière tout cela, les grandes cimes, deux fois hautes comme nos Alpes, se découpent toutes roses, dans leur gloire de la fin du jour, sur un fond couleur d'aigue-marine.

Mes yeux, qui ont vu tant de choses, ne se rappellent rien d'aussi étourdissant ni d'aussi fantastique, rien d'aussi éperdument oriental que cette apparition du tombeau de la sainte Fatmah, un soir de mai, au sortir d'une nef obscure.

Il existe donc encore en Perse des choses qui ne sont pas en ruines, et, de nos jours, on peut donc construire ou restaurer comme au temps des Mille et une Nuits!... C'est le Chah Nasr-ed-din (3) qui, en plein XIXe siècle, fit remettre à neuf, avec ce luxe insensé, et ordonna de recouvrir de mosaïques d'or la vieille mosquée très sainte, où son père (4) et sa mère reposent aujourd'hui, à côté de Fath-Ali-Chah et de la petite-fille du Prophète.

Le caravansérail, paraît-il, est encore loin, de l'autre côté du pont courbe et de la rivière sans eau. Alors, laissons partir la voiture, et, avant que le soleil s'éteigne, allons voir la mosquée.

Une place immense et bien étrange lui sert de parvis, une place qui est à la fois un vieux cimetière poudreux et une inquiétante cour des miracles. Ce semblant de pavage, ces longues dalles sur lesquelles on marche, sont des tombes alignées

---

(3) 1847-1896, père du Chah régnant.
(4) Mohammed Chah (1834-1847).

à se toucher; ce sol est plein d'ossements de toutes les époques, il est amalgamé de poussière humaine. Et, comme les reliques de la sainte Fatmah attirent des pèlerins sans nombre et opèrent des miracles, une truanderie sinistre est accourue de tous les points de la Perse pour élire domicile alentour. Parmi les vendeurs de chapelets et d'amulettes, étalant leur marchandise par terre sur des guenilles, des mendiants estropiés montrent des moignons rougeâtres; d'autres mettent à nu des lèpres, des cancers, ou des gangrènes couvertes de mouches. Il y a des derviches à longue chevelure qui marchent en psalmodiant, les yeux au ciel; d'autres qui lisent à haute voix dans de vieux livres, avec exaltation comme des fous. Tout ce monde est vêtu de loques terreuses; tout ce monde a l'air inhospitalier et farouche; le même fanatisme se lit dans les regards trop ardents ou dans les regards morts.

Au milieu de cette place, de ce champ de tombeaux, et entourée de cette foule pouilleuse en haillons couleur de cendre, la splendeur toute fraîche d'une telle mosquée rayonne avec invraisemblance.

Intérieurement le sanctuaire est, paraît-il, d'une richesse inimaginable, mais les infidèles comme nous en sont exclus sans merci, et il faut nous arrêter aux portes de l'enceinte extérieure. C'est du reste une enceinte émaillée du haut en bas, et déjà magnifique; elle enferme jalousement, – comme la muraille d'un jardin persan enferme ses arbres, – les minarets et les fuseaux d'émail vert et or, qui s'élancent de terre avec la sveltesse des joncs, autour de la mosquée proprement dite et de ses coupoles étincelantes.

La truanderie nous harcèle, traînant ses plaies, sa fétidité et sa poussière, elle nous suit jusqu'à ces portes, où elle nous retiendrait avec une centaine de mains hideuses, si nous avions l'idée de passer. Rester sur le seuil et regarder de là, c'est tout ce qui nous est permis.

Les soubassements de l'édifice sont de marbre blanc, et représentent des vases alignés en séries; des vases d'où paraissent sortir toutes ces fleurs, peintes sous l'émail des parois; les branches de roses, les gerbes d'iris, commencent à quelques pieds à peine au-dessus du sol; elles s'enlacent aux arabesques bleues, comme feraient des plantes grimpantes à un espalier, et montent rejoindre les mosaïques d'or des frises et des dômes. Je ne crois pas qu'il existe au monde, – à part peut-être les temples de la sainte montagne au Japon, – un monument revêtu au dehors avec un tel luxe et un tel éclat de couleurs; – et c'est là, dans une vieille ville de décombres et de grisailles, à deux pas des déserts.

Vendredi, 25 mai.

Nous avions oublié, en dormant, dans quel voisinage sans pareil nous étions et sur quelles splendeurs avait vue notre misérable gîte. Ouvrir la porte de sa terrasse et apercevoir devant soi le tombeau de la sainte Fatmah, au pur lever du jour, est un saisissement rare: par-dessus les arbres tout poudrés de corail, les grenadiers tout rouges de fleurs, un monument d'une grâce orientale presque outrée et qui du haut en bas brille comme les robes du Chah-Abbas; des pointes d'or, des coupoles d'or; des ogives bleues ou roses; des flèches et des tourelles aux reflets changeants comme en ont seuls les oiseaux des îles; et derrière tout cela, des ruines et le morne horizon des solitudes.

Cette ville de Koum nous réservait au départ une autre surprise, celle d'une vraie route, empierrée comme les nôtres, bordée de deux petits fossés et d'une ligne télégraphique, à travers d'immenses champs de blé. Et cela nous semble le comble de la civilisation.

Cela ne dure pas, il est vrai; dans la journée, nous sont rendus des coins de désert, où la route se dessine à peine, au milieu des sables, des sels brillants et des mirages.

Mais le logis du soir, parmi les saules et les platanes, dans le hameau d'une verte oasis, n'a plus rien du farouche caravansérail auquel nous étions habitués; c'est déjà presque une auberge, comme on en pourrait trouver dans nos villages d'Europe, avec un jardinet et une grille au bord du chemin. Tout le pays du reste prend un air de sécurité, et se banalise.

La tombée de la nuit, cependant, a du charme encore, et on recommence à sentir que le désert n'est pas loin; l'heure de la prière est touchante, dans ce petit jardin, sous ses tilleuls et ses saules, au chant des coucous et des grenouilles; tandis que les chats persans, à longs poils soyeux, circulent discrètement dans les allées obscures, les voyageurs s'agenouillent, les pauvres en robe de coton auprès des riches en robe de cachemire, ensemble quelquefois, deux par deux sur le même tapis.

Samedi, 26 mai.

Ce qui change surtout à mesure que nous approchons du Nord, c'est notre ciel. Fini des limpidités incomparables qui étaient un continuel enchantement pour nos yeux.

On ne croyait plus à la pluie, et aujourd'hui la voici revenue; pendant nos sept heures d'étape, elle nous enveloppe, incessante et fine comme une pluie de Bretagne. Nous couchons dans une vieille maison froide aux murs ruisselants, qui est vide et isolée au fond d'un jardin immense. Comme hier, chant printanier des coucous et des grenouilles. Autour de nous, de jeunes peupliers, des troènes, des rosiers, de longs herbages. Et un vent de tempête tourmente toute cette frêle et nouvelle verdure de mai.

Avec défiance et ennui, nons arriverons demain à Téhéran, ville sans doute trop modernisée qui à peine nous semblera persane, après les vieilles capitales du temps passé, Ispahan et Chiraz.

Dimanche, 27 mai.

Départ sous la pluie, sous le ciel obscur. Par d'insensibles pentes, nous descendons dans des plaines moins désolées, plus vertes. Des champs de blé, des foins, mais toujours pas d'arbres, et parfois des zones d'une affreuse terre gluante et blanchâtre où l'herbe même ne pousse plus. Autour de nous, c'est de la vraie laideur. La beauté est au-dessus, parmi les nuages noirs, où de terribles montagnes, dans les éclaircies, à des hauteurs qui donnent le vertige, nous montrent leurs grandes robes de neige, et une déchirure nous laisse voir enfin, beaucoup plus haut que nous n'osions la chercher, la cime de ce mont Démavend (5) qui domine Téhéran, qui a plus de six milles mètres et ne dépouille jamais son linceul de resplendissantes blancheurs.

Nous rencontrons beaucoup de monde, malgré la pluie froide et le ciel d'hiver: des caravanes; des dames-fantômes sur des ânesses ou dans des voitures; des cavaliers en belle robe de drap, qui ont tout à fait l'air de citadins. On sent l'approche de la capitale, et notre cocher s'arrête, tire de son sac des flots de rubans rouges pour orner les crinières de nos quatre chevaux, ainsi qu'il est d'usage avant d'entrer en ville, au retour d'un long voyage sans accident.

La route maintenant est bordée de pauvres arbres chétifs: ormeaux rabougris; grenadiers brûlés par le froid; mûriers bien à plaindre, qui ont chacun dans leurs branches deux ou trois gamins, occupés à manger les petits fruits blancs. Et nous voici dans des cimetières à perte de vue; sur l'horrible terre molle et grise, sans un brin de verdure, des coupoles funéraires ou de simples tombes, pour la plupart effondrées, se succèdent par myriades.

Un rayon de soleil, entre deux averses, nous montre, sur la droite de notre route, un dôme d'or brillant qui rappelle celui du mausolée de Fatmah: c'est cette mosquée de Chah Abd-ul-Azim (6), également très sainte et refuge inviolable pour les criminels de la Perse, où le Chah Nasr-ed-din, il y a une dizaine d'années, tomba sous le poignard d'un aventurier (7).

Dans ces pays où les arbres ne croissent pas d'eux-mêmes, ils deviennent souvent énormes et magnifiques, lorsque les hommes les ont plantés, auprès de leurs

---

(5) Point culminant des Monts Elburz.
(6) A Rei, à 11 kilomètres au sud-est de Téhéran. Dès 1888 ily avait un chemin de fer pour y accéder. Abdul Kasim Azim y fut enterré en 861. Voir Kharegat, *op.cit.*
(7) Nasir Al-Din (1831-1896), roi de Perse (1848-1896), fut assassiné par un disciple de Djamal al-Din.

innombrables petits canaux d'irrigation, pour ombrager leurs demeures. Le village de banlieue que nous traversons en ce moment est noyé dans la verdure, et Téhéran, que voici là-bas, semble mériter encore ce nom de "cité des platanes" qu'on lui donnait au XVIIIe siècle. Mais pour nous, accoutumés jusqu'à ce jour à de si étonnantes apparitions de villes, dans la lumière ou les mirages, avec quel aspect maussade se présente cet amas quelconque de maisons, froidement grises, sous un ciel de pluie!

De plus en plus nombreux, les passants sur la route; des gens qui nous croisent et qui tous ont l'air de s'en aller. Sans doute l'exode de chaque printemps commence; l'été de Téhéran est à ce point torride et malsain que la moitié de la population s'éloigne en mai pour ne revenir qu'en automne. C'est maintenant un défilé d'attelages de toute sorte, – et chacun fait un écart, pour des chevaux morts, le ventre ouvert par les vautours, qui gisent de distance en distance au milieu de la voie, sans que personne ait l'idée de les enlever.

Comme tout est noir, au-dessus de cette capitale de l'Iran! Des épaisseurs de nuées, derrière lesquelles on devine des épaisseurs de montagnes, emplissent le ciel de leurs masses presque terrifiantes. – Et toujours, dans une déchirure qui persiste, le Démavend nous montre confusément sa pointe, argentée sur un fond sombre; on voit bien que ce n'est pas un nuage, que c'est une chose solide, de la nature des rocs, mais cela semble monté trop haut pour appartenir à la terre; et puis on dirait que cela surplombe... Cela fait partie de quelque astre étranger sans doute, qui s'approche sans bruit derrière ces rideaux de ténèbres, – et le monde va finir...

Les portes de Téhéran. Elles luisent sous la pluie cinglante. Elles sont flanquées de quatre petites tourelles ornementales, fines comme des hampes, et un revêtement de briques vernissées recouvre le tout, – des briques jaunes, vertes et noires, formant des dessins comme on en voit sur la peau des lézards ou des serpents.

Dans la ville, c'est la déception prévue. Sous l'averse, toutes les ruelles qu'il nous faut suivre, jusqu'à l'hôtellerie, sont des fleuves de boue, entre des maisonnettes en brique, sans fenêtres, maussades, incolores, donnant l'envie de fuir.

L'hôtellerie est pire que tout; le plus sauvage des caravansérails valait mieux que cette chambre obscure et démodée, sur un jardinet mouillé dont les arbres ruissellent. Et je reçois en libérateurs les aimables Français de la Légation qui viennent m'offrir l'hospitalité dans la maison de France.

Elle a déjà fui Téhéran, notre Légation, comme toutes les autres, elle s'est installée pour l'été à la campagne, à deux lieues des murs, au pied du Démavend en robe blanche, – et nous nous transporterons là ce soir, quand seront arrivés mes bagages, qui traînent encore à mon arrière-garde, je ne sais où, sur des chevaux embourbés.

En attendant, allons quand même visiter un peu cette ville, avec laquelle j'ai hâte d'en finir.

Rien de bien ancien ni de bien beau sans doute. Il y a un siècle et demi, Téhéran n'était encore qu'une bourgade ignorée, quand Agha Mohammed Khan, le prince eunuque, en usurpant le trône, eut la fantaisie d'établir ici la capitale de la Perse (8).

D'abord les bazars. Ils sont immenses et très achalandés. Les mêmes grandes nefs gothiques déjà rencontrées partout; on y vend des quantités prodigieuses de tapis, qui sont tissés et coloriés par des procédés modernes, et paraissent vulgaires après ceux d'Ispahan, de Kachan ou de Chiraz.

Entre deux averses, dans un rayon de soleil, montons sur les toits pour avoir une vue d'ensemble. Toujours les myriades de petites terrasses et de petites coupoles en argile, mais il y manque la lumière qui les transfigurait, dans les vieilles villes immobilisées d'où nous arrivons; les dômes des mosquées sont vert et or, au lieu d'être bleu turquoise comme dans le Sud; quant à ces deux espèces de donjons, tout émaillés de rose, qui surgissent là-bas, ils indiquent le palais du Chah. – Et toutes ces constructions des hommes semblent vraiment lilliputiennes, au pied des écrasantes montagnes qui, depuis un instant, achèvent de sortir des nuages.

Il vient de partir pour l'Europe, Sa Majesté le Chah, et son palais aux donjons roses est désert. Nous n'avons d'ailleurs pas d'autorisation pour le visiter aujourd'hui. Mais essayons quand même.

Les gardes, bons garçons, nous laissent entrer dans les jardins, – en ce moment solitaires et sans doute plus charmants ainsi. Des jardins qui sont plutôt des lacs, de tranquilles et mélancoliques miroirs, entourés de murs de faïence, et sur lesquels des cygnes se promènent. L'eau, c'est toujours la grande rareté, et par suite le grand luxe de la Perse, aussi on la prodigue dans les habitations des princes. Ces jardins du Chah se composent surtout de pièces d'eau qu'entourent des bordures de vieux arbres et de fleurs, et qui reflètent les plates-bandes de lis, les ormeaux centenaires, les peupliers, les lauriers géants, les hautes et jalouses murailles d'émail. Tout est fermé, cadenassé, vide et silencieux, dans cette demeure de souverain dont le maître voyage au loin; certaines portes ont des scellés à la cire; et des stores baissés masquent toutes les fenêtres, toutes les baies qui prennent jour sur ces lacs enclos, – des stores en toile brodée, grands et solides comme des voiles de frégate. Aux

---

(8) Il a fait de Téhéran la capitale en 1788. C'est le premier des chahs Kadjars (1787-1797).

murailles, ces revêtements d'émaux modernes, qui représentent des personnages ou des buissons de roses, attestent une lamentable décadence de l'art persan, mais l'aspect d'ensemble charme encore, et les reflets dans l'eau sont exquis, parmi les images renversées des branches et des verdures. – Il ne pleut plus; au ciel, les masses d'ombre se déchirent et se dispersent en déroute; nous avons un clair après-midi, dans ce lieu très réservé, où les gardes nous laissent en confiance promener seuls.

Ce store immense que voici, attaché par tout un jeu de cordes, nous cache la salle du trône, qui date de la fondation du palais et qui, suivant le vieil usage, est entièrement ouverte, comme un hangar, afin de permettre au peuple d'apercevoir de loin son idole assise; des soubassements de marbre, – sans escalier pour que la foule n'y monte point, – l'élèvent d'environ deux mètres au-dessus des jardins, et, devant, s'étale en miroir une grande pièce d'eau carrée, le long de laquelle, aux jours de gala, tous les dignitaires viennent se ranger, tous les somptueux burnous, toutes les aigrettes de pierreries, quand le souverain doit apparaître, étincelant et muet, dans la salle en pénombre.

Cette salle, nous avons bien envie de la voir. Avec l'innocente complicité d'un garde, qui devine un peu à quelles gens il a affaire, nous accrochant aux saillies du marbre, nous montons nous glisser par-dessous le store tendu, – et nous entrons dans la place.

Il y fait naturellement très sombre, puisqu'elle ne reçoit de lumière que par cette immense baie, voilée aujourd'hui d'une toile épaisse. Ce que nous distinguons en premier lieu, c'est le trône, qui s'avance là tout près, tout au bord; il est d'un archaïsme que nous n'attendions pas, et il se détache en blancheur sur la décoration générale rouge et or. C'est l'un des trônes historiques des empereurs Mogols (9), une sorte d'estrade en albâtre avec filets dorés, soutenue par des petites déesses étranges, et des petits monstres sculptés dans le même bloc; le traditionnel jet d'eau, indispensable à la mise en scène d'un souverain persan, occupe le devant de cette estrade, où le Chah, dans les grands jours, se montre accroupi sur des tapis brodés de perles, la tête surchargée de pierreries, et faisant mine de fumer un kalyan tout constellé, – un kalyan sans feu sur lequel on place d'énormes rubis pour imiter la braise ardente.

Comme dans les vieux palais d'Ispahan, une immense ogive, pour auréoler le souverain, se découpe là-bas derrière ce trône aux blancheurs transparentes; elle est ornée, ainsi que les plafonds, d'un enchevêtrement d'arabesques et d'une pluie de stalactites en cristal. Et tout cela rappelle le temps des rois Sophis; c'est toujours ce même aspect de grotte enchantée que les anciens princes de la Perse donnaient à leurs demeures. Sur les côtés de la salle, des fresques représentent des chahs du

---

(9) Nadir Chah est censé l'avoir rapporté de l'Inde en 1739-1740.

temps passé, sanglés dans des gaines de brocart d'or, personnages invraisemblable-
ment jeunes et jolis, aux sourcils arqués, aux yeux cerclés d'ombre, avec de trop
longues barbes qui descendent de leurs joues roses, pour couler comme un flot de
soie noire, jusqu'aux pierreries des ceintures.

Un de nous, de temps à autre, soulève un coin du grand voile, afin de laisser
filtrer un rayon de lumière dans cette demi-nuit; alors, aux plafonds obscurs, les
stalactites de cristal jettent des feux comme les diamants. Nous sommes un peu
en contravention, en fraude; cela rend plus amusante cette furtive promenade. Et
un chat, un vrai, – si des Persans me lisent, qu'ils me pardonnent cet inoffensif
rapprochement de mots, – un beau chat angora, bien fourré, aimable et habitué
aux caresses, qui est en ce moment le seul maître de ces splendeurs impériales, un
chat assis sur le trône même, nous regarde aller et venir avec un air de majestueuse
condescendance.

Quand nous sortons de là, pour faire encore une fois le tour des pièces d'eau,
même silence partout et même solitude persistante. Les cygnes glissent tranquillement sur ces miroirs; ils tracent des sillages qui dérangent les reflets des hautes
parois en faïence rose, des grands cyprès, des grands lauriers, des fleurs, et des nos-
talgiques bosquets. Rien d'autre ne bouge dans le palais, pas même les branches,
car il ne vente plus; on n'entend que les gouttelettes tomber des feuillages encore
mouillés.

A la fin du jour, nous quittons Téhéran par une porte opposée à celle de ce
matin, mais toute pareille, avec les mêmes clochetons fuselés, le même revêtement
d'émail vert, jaune et noir, les mêmes zébrures de peau de serpent.

Et tout de suite notre voiture roule dans un petit désert de pierrailles et de
terre grisâtre, où flotte une horrible odeur de cadavre: des ossements jonchent le
sol, des carcasses à tous les degrés de décomposition; et c'est le cimetière des bêtes
de caravane, chevaux, chameaux ou mulets. Dans la journée, le lieu est plein de
vautours: la nuit, il devient le rendez-vous des chacals.

Nous nous dirigeons vers le Démavend, qui s'est dégagé du haut en bas. Plus
peut-être qu'aucune autre montagne au monde il donne l'impression du colossal,
parce qu'il n'est accompagné par rien dans le ciel; il est un cône de neige qui s'élance
solitaire, dépassant de moitié toute la chaîne environnante. A ses pieds, on aperçoit
la tache verte d'une oasis, déjà élevée de cent ou cent cinquante mètres au-dessus
du niveau de la ville; et c'est là que se sont réfugiées les légations européennes pour
la saison brûlante.

En nous éloignant du petit désert aux vautours, nous rencontrons d'abord quelques grands bocages, laborieusement créés de main d'homme, ceux-ci, et entourés de murailles: résidences d'été pour des grands seigneurs persans et kiosques émaillés de bleu pour les dames de leur harem. La route ascendante devient bientôt presque ombreuse; elle a pour bordure des grenadiers, des mûriers chargés de fruits où des gamins en longue robe font la cueillette; et nous arrivons enfin à l'oasis entrevue. En ce pays où presque tous les parcs, tous les bosquets sont factices, on est ravi de trouver un vrai petit bois comme ceux de chez nous, avec des arbres qui semblent avoir poussé d'eux-mêmes, avec des buissons, des mousses, des fougères. – La Légation de France est dans cet éden, au pied des neiges, parmi les arbres d'eau, les frêles peupliers, les herbes longues; autour de la maison, courent des ruisseaux froids; on entend chanter les coucous et les chouettes; c'est tout l'appareil, toute la fraîcheur frileuse d'un printemps en retard sur le nôtre, d'un printemps qui sera court, très vite remplacé par une saison torride. Et dès que la nuit tombe, on frissonne comme en hiver sous les feuillages de ce bois.

Lundi, 28 mai.

A une heure après-midi, je quitte le bocage si frais pour redescendre en ville et y faire des visites. Téhéran, sous le soleil qui est d'ordinaire sa parure, me paraît moins décevant qu'hier sous l'averse et les nuages. Il y a des avenues bordées d'ormeaux centenaires, des places ombragées de platanes énormes et vénérables, des recoins qui sont encore de l'Orient charmeur. Et partout s'ouvrent les petites boutiques anciennes où s'exercent tranquillement les métiers d'autrefois. Les mosaïstes, penchés sur des tables, assemblent leurs minuscules parcelles d'ivoire, de cuivre et d'or. Les peintres patients, au fin visage, enluminent les boîtes longues pour les encriers, les boîtes ogivales pour les miroirs des dames, les cartons pour enfermer les saints livres; d'une main légère et assurée, ils enlacent les arabesques d'or, ils colorient les oiseaux étranges, les fruits, les fleurs. Et les miniaturistes reproduisent, dans différentes attitudes, cette petite personne, avec sa rose tenue du bout des doigts, qui semble être toujours la même et n'avoir pas vieilli depuis le siècle de Chah-Abbas: des joues bien rondes et bien rouges, presque pas de nez, presque pas de bouche; rien que deux yeux de velours noir, immenses, dont les sourcils épais se rejoignent. – Il existe d'ailleurs en réalité, ce type de la beauté persane; parfois un voile soulevé par le vent me l'a montré, le temps d'un éclair; et on dit que certaines princesses de la cour l'ont conservé dans sa perfection idéale...

De toutes ces avenues, plantées de vieux ormeaux superbes, la plus belle aboutit à l'une des entrées du palais, dite "Porte des diamants". Et cette porte semble une espèce de caverne magique, décorée de lentes cristallisations souterraines; les stalactites de la voûte et les piliers, qui sont revêtus d'une myriade de petites parcelles de miroir, de petites facettes taillées, jettent au soleil tous les feux du prisme.

Je retourne au palais aujourd'hui, faire visite au jeune héritier du trône de la

Perse, Son Altesse Impériale Choah-es-Saltaneh(10), qui veut bien me recevoir en l'absence de son père. Les salons où je suis introduit ont le tort d'être meublés à l'européenne, et ce prince de vingt ans, qui m'accueille avec une grâce si cordiale, m'apparaît vêtu comme un Parisien élégant. Il est frêle et affiné; ses grands yeux noirs, frangés de cils presque trop beaux, rappellent les yeux des ancêtres, peints dans la salle du trône; gainé de brocart d'or et de gemmes précieuses, il serait accompli. Il parle français avec une aisance distinguée; il a habité Paris, s'y est amusé et le conte en homme d'esprit; il se tient au courant de l'évolution artistique européenne, et la conversation avec lui est vive et facile, tandis que l'on nous sert le thé, dans de très petites tasses de Sèvres. Malgré les consignes lancées en l'absence du souverain, et malgré les scellés mis à certaines portes, Son Altesse a la bonté de donner des ordres pour que je puisse demain voir tout le palais.

Ma seconde visite est au grand vizir, qui veut bien improviser pour demain un dîner à mon intention. Là encore, l'accueil est de la plus aimable courtoisie. Du reste, n'étaient les précieux tapis de soie par terre, et, sur les fronts, les petits bonnets d'astrakan, derniers vertiges du costume oriental, on se croirait en Europe: quel dommage, et quelle erreur de goût!... Cette imitation, je la comprendrais encore chez des Hottentots ou des Cafres. Mais quand on a l'honneur d'être des Persans, ou des Arabes, ou des Hindous, ou même des Japonais, – autrement dit, nos devanciers de plusieurs siècles en matière d'affinements de toutes sortes, des gens ayant eu en propre, bien avant nous, un art exquis, une architecture, une grâce élégante d'usages, d'ameublements et de costumes, – vraiment c'est déchoir que de nous copier(11).

Nous allons ensuite chez l'un des plus grands princes de Téhéran, frère de Sa Majesté le Chah. Son palais est bâti dans un parc de jeunes peupliers longs et minces comme des roseaux, un parc qu'il a créé à coups de pièces d'or, en amenant à grands frais l'eau des montagnes. Les salles d'en bas, entièrement tapissées et plafonnées en facettes de miroirs, avec de longues grappes de stalactites qui retombent de la voûte, font songer à quelque grotte de Fingal, mais plus scintillante que la vraie et d'un éclat surnaturel. Le prince nous reçoit au premier étage, où nous montons par un large escalier bordé de fleurs; il est en tenue militaire, la moustache blanchissante, l'air gracieux et distingué, et nous tend une main irréprochablement gantée de blanc. (De mémoire d'étranger, on ne l'a vu sans ses gants toujours boutonnés, toujours frais, – et ce serait, paraît-il, pour ne pas toucher les doigts d'un chrétien, car on le dit d'un fanatisme farouche, sous ses dehors avenants.) Les salons de ce grand seigneur persan sont luxueusement meublés à l'européenne, mais les murs ont des revêtements d'émail, et par terre, toujours ces velours à reflets, ces tapis comme il

---

(10) Choah-es-Saltaneh, second fils de Mosaffer al Din Chah et frère cadet de Muhammad Ali Chah (1907-1909) qu'il accompagna en exil en Russie en 1909.

(11) Cf. Alec G. Hargreaves, *The Colonial Experience in French Fiction*, Londres, Macmillan, 1981, p.37: "Loti implicitly lends support to the idea of Europe's civilising mission vis-à-vis the lower races [in this passage]".

n'en existe pas. Sur une table, il y a une collation prête: des aiguières d'eau limpide, une douzaine de grandes et magnifiques coupes de vermeil contenant tous les fruits du printemps, l'une remplie d'abricots, telle autre de mûres, telle autre encore de cerises ou de framboises, ou même de ces concombres crus dont les Iraniens sont si friands. Et on sert le thé, comme au palais, dans de très fines tasses de Sèvres. Nous sommes assis devant une grande baie vitrée, d'où l'on a vue sur le parc, sur le bois de jeunes peupliers qui s'agite au vent de mai comme un champ de roseaux, et sur le Démavend qui semble aujourd'hui un cône d'argent, audacieusement érigé vers le soleil. Le prince, qui est grand maître de l'artillerie, m'interroge sur nos canons, puis sur nos sous-marins dont la renommée est venue jusqu'en Perse. Ensuite il conte ses chasses, aux gazelles, aux panthères des montagnes voisines. Un jour clair d'automne, il a réussi, dit-il, à atteindre l'extrême pointe de ce Démavend qui est là devant nos yeux: "Bien qu'il n'y eût pas de nuages, on ne voyait plus le monde en dessous, il semblait d'abord qu'on dominât le vide même. Et puis, l'air s'étant épuré encore, la terre peu à peu se dessina partout alentour, et ce fut à faire frémir; elle semblait effroyablement concave, on était comme au milieu d'une demi-sphère creuse dont les rebords tranchants montaient en plein ciel."

Le soir, pour rentrer à la Légation de France, il faut comme toujours traverser l'affreux petit désert où pourrissent les bêtes de caravane.

Ensuite, arrivés au pied des montagnes, nous nous arrêtons cette fois pour visiter l'un de ces édens factices et enclos de murs, destinés aux princesses toujours cachées, – le plus ancien de tous, un qui est à l'abandon aujourd'hui et qui fut créé par Agha Mohammed Khan, fondateur de l'actuelle dynastie des kadjars.

C'est une série ascendante de bosquets, de pièces d'eau, de terrasses conduisant à un grand kiosque nostalgique, où tant de belles cloîtrées durent languir. Là encore, on s'étonne de voir cette végétation apportée par les hommes atteindre une telle beauté tranquille, quand, en dehors de l'enceinte, les arbres venus d'eux-mêmes ont l'air si misérables, si mutilés par le vent de neige. Il y a des lauriers géants dont les cimes arrondies ressemblent à des dômes de verdure; des cèdres, des ormeaux énormes. Les rosiers, aux branches grosses comme des câbles de navire, sont en pleine floraison de mai; ils s'enlacent aux troncs des arbres et leur font comme des gaines roses. Par terre, c'est de la mousse, jonchée de mûres blanches pour la plus grande joie des oiseaux, jonchée de pétales de roses et d'églantines. Des quantités de huppes et de geais bleus, que l'on ne chasse jamais, s'ébattent dans les sentiers sans craindre notre approche; les huppes surtout sont tout à fait sacrées dans ce bocage, à cause de certaine princesse de légende, dont l'âme habita longtemps le corps de l'une d'elles, – ou peut-être même continue à l'habiter de nos jours, on ne sait plus trop... Le vieux petit palais fermé, bâti au faîte de ce parc ombreux, sur la plus haute terrasse, commence de s'émietter, sous l'action des ans; dans le sable et la mousse alentour, on voit briller de ces minuscules fragments d'émail ou de miroir qui firent partie de la décoration fragile... Et que deviennent les belles, qui vécurent dans ce lieu de soupçon et de mystère, les belles des belles, choisies entre des milliers? Leurs corps parfaits et leurs visages, qui furent leur seul raison d'être, qui les firent aimer et séquestrer, où en sont-ils dans leurs fosses? Par là sans doute, sous quelque pauvre petite dalle oubliée, gisent leurs ossements.

Mardi, 29 mai.

C'est donc aujourd'hui que toutes les salles du palais de Téhéran me seront montrées, grâce aux ordres donnés par le jeune prince.

Dans les jardins, autour des pièces d'eau, même silence qu'hier et qu'avant-hier; mêmes promenades des cygnes, parmi les reflets des murailles roses et des grands arbres sombres.

Il y a de tout dans ce palais aux détours compliqués, amas de bâtiments ajoutés les uns aux autres sous différents règnes; il y a même une salle tendue de vieux gobelins représentant des danses de nymphes. Beaucoup trop de choses européennes, et, contre les murs, une profusion, un véritable étalage de miroirs: des glaces quelconques, dans des cadres du siècle dernier, aux dorures banales, des glaces, des glaces, accrochées à tout touche, comme chez les marchands de meubles. – Pour s'expliquer cela, il faut songer que cette ville n'a que depuis deux ou trois ans une route carrossable, la mettant en communication avec la mer Caspienne et de là avec l'Europe; toutes ces glaces ont été apportées ici sur des brancards, en suivant des sentiers de chèvre, par-dessus des montagnes de deux ou trois mille mètres de haut; combien donc de brisées en route, pour une seule arrivant à bon port, et devenant ainsi un objet de grand luxe! Peut-être même l'encombrement des cassons de miroirs a-t-il donné aux Persans l'idée première de cette décoration en stalactites brillantes, dont ils ont réussi à faire quelque chose de surprenant et d'unique.

C'est du reste tout ce qu'il y a de particulier dans cet immense palais, ces voûtes comme frangées de glaçons, que l'on a su varier avec une fantaisie inépuisable. Et rien de ce que nous voyons aujourd'hui ne vaut cette salle du trône, encore purement persane, où nous étions entrés le premier jour par escalade.

Au premier étage, une galerie, grande comme celles du Louvre, contient un amas d'objets précieux. Elle est pavée de faïences roses qui disparaissent sous les tapis soyeux, spécimens choisis de toutes les époques et de tous les styles de la Perse. Une quantité exagérée de lustres de cristal s'y alignent en rangs pressés; leurs pendeloques sans nombre, s'ajoutant aux stalactites de la voûte, donnent l'impression d'une sorte de pluie magique, d'averse qui se serait figée avant de tomber. Et les fenêtres ont vue sur les jardins de mélancolie, sur les pièces d'eau tranquillement réfléchissantes. Il y a là, dans des vitrines, sur des étagères, sur des crédences, partout, des milliers de choses, amassées depuis le commencement de la dynastie actuelle; des pendules en or couvertes de pierreries, avec des complications extraordinaires de mécanismes et de petits automates, des mappemondes en or, constellées de diamants; des vases, des plats, des services de Sèvres, de Saxe, de Chine, cadeaux de rois ou d'empereurs aux souverains de la Perse. En l'absence du Chah, une infinité de pièces rares ont été cachées, scellées dans des coffres, dans des caves; aux tréfonds du palais dorment des amas de gemmes sans prix. Mais, tout au bout et au centre de cette galerie, sous le dernier arceau frangé de cristal, la merveille des merveilles, trop lourde pour qu'un vol soit possible, est restée là, sans écrin, sans housse, posée sur le parquet comme un meuble quelconque: le trône ancien des Grands Mogols, qui figura jadis au palais de Delhi, dans la prodigieuse salle de marbre ajouré. C'est une estrade en or massif, de deux ou trois mètres de côté, dont les huit pieds d'or ont des contournements de reptile; le long de toutes ses faces courent des branches de fleurs en relief, dont les feuillages sont en émeraudes, les pétales en rubis ou en perles. Sur ce socle fabuleux, parade orgueilleusement un étrange fauteuil en or, qui a l'air tout éclaboussé de larges gouttes de sang – et ce sont des cabochons de rubis; au-dessus du dossier, rayonne un soleil en diamants énormes, qu'un mécanisme fait tourner quand on s'assied, et qui alors jette des feux comme une pièce d'artifice.

C'est ce soir, le dîner que veut bien donner pour moi Son Excellence le Grand Vizir.

Une table garnie de fleurs et correctement servie à l'européenne; des ministres en habit noir et cravate blanche, avec des grands cordons et des plaques; on a vu cela partout. A part les kalyans, qui au dessert font le tour des convives, ce repas serait pareil à celui que notre ministre des Affaires étrangères, – qui est le grand vizir de chez nous, – pourrait offrir à un étranger de passage, dans un salon du quai d'Orsay. Entre cette ville et Ispahan, il n'y a pas que les cent lieues de solitudes dont nous venons de parcourir les étapes, il y a bien aussi trois siècles, pour le moins, trois siècles d'évolution humaine.

Mais le réel intérêt de cette réception est dans la sympathie qui m'est témoignée et qui s'adresse évidemment à mon pays bien plus qu'à moi-même; tous mes aimables hôtes parlent encore le français, qui, malgré les efforts de peuples rivaux, demeure la langue d'Occident la plus répandue chez eux. Et ils se plaisent à me rappeler que la France fut la première nation d'Europe entrée en relations avec l'Iran, celle qui, bien des années avant les autres, envoya des ambassadeurs aux Majestés persanes.

Mercredi, 30 mai.

De Téhéran, par la nouvelle route carrossable, une voiture peut vous conduire en quatre ou cinq jours au bord de la mer Caspienne, à Recht, et de Recht un paquebot russe vous mène à Bakou, la ville du pétrole, qui est presque aux portes de l'Europe. Mais cette voiture, il n'est pas toujours facile de se la procurer; encore moins les chevaux, en ce moment où le récent départ de Sa Majesté le Chah et de sa suite a dépeuplé toutes les écuries, aux relais de la poste.

Et, pendant que l'on cherche pour moi d'introuvables équipages, du matin au soir, dans le petit bois de la Légation de France, se succèdent les visites des marchands juifs, toujours informés comme par miracle de la présence d'un étranger. Ils remontent de Téhéran, qui sur une mule, qui sur une bourrique, tel autre à pied, suivi de portefaix chargés de lourds ballots; sous les fraîches vérandas, à l'ombre des peupliers, ils étalent pour me tenter les tapis anciens, les broderies rares.

Jeudi, 31 mai.

On a réussi à me trouver une mauvaise voiture, à quatre chevaux, et un fourgon, à quatre chevaux aussi, pour mes colis. Je pars, à travers des plaines maussades et quelconques, sous de tristes nuages, qui nous cachent tout le temps l'horreur superbe des montagnes.

Vendredi, 1er juin.

Toujours pas d'arbres. Sur le soir, nous entrons dans Kasbine, ville de vingt mille habitants au milieu des blés, ville aux portes de faïence, ancienne capitale de la Perse, jadis très populeuse et aujourd'hui pleine de ruines; dans ses rues déjà un peu européennes, apparaissent les premières enseignes écrites en russe.

Le gîte est moitié hôtel, moitié caravansérail. Au crépuscule, à l'heure où les martinets tourbillonnent, quand je suis assis devant la porte suivant l'usage oriental, de jeunes Persans, qui ont deviné un Français, viennent m'entourer gentiment, pour avoir une occasion de causer en notre langue, qu'ils ont apprise à l'école. Ils parlent avec lenteur, l'accent doux et chanté; et je vois quel prestige, à leurs yeux, notre pays conserve encore.

Samedi, 2 juin.

Un de mes chevaux est mort cette nuit, il faut en hâte en racheter un autre. Mes deux cochers sont ivres, et n'attellent qu'après avoir reçu des coups de bâton.

Plaines de moins en moins désolées; des foins chamarrés de fleurs, où paissent d'innombrables moutons noirs; des blés couleur d'or, où des nomades turcomans font la moisson. Le vent n'est plus si âpre, le soleil brûle moins; nous avons dû perdre déjà de notre altitude habituelle. Il fait idéalement beau, comme chez nous par les pures journées de juin. A midi cependant reviennent encore les mirages, qui dédoublent les moutons dans les prairies et allongent en géants les bergers.

Autour du petit village de Kouine, qui est notre étape du soir, nous retrouvons enfin les arbres; d'immenses noyers, qui doivent être vieux de plus d'un siècle, jettent leur ombre sur des prés tout roses de sainfoins. Et malgré le charme souverain qu'avaient les déserts, on se laisse reprendre à la grâce de cette nature-là.

Dimanche, 3 juin.

Ivres, tous mes Iraniens. Ivres, mes nouveaux domestiques enrôlés à Téhéran. Ivres encore plus que la veille, mes deux cochers; ils ont mis leur bonnet de travers, et conduisent de même, dans des routes de montagne où nous nous engageons pour quatre heures, dans des lacets encombrés de chameaux et de mules, au-dessus d'abîmes contre lesquels aucun parapet ne nous protège. Avec les bons tcharvadars de la Perse centrale, on pouvait oublier le cauchemar de l'alcool; mais voilà, ma nouvelle suite a déjà reçu un léger frottis de civilisation européenne.

Nous descendons toujours, vers le niveau normal du monde. Halte pour midi, dans un recoin édénique, déjà complètement à l'abri de l'air trop vif des sommets; un ravin qui, à nos yeux déshabitués, produit une impression de paradis terrestre. Des figuiers énormes, puissants et feuillus comme des banians de l'Inde, étendent leurs ramures en voûte au-dessus du chemin; l'herbe haute est pleine de bleuets, d'amourettes roses; des grenadiers, sur la fin de leur floraison prodigue, font dans la mousse des jonchées de corail; un ruisselet bien clair sautille parmi des fleurs en longues quenouilles d'une teinte de lilas. Le lieu sans doute est réputé dans le pays, car des voyageurs de toute sorte l'ont choisi comme nous pour y prendre leur repos méridien; sur de somptueux tapis, tout boursouflés par les tiges des graminées qu'ils recouvrent, des Persans et des Persanes cuisinent leur thé, mangent des fruits et des gâteaux; des dames masquées, relevant d'une main leur cagoule blanche, se bourrent de cerises par en dessous; des Circassiens au bonnet de fourrure, au large poignard d'argent droit comme une dague, font bande à part sous un chêne; et des Turcomans, accroupis autour d'un plateau, prennent de la bouillie à pleines mains. Il n'y a point de village, point de caravansérail; rien que la vieille maisonnette en terre d'un marchand de thé, dont les trois ou quatre petits garçons s'empressent à servir les gens, dehors, à l'ombre et au frais. Tout se passe à la bonne franquette, gaîment, tant il fait beau et tant le site est charmeur; on voit d'opulents personnages, en robe de cachemire, aller eux-mêmes au ruisseau limpide, puiser dans leur buire de cuivre ou leur samovar; et des mendiants, des loqueteux demi-nus, qui ont collé de belles feuilles vertes sur les plaies de leurs jambes, attendent les restes qu'on leur donne. A l'abri des vastes figuiers, on nous installe sur des banquettes de bois, recouvertes de tapis rouges, où nous dînons, accroupis à la persane.

Mais, soudain, tapage épouvantable au ciel, derrière la montagne surplombante: un orage, que nous ne pouvions pas voir, est arrivé en sournois. Et tout de suite tambourinement sur la feuillée qui nous sert de toit, pluie et grêle, averse, déluge.

Alors, sauve-qui-peut général; dans le terrier obscur du marchand de thé, on s'entasse tant qu'il y peut tenir de monde, pêle-mêle, avec les Circassiens, les Turcomans, les loqueteux. Seules les dames, par convenance, sont restées dehors. Il pleut à torrents; une eau boueuse, mêlée d'argile, coule sur nous par les crevasses de la toiture; la fumée odorante des kalyans s'ajoute à celle des fourneaux en terre où chauffent les bouilloires des buveurs de thé; on ne respire plus; approchons-nous du trou qui sert de porte...

De là, nous apercevons les dames campées sous les arbres, sous les tapis qu'elles ont suspendus en tendelets; leurs voiles trempés plaquent drôlement sur leurs nez; le gentil ruisseau, devenu torrent, les a couvertes de boue; elles ont enlevé les babouches, les bas, les pantalons, et, toujours chastement mystérieuses quant au visage, montrent jusqu'à mi-cuisse de jolies jambes bien rondes; – d'aimable humeur quand même, car on voit un rire bon enfant secouer leurs formes mouillées...

Nous campons le soir dans un triste hameau à la tête d'un pont jeté sur un gouffre, au fond duquel bouillonne une rivière. Et c'est au milieu d'un chaos de montagnes: tout ce que nous avions gravi d'échelons au-dessus de la mer d'Arabie pour venir en Perse, il faut naturellement le redescendre de ce côté-ci, pour notre plongée vers la mer Caspienne.

A peine sommes-nous entrés dans la maisonnette inconnue, il y a reprise du tonnerre et du déluge. Et, vers la fin de la nuit, un bruit continu nous inquiète, un bruit caverneux, terrible, qui n'est plus celui de l'orage, mais vient d'en bas, dirait-on, des entrailles de la terre. – C'est la rivière au-dessous de nous, qui a monté de trente pieds subitement, qui est en pleine fureur et charrie des rochers.

Lundi, 4 juin.

Départ le matin, sous des nuages encore pleins de menaces. Par une caravane qui remonte de Recht, des nouvelles mauvaises nous arrivent: plus bas, les ponts sont brisés, la route éboulée; de quinze jours, disent les chameliers, une voiture n'y saurait passer.

Et ces aventures sont dans l'ordre habituel des choses, en cette région chaotique, où l'on a construit à grands frais une route trop surplombée, sans laisser assez de champ libre pour les torrents qui grossissent en une heure. Le jeune prince héritier de la Perse me contait à Téhéran que, dans les mêmes parages, il avait été pris par une de ces tourmentes, et en danger de mort; des blocs, dont l'un coupa en deux sa voiture, tombaient des montagnes, dru comme grêle, entraînés par le ruissellement des eaux.

Pendant les quatre premières heures, voyage sans encombre, au milieu de sites tragiques, et d'ailleurs aussi dénudés que ceux des hauts plateaux, – les arbres, jusqu'ici, ne nous étant apparus que comme exception, dans des recoins privilégiés où s'était amassé de l'humus. – Mais maintenant voici devant nous la route barrée, par tout un pan de roche qui, cette nuit, est tombé en travers. Des cantonniers persans, avec des pinces, des masses, des leviers, sont là qui travaillent. Il faudra, disent-ils, un jour pour le moins. Je leur donne une heure, avec promesse de récompense royale, et ils s'y mettent avec rage: faire éclater, diviser les blocs trop lourds, rouler tout cela jusqu'au bord et le précipiter dans les abîmes d'en dessous, en invoquant Allah et Mahomet. L'heure à peine écoulée, c'est fini et nous passons!

L'après-midi quand nous sommes engagés dans des lacets audacieux, sur les flancs d'une montagne verticale, l'orage gronde à nouveau, le déluge recommence, avec une brusquerie déconcertante. Et bientôt les pierres volent autour de nous, des petites d'abord, ensuite des grosses, des blocs à écraser d'un coup nos chevaux. Où s'abriter! pas une maison à deux lieues à la ronde, et d'ailleurs, quels toits, quelles voûtes résisteraient à des heurts pareils? Donc, rester là et attendre son sort.

Quand c'est fini, personne de tué, nous recommençons à descendre grand train vers la mer, arrivant par degrés dans une Perse humide et boisée qui ne ressemble plus du tout à l'autre, d'où nous venons de sortir. Et nous nous prenons à la regretter, cette autre Perse, la grande et la vraie, qui s'étendait là-haut, là-haut, mélancolique et recueillie en ses vieux rêves, sous l'inaltérable ciel. Même l'air, cet air d'en bas que nous avions cependant respiré toute notre vie, nous paraît d'une lourdeur pénible et malsaine, après cette pureté vivifiante à laquelle nous avions pris goût depuis deux mois.

C'est pourtant joli, les forêts, les forêts de hêtres dans leur fraîcheur de juin! Autour de nous, maintenant, de tous côtés, elles recouvrent d'un manteau uniforme et somptueux ces cimes nouvelles, – moins élevées de mille mètres que les plaines désertes où nous chevauchions naguère. Une pluie incessante et tranquille, après l'orage, tombe sur ce pays de verdure. Tous les brouillards, tous les nuages issus de la mer Caspienne sont arrêtés par la colossale falaise de l'Iran et se déversent ici-même, sur cette zone étroite, qui est devenue ombreuse comme un bocage tropical, tandis que, plus haut, les vastes solitudes demeurent rayonnantes et desséchées.

Nous arrivons le soir dans un village enfoui parmi les ormeaux et les grenadiers en fleurs; l'air y est pesant, les figures y sont émaciées et pâles. Il pleut toujours; dans le gîte d'argile, que l'on consent de mauvaise grâce à nous louer très cher, le sol est détrempé et l'eau tombe à peu près comme dehors. On nous apprend du reste qu'à un quart de lieue plus loin, le pont de la route a été enlevé cette nuit par le torrent; nos voitures ne passeront pas, – et il faut louer pour demain matin des mulets à un prix fantastique. Une caravane, qui a traversé à gué, nous arrive dans un état invraisemblable; les chameaux, enduits jusqu'aux yeux de boue gluante, sont devenus des monstres informes et squameux; quant aux mules qui les accompagnaient, elles se sont, paraît-il, noyées dans la vase. Et des paysans rapportent des poissons extraordinaires, – carpes fabuleuses, truites phénoménales, – que l'eau débordée a laissés sur les berges.

Une heure après, bataille, effusion de sang, entre mes domestiques et mes cochers qui ont bu de l'eau-de-vie russe. Personne pour nous préparer le repas du soir. Les gens du village, rien à en tirer. Mon pauvre serviteur français est étendu avec la fièvre; je reste seul pour le soigner et le servir.

Ainsi, cette traversée des déserts du Sud, réputée si dangereuse, a été un jeu, et les ennuis absurdes m'attendaient sur cette route banale de Téhéran, où tout le monde a passé, mais où les Persans, au contact des Européens, sont devenus effrontés, ivrognes et voleurs.

Mardi, 5 juin.

Au soleil levant, ma journée débute par des coups de bâton vraiment obligatoires à mon cocher, pour des tromperies par trop éhontées. C'est le tour ensuite du loueur de mules, qui exige ce matin le double du prix convenu la veille, et que j'envoie promener.

Une bande de villageois vient alors me proposer d'établir dans la matinée un pont de fortune, avec des rochers, des troncs d'arbres, des cordes, etc.; mes voitures vides passeraient là-dessus roulées par eux; à gué, ensuite nos chevaux, nos colis et nous-mêmes. J'accepte, malgré le prix. Et ils partent avec des madriers, des pelles, des pioches, équipés comme pour le siège d'une ville.

A midi, c'est prêt. Mes deux voitures délestées passent par miracle sur leur échafaudage, et nous de même; quant à nos porteurs de colis et à nos chevaux, tout écaillés de boue comme la caravane d'hier au soir, ils finissent par atterrir aussi à la berge. On recharge, on attelle; les cochers dégrisés remontent sur leurs sièges.

Et jusqu'au soir nous voyageons dans le royaume des arbres, dans la monotone nuit verte, en pleine forêt, sous une pluie fine. A peine si les Tropiques ont une verdure plus admirable que cette région tiède et sans cesse arrosée. Les ormeaux, les hêtres, tous en plein développement et enlacés de lierre, se pressent les uns aux autres, confondent leurs branches vigoureuses, fraîches et feuillues, ne forment qu'un seul et même manteau sur les montagnes; on voit, dans les lointains, les petites cimes, aux contours arrondis, se succéder toutes pareilles, toutes revêtues de cette végétation serrée, qui semble une sorte de moutonnement vert.

Comme les aspects ont été brusquement changés autour de nous, et comme c'est inattendu de trouver, à l'Extrême-Nord de cette Perse, jusque-là si haute, froide et desséchée, une zone basse, humide et tiède où la nature prend tout à coup on ne sait quelle langueur de serre chaude!

La route qui serpente dans ces bois, en descendant toujours, est entretenue comme chez nous et rappelle quelque route de France dans les parties très ombreuses de nos Pyrénées; mais les passants et leurs bêtes demeurent asiatiques: caravanes, chameaux et mulets harnachés de perles; dames voilées, sur leurs petites ânesses blanches.

Cependant on commence à rencontrer, le long du chemin vert, plusieurs maisons qui ont un air tout à fait dépaysé dans cet Orient; des maisons entièrement bâties en grosses poutres rondes, telles qu'au bord de l'Oural ou dans les steppes de Sibérie. Et sur le seuil de ces portes, se montrent des hommes en casquette plate, blonds et rosés, dont le regard bleu, après tous les regards si noirs des Iraniens, est comme voilé de brume septentrionale; la Russie voisine, qui a construit cette belle route, a laissé partout des agents pour la surveiller et l'entretenir.

Vers la fin de l'étape, nous sommes au niveau de la mer Caspienne (qui est encore, comme on le sait, de trente pieds plus élevé que celui des autres mers) et nous faisons halte au crépuscule, dans un vieux caravansérail en planches de hêtre, au milieu d'une plaine marécageuse, fleurie de nénuphars, habitée par des légions de grenouilles et de tortues d'eau.

Mercredi, 6 juin.

Trois heures de voyage le matin, toujours dans la verdure, au milieu des figuiers, des noyers, des mimosas et des hautes fougères, pour arriver à la petite ville de Recht, qui n'a même plus la physionomie persane. Finis, les murs en terre, les terrasses en terre de la région sans pluie; ces maisons de Recht, en brique et en faïence, ont des toitures recouvertes de tuiles romaines, et très débordantes à cause des averses. Des flaques d'eau partout dans les rues. Une atmosphère orageuse, et si lourde!

Une heure encore jusqu'à Piré-Bazar, où finit cette grande route presque unique de la Perse. Un canal est là, enfoui sous la retombée des joncs en fleurs, et surchargé de barques autant qu'un arroyo chinois; il représente la voie de communication de l'Iran avec la Russie, et tout un monde lacustre s'agite sur ce mince filet d'eau: bateliers par centaines, guettant l'arrivée des voyageurs ou des caravanes.

Il faut fréter une de ces grandes barques, et on s'en va, halé à la cordelle par d'invisibles gens qui cheminent à terre, cachés derrière les hautes herbes; on s'en va tranquillement sous un tendelet, frôlant les verdures de la rive, croisant quantité d'autres barques pareilles et haléés de même, pleines de monde et de bagages, pour lesquelles il faut se garer dans ce couloir de roseaux.

Un lac s'ouvre enfin devant vous, très vaste, très bleu, entre des îlots d'herbages et de nénuphars, au milieu d'un peuple innombrable de hérons et de cormorans. L'autre rive, là-bas, n'est qu'une étroite bande de verdure, au-dessus de laquelle on aperçoit à l'horizon les eaux tranquilles de la mer Caspienne. – Et on croiraît un paysage japonais.

On aborde à cette rive nouvelle, dans les roseaux encore, parmi les cormorans et les hérons qui s'envolent en nuages. Il y a là, entre le lac et la mer, dans les beaux arbres presque trop frais, dans les bosquets d'orangers, une petite ville, d'apparence un peu turque, de loin riante et jolie, qui baigne des deux côtés dans l'eau; à l'entrée, un beau kiosque de faïence rose et bleue, avec des retombées de stalactites de cristal, – un dernier indice de la Perse, qui s'appelle la maison du "Soleil resplendissant", – et qui sert à Sa Majesté le Chah, lors de ses voyages en Europe.

La petite ville, c'est Enzeli; de près, un horrible amas de boutiques modernes, à l'usage des voyageurs, un repaire de fripons et de pouilleux, ni persans, ni russes, ni arméniens, ni juifs, gens de nationalité vague, exploiteurs de frontière. Mais les jardins, à l'entour d'Enzeli, sont pleins de roses, de lis, d'œillets qui embaument, et les oranges poussent en confiance tout au bord de cette mer sans marée, au milieu des sables fins de la petite grève tranquille.

Dans cet Enzeli, il faut se résigner à attendre un paquebot russe, qui passera demain, à une heure incertaine, et vous emmènera à Bakou. De Bakou on n'aura plus qu'à traverser la Circassie par Tiflis, jusqu'à Batoum, où les paquebots de la Mer Noire vous porteront à Odessa ou à Constantinople, à l'entrée des grandes lignes européennes, – autant dire qu'ici on est au terme du voyage...

Et le soir, sous les orangers de la plage, au bruissement discret de cette mer si enclose, je regarde, là-bas en arrière de ma route, la Perse qui apparaît encore, la haute et la vraie, celle des altitudes et des déserts; au-dessus des forêts et des nuages déjà assombris, elle demeure toute rose; elle continue pour un instant de s'éclairer au soleil, quand pour moi le crépuscule est commencé. Vue d'ici, elle reprend ce même aspect de muraille mondiale qu'elle avait pour se montrer à nous la première fois, quand nous l'abordions par le golfe Persique; elle est moins violente de couleur, parce que nous sommes dans les climats du Nord, mais elle se détache aussi nette dans la même pureté de l'air, au-dessus des autres choses terrestres. Quand nous l'avions aperçue, en arrivant par le golfe torride, il fallait la gravir et elle nous réservait tout son inconnu. Nous venons d'en redescendre maintenant, après y avoir fait une chevauchée de quatre cents lieues, à travers tant de montagnes, de ravins, de fondrières; elle va s'éloigner dans le lointain terrestre et dans le passé des souvenirs. De tout ce que nous y avons vu d'étrange pour nos yeux, ceci nous restera le plus longtemps: une ville en ruines qui est là-haut, dans une oasis de fleurs blanches; une ville de terre et d'émail bleu, qui tombe en poussière sous ses platanes de trois cents ans; des palais de mosaïques et d'exquises faïences, qui s'émiettent sans recours, au bruit endormeur d'innombrables petits ruisseaux clairs, au chant continuel des muezzins et des oiseaux; — entre de hautes murailles émaillées, certain vieux jardin empli d'églantines et de roses, qui a des portes d'argent ciselé, de pâle vermeil; — enfin tout cet Ispahan de lumière et de mort, baigné dans l'atmosphère diaphane des sommets...

FIN

---

(1) Nous ne citons que la référence principale des noms de lieu.

Table des Illustrations

TABLE DES MATIERES

VERS ISPAHAN